Fidèle à sa volonté de maintenir vivant l'ensemble du catalogue et de continuer à rendre accessible à tous la richesse de son contenu, Les marques du groupe L'Harmattan proposent les ouvrages, même s'ils sont épuisés dans leur premier tirage, et les impriment à la demande.
Au vu de l'ancienneté de ce titre, un exemplaire original a été numérisé pour être réimprimé, ce qui pourrait altérer légèrement la qualité de certains passages.

ENTRE HITLER ET STALINE

Souvenirs d'un jeune homme du vingtième siècle

5-7, rue de l'Ecole polytechnique, 75005 Paris

http://www.librairieharmattan.com
diffusion.harmattan@wanadoo.fr
harmattan1@wanadoo.fr

ISBN : 978-2-296-06504-8
EAN : 9782296065048

Joseph KIRSZENBERG

ENTRE HITLER ET STALINE

Souvenirs d'un jeune homme du vingtième siècle

L'Harmattan

Marina et Alexandre, j'ai écrit ce livre pour que vous le lisiez dans une dizaine d'années environ. Bien des choses auront changé, d'ici là, et certains événements, relativement récents aujourd'hui, feront déjà partie de l'Histoire.

Saurez-vous concevoir que vous avez quelque chose en commun avec ces Juifs pieux - les hassidim *de Pologne, vos ancêtres ? Vous intéresserez-vous aux aventures que votre grand-père a vécues, et qui, malgré leur apparence quelquefois rocambolesque, ont souvent failli lui coûter la vie ?*

Vous avez la chance extraordinaire d'être nés et d'avoir été élevés en France, de vivre en paix, dans un pays riche et tranquille, dans des conditions telles que votre avenir se présente sous les meilleurs auspices. Vous serez d'autant plus heureux que vous en serez conscients !

Charenton, janvier 2003.

En hiver 1998, une vive polémique a été déclenchée autour du *Livre Noir du Communisme.* J'avais cru utile d'y ajouter mon grain de sel en envoyant, au journal *Le Monde* , la lettre suivante :

« En 1940, notre famille a pu quitter Varsovie pour la Lituanie, peu de temps après occupée et annexée par l'URSS. Un an après, mes parents, ma grand-mère, ma sœur (sept ans) et moi (neuf ans) avons été déportés en Sibérie. Nous y avons passé cinq ans. Pendant deux ans, mes parents et ma grand-mère ont été au Goulag. La vie y était telle que celle décrite par Soljenitsyne dans L'Archipel du Goulag *, c'est-à-dire atroce. Mais ils en sont sortis vivants, ma grand-mère, il est vrai, ayant perdu un œil. En 1946, nous sommes rentrés en Pologne et avons appris que tous nos proches qui y étaient restés (grands-parents paternels, oncles, tantes, cousins...) avaient été assassinés par les Allemands, au camp d'extermination de Tręblinka. Je n'ai aucune gratitude pour le NKVD qui nous a ainsi sauvé la vie, car ce n'était pas son intention. Je n'ai non plus aucune prédilection pour le communisme. Mais force est de constater la différence entre les deux cas. Je rejoins donc le point de vue de Primo Levi : les deux régimes, nazi et communiste, ont été criminels l'un et l'autre, mais l'ordre de grandeur des crimes commis n'est pas le même. »*

La lettre a été publiée. Le commentaire de mon fils avait été : « ils ne pouvaient pas faire autrement car tu es un des rares à pouvoir porter un témoignage sur ces deux régimes concentrationnaires à la fois ». Ceci m'a fait penser que, depuis trois quarts de siècle d'existence, ayant été ballotté volontairement ou non à travers plusieurs régions du globe et ayant changé plusieurs fois de langue maternelle, je dois connaître des choses qui, si je ne les raconte pas, tomberont à jamais dans l'oubli. Pour que cela n'arrive pas, j'ai décidé de mettre mes souvenirs par écrit.

Il paraît que dans tout homme existe le désir de savoir d'où il vient et ce qui l'a précédé. Si cela se vérifie pour mes enfants ou pour mes petits-enfants, les pages qui suivent n'auront pas été inutiles.

Sommaire PP

1. MA FAMILLE PATERNELLE

Les Kirszenberg.

Le nom de la famille de mon père était, à l'origine, Natanovitch. Elle était établie à Lubartów, petite ville à 12 kilomètres au nord de Lublin. Elle y exploitait des vergers des environs dont elle était partiellement propriétaire. En 1795, la ville avait été annexée par l'Autriche. En cette année, la récolte de cerises avait été exceptionnelle. Les Autrichiens germanisant systématiquement les noms des Juifs, Natanovitch s'était transformé en Kirszenberg (orthographe polonaise du nom allemand « Kirschenberg » – montagne de cerises).
La ville avait été fondée en 1543[1] sous le nom de Levertev. La communauté juive y avait été établie à peine quelques années plus tard et jouissait de la protection des propriétaires de la ville, les Firley, qui y voyaient une source d'augmentation de revenus provenant d'impôts, grâce au développement escompté de la vie économique. Bien que, au 18ème siècle, le nom de la ville ait été changé en Lubartów, elle avait gardé pour toujours son nom d'origine en yiddish, ce qui prouve, si besoin est, l'ancienneté de cette communauté.
En 1929, sur 8169 habitants, 5000 étaient juifs. Ils étaient le principal acteur économique de la ville : sur 280 entreprises industrielles et commerciales, 234 étaient entre leurs mains.

D'après les documents en ma possession, le nom Kirszenberg apparaît concrètement pour la première fois dans les archives, en 1826, quand un riche marchand, Dawid Mendlowicz Kirszenberg, lègue l'intérêt provenant de la somme de 300 zlotys au fonds destiné à la synagogue. En 1860-1863 les autorités russes, suite à une accusation anonyme, intentent un procès à Zélig Kirszenberg, mon arrière-arrière-grand-père, accusé, conjointement avec le rabbin de la ville Berek Kohn, de gérer le fonds communautaire au détriment de la population nécessiteuse. La communauté juive ayant pris fait et cause pour les accusés, le procès semble avoir été interrompu. En 1877, le nom de Zélig apparaît de nouveau, cette fois-ci en tant que plaignant,

[1] Lubartów i Ziemia Lubartowska – Robert Kuwałek, Paweł Sygowski

dans un procès où la confrérie de pompes funèbres Khevra Kadicha était accusée de prélever illégalement un pourcentage sur les frais d'enterrement.

A partir de la deuxième moitié du 19ème siècle, le nom est étroitement mêlé à la vie de la communauté en tant que celui de la famille la plus riche et la plus influente.

Mon grand-père, Haïm, était fils d'Israël Kirszenberg marchand de blé, lui-même fils de Zélig mentionné ci-dessus. Israël entretenait, paraît-il, de très bons rapports avec le seigneur du lieu, le comte Chronimski. Quand celui-ci s'était trouvé en manque d'argent, il avait vendu à mon arrière-grand-père une forêt. Après s'être renfloué, il la lui avait rachetée et, malgré la proposition du comte, Israël n'avait pas voulu prendre aucun bénéfice sur cette opération. En remerciements, le comte avait offert à mon arrière-grand-mère une grande coupe en argent, frappée à ses armes. Je l'avais vue trôner en bonne place, à Tel-Aviv, chez un oncle de mon père, Léon Kirszenberg. Malheureusement, elle s'était perdue après sa mort.

En 1950, lycéen au lycée Michelet à Vanves, j'avais découvert qu'il existait, à Paris, une amicale des anciens de Lubartów. En faisaient partie les juifs du Sentier, non encore entre les mains des Juifs tunisiens et des marchands de meubles du faubourg Saint-Antoine. J'y avais été accueilli comme le prince de Galles. Les gens se souvenaient en particulier des mariages dans notre famille où tous les pauvres du pays étaient conviés. Beaucoup plus tard, déjà en train de rédiger ces souvenirs, j'avais découvert la brochure : *Khourban Levertev* (Anéantissement de Loubartów) éditée, en yiddish, par cette amicale, en 1947. L'article ci-après, tiré de ce recueil, confirme ces récits.

*« **EN HAUT ET EN BAS***

Les « classes sociales » de Lubartów

Par Moshé Benguelman

La « Cour » des Kirszenberg était située en dehors de la ville entre la route Lublin-Brisk et une ligne de chemin de fer. Elle était entourée d'une grande palissade bleu ciel. Une belle pelouse et des parterres de fleurs, entretenus par un jardinier, ressemblaient, de loin, à des tapis. A côté, il y avait une grande rotonde artistiquement décorée avec des branches d'arbres et des feuillages. A l'intérieur, des chemins menaient vers la grande maison, vers les appartements des enfants qui y habitaient après leur mariage et vers la synagogue familiale. Le nom de « Cour » datait encore du temps de Khaia-Roukhla[2], qui avait fait construire le Baït Hamidrach[14] ainsi que le kheder.[5] Longtemps encore après sa mort, on se souvenait de Khaia-Roukhla comme d'une grande tsadikn[6].

De notre temps, la « Cour » avait déjà un aspect moderne sans perdre son caractère patriarcal juif. Dans la maison, il y avait deux cuisines – l'une pour les repas à base de lait, l'autre pour ceux à base de viande.

La domesticité était dirigée par une maîtresse de maison. Les servantes étaient choisies exclusivement dans les familles respectables et sur recommandation. Quand une domestique se mariait, elle recevait une belle dot. Les enfants et les petits-enfants avaient des professeurs ou des gouvernantes. On apprenait même le français. Un professeur de la ville donnait aux enfants les cours d'hébreu.

Tous les artisans de la ville travaillant pour la Cour recevaient un salaire, payé régulièrement les veilles des pâques et des soukkot[7]. Ceci ne concernait pas les travaux concrets, réellement exécutés, qui étaient payés à part.

Les fiancés étaient choisis dans les meilleures et les plus riches familles hassidiques de Pologne : celles du rabbin de Lublin rav

---

[3] Khaia-Roukhla – femme d'Aharon-Zélig Kirszenberg, mon arrière-arrière-grand-père.

[4]Baït-Hamidrash – maison de prières.

[5] Kheder – école où tous les petits enfants juifs apprenaient, sous la direction d'un « melamed », les rudiments d'hébreu et de talmud.

[6] Sage, bienfaitrice.

[7]Soukkot – fête d'automne où l'on vit dans des cabanes en plein air.

Abraham Eïger[8]*, de Shaïa Prywes de Varsovie ou de Moshé Aharon Wiener de Łódź. Un mariage, à la « Cour », était un événement qui impliquait toute la ville. Plusieurs semaines à l'avance, le peintre Haïm Pesah commençait à la décorer avec des tableaux et des lampes colorés. Ne pouvant compter sur la domesticité locale pour recevoir les invités de marque, on faisait appel aux « gens de la grande ville ». Pendant ce temps, les domestiques étaient renvoyés chez eux tout en gardant leur salaire.*

Bien avant le mariage, les journaux juifs de toute la Pologne informaient le public qu'Israël Kirszenberg de Lubartów marie un de ses enfants et, brusquement, la ville se remplissait de tous les pauvres du pays. Les repas de ceux-ci commençaient huit jours avant le mariage. Les tables étaient dressées, séparément, pour les hommes et pour les femmes. Y prenaient part aussi bien les juifs que les chrétiens. La tradition voulait qu'à la fin de ce banquet, le maître de maison lui-même aille danser avec les pauvres. Madame[9] *Kirszenberg dansait avec les femmes. Dès que le repas était terminé, Israël se mettait devant la porte de la maison avec son homme de confiance Herch-Nathan. Ils tenaient des grosses bourses et distribuaient l'aumône. Les hommes recevaient un rouble et les femmes cinquante kopecks. Il ne manquait pas de petits malins qui, après avoir été servis, retournaient à la queue pour recevoir le cadeau une deuxième fois. Herch-Nathan les reconnaissait et voulait les chasser. Israël faisait alors un signe avec la main et disait à son fidèle employé : « Laisse-le en paix puisqu'il est déjà là »*

. Le vrai mariage pouvait alors commencer. Y étaient invités tous les Juifs de la ville, certains à l'intérieur de la « Cour », d'autres dehors. Il faut ajouter que les nécessiteux, originaires de Lubartów, n'étaient pas obligés d'attendre un mariage pour obtenir leur dû : ils recevaient leur « salaire » régulier même quand Israël était avec ses enfants dans une ville d'eau ou à Nice.

---

[8]M. Benguelman se trompe : à ma connaissance aucun des Kirszenberg n'a épousé un descendant du rabbin Eïger, en revanche, Bunim, le frère d'Israël, était marié à la petite-fille du rabbin Mendel de Kock ce qui correspondait à un « ikhès » encore plus grand.

[9] En français mais en lettres hébraïques dans le texte.

Il y avait aussi des « gvirim »[10] *de deuxième catégorie comme les Finkelchtaïn, les Goldglass et les Kawartawski. C'étaient des familles de classe moyenne. Leurs enfants et petits-enfants allaient au Baït-Hamidrach. Ils étaient très impliqués dans la gestion des affaires communautaires : Baït-Hamidrach, bains rituels, etc. On faisait grand cas de leur avis pour tous les grands travaux. Bien entendu, à la synagogue et au Baït-Hamidrach, leurs places étaient réservées du côté du mur de l'Est*[11]*. En ces temps-là, personne n'était envieux du sort d'autrui – chacun occupait la place qui lui revenait.*

Dans la hiérarchie sociale, après les « gvirim » venaient les commerçants de produits manufacturés, de cuir, de confection, de fer, de tabac, les propriétaires de petites entreprises et les gros marchands de viande casher qui expédiaient celle-ci jusqu'à Varsovie.

Après eux venaient les petits commerçants pauvres, les marchands ambulants, qui avaient investi tout leur capital dans leur fonds de commerce. Leur état misérable ne les empêchait pas de se considérer comme des commerçants à part entière, en particulier quand il s'agissait de trouver des partis pour les mariages.

Les artisans et les ouvriers étaient au plus bas de l'échelle. Ils étaient divisés en plusieurs catégories. Les confectionneurs employaient des ouvriers et avaient des revenus confortables. Leurs ateliers se trouvaient sur les lieux mêmes de leurs habitations. Les modèles étaient exposés sur les présentoirs devant la porte. Pour les essayages de manteaux en peau de mouton retourné, de vestes molletonnées, de chaussures ou de bottes en cuir, les clients devaient entrer à l'intérieur. La marchandise était envoyée à Ostrava, Lentchev, Mekhev, etc.

L'événement de l'année était la grande foire annuelle, de trois jours, à Lentchev. Les commerçants reprenaient leurs enfants du kheder *car ceux-ci devaient les aider. Pour le voyage, on ne faisait pas appel aux transporteurs juifs, mais aux paysans car les juifs n'avaient pas de charrettes assez grandes ni de chevaux assez forts pour traîner toutes*

---

[10]Richards juifs.

[11] Mur d'honneur car tourné vers la Terre Sainte.

les marchandises. Tout le monde partait ensemble. Pour les enfants c'était une grande fête.

Avant la Première Guerre mondiale, l'ouvrier juif de Lubartów était loin d'être préoccupé par la « lutte des classes ». Son état lui paraissait aller de soi. Il savait que sa place n'était pas du côté du « mur de l'Est » et ne s'y pressait pas. On travaillait tard dans la nuit, été comme hiver et, les jeudis, même la nuit entière afin de « boucler » la commande. La vie était dure, mais on ne se plaignait pas, d'autant plus que les besoins n'étaient pas énormes.

La grande distraction des Lubartovois était d'aller écouter les prédicateurs. De temps en temps, il en arrivait un de la région de Vilno, muni de toutes les recommandations. Il faisait son prêche entre deux prières. Bien avant qu'il n'ait fini, deux individus, l'un tenant une bougie, l'autre la main tendue, collectaient l'obole parmi les fidèles. Plus tard, lors du repas du soir, on rapportait à sa femme tous les fins mots entendus de la bouche du saint homme.

C'est ainsi que vivait Lubartów, de semaine en semaine, de jour en jour et l'on pouvait s'imaginer qu'il en serait ainsi jusqu'à la fin des temps. Notre cher et naïf Lubartów – qui pouvait alors penser que, dans une quarantaine d'années à peine, tu serais effacée de cette terre en tant que petite ville juive ? »

En 1999 je suis passé par Lubartów à la recherche des traces de la famille. A la mairie on m'avait dit que les actes datant d'avant 1899 avaient été transférés aux archives de Lublin. J'y avais adressé une lettre en demandant les photocopies des actes de naissance de mon grand-père et de son père – j'attends la réponse. Quant à la « Cour », personne n'était au courant. On m'avait donné, toutefois, l'adresse du musée de la ville qui, peut-être, saurait quelque chose. J'avais écrit à la directrice, madame Zmuda, en lui demandant d'essayer de rechercher et de m'envoyer une photo de cette « Cour », berceau de la famille. J'avais reçu la lettre ci-après :

« Cher Monsieur,

D'après les renseignements en notre possession, nous savons que les Kirszenberg étaient la famille juive la plus fortunée de Lubartów. Ils possédaient la propriété Zagroda *où ils avaient leur « Cour » ainsi qu'une petite synagogue familiale. Malheureusement, nous ne sommes pas en mesure de déterminer l'emplacement de cette maison et ne pouvons donc vous en envoyer la photo.*

Directeur du musée
Anna Zmuda »

Je ne me suis pas avoué battu pour autant. Sur le conseil de ma sœur, j'avais obtenu un renseignement supplémentaire auprès de Niunia Aichenbaum, cousine de mon père, vivant au Canada : la maison était située en face du palais du comte Zamojski et avait été vendue, après la guerre de 1914, pour devenir le siège de l'Assemblée cantonale. Grâce à cette information, madame Zmuda avait pu la localiser et m'en envoyer la photo ainsi que l'extrait de la brochure décrivant la ville.

Voici sa traduction :

« L'hôpital cantonal de Lubartów entre 1918 –1935

Le canton de Lubartów a été créé, en tant qu'unité administrative, en 1887, à partir d'un territoire qui faisait, auparavant, partie du canton de Lublin.

En 1911, la population de ce canton était de 129 377 habitants, dont 8 429 pour Lubartów elle-même et 4 211 pour la ville de Łęczna.

Néanmoins, d'après les statistiques de 1916, la population du canton ne comptait plus que 99 233 personnes, dont 5 903 pour Lubartów et 3 120 pour Łęczna. Les raisons de ce dépeuplement de près d'un quart ont été le rapatriement de l'armée tsariste vers la Russie, en 1915, ainsi que les pertes subies pendant la guerre.

Le canton n'a jamais eu d'établissement de soins médicaux car les Russes n'étaient nullement préoccupés par l'état de santé de la population des territoires occupés. Ce n'est qu'après l'indépendance, obtenue en 1918, que les autorités de la ville ont mis en place un hôpital. Il a été établi dans un ensemble d'habitations privées, construit en 1892, qu'il a été décidé d'acquérir lors de la réunion de l'Assemblée cantonale du 31 novembre 1923. Il s'agissait d'un terrain de deux « morgs »[12] *provenant de la propriété* Zagroda*, dans les environs de Lubartów, d'une grande maison et des bâtiments annexes. Cet ensemble immobilier appartenait aux successeurs de Kirszenberg.*

Le contrat d'achat entre le successeur de Kirszenberg, Szymon Trechter, et les représentants de l'assemblée cantonale de Lubartów, Jan Kucharczyk et Józef Stadnik, a été signé le 17 juin 1924. Celui-ci stipule que la maison ci-dessus ainsi que le terrain attenant deviennent la propriété de l'assemblée, pour la somme de 69 444 zlotys et 44 grosz.

Ainsi, l'assemblée cantonale, après six ans d'existence, était-elle devenue propriétaire d'une des plus belles propriétés de Lubartów. »

Madame Zmuda m'avait écrit que l'hôpital a été dédié à la Sainte Vierge, information qui aurait sûrement rempli de joie mon arrière-grand-père.

J'avais trouvé impressionnant que, après presque un siècle de bouleversements ayant complètement métamorphosé la Pologne, cette propriété, achetée par la ville bien que mon arrière-grand-père s'en fût dessaisi, soit toujours connue comme celle de Kirszenberg et que ce nom reste encore dans la mémoire de Lubartów.

J'étais resté en contact avec madame Zmuda. C'est elle qui m'avait envoyé le livre *Lubartów i Ziemia Lubartowska*, édité par la ville, dont j'avais parlé plus haut et d'où j'avais tiré un certain nombre d'informations sur notre famille.

Un chapitre de *Khurban Levertev*, écrit par Iosef Khoniksblut et repris presque *in extenso* par *Lubartów i Ziemia Lubartowska*, donne une description détaillée de l'anéantissement de la communauté juive de la ville par les Allemands.

---

[12] 1 morg = 2553 mètres carrés.

« La plupart des juifs n'ont pas quitté la ville devant l'offensive allemande convaincus qu'ils étaient que la ville allait être occupée non pas par la Wehrmacht, mais par l'armée Rouge. Les vexations ont commencé dès l'entrée des Allemands, mais le début des vraies persécutions date du 12 novembre 1939. Ce jour-là, tous les Juifs ont été réunis sur la place du marché et y ont été maintenus pendant toute la journée, sous la menace de fusils-mitrailleurs. Pendant ce temps, les soldats ont envahi les maisons et les magasins juifs, pillant tout ce qui avait une quelconque valeur et les démolissant en partant[13].

Le 20 novembre, tous les juifs, à l'exception de 818 personnes destinées à des travaux pour les troupes d'occupation, ont été chassés de la ville, avec la permission d'emporter juste quelques objets personnels et une petite somme d'argent. Ils n'ont pu rentrer qu'en septembre 1940. Comme dans toutes les autres villes de Pologne, les Allemands ont mis en place le Judenrat *(Conseil juif*[14]*). La direction de celui-ci a changé plusieurs fois de main. Une police juive*[15]*, aux ordres des Allemands, a été créée. Le petit commerce a été autorisé et même une soupe populaire, financée par l'organisation* American Joint Distribution Committee, *organisée. La ville est devenue, alors, le point de concentration des juifs de villes alentour et, même, de Slovaquie ou d'Autriche.*

La destruction de masse a débuté le 9 avril 1942, dernier jour de la Pâque juive. Tous les juifs ont été rassemblés dans la cour de la

---

[13] Je pense que M. Khonigsblut se trompe. D'après tous les témoignages que j'ai pu recueillir, les Allemands assassinaient, massacraient et torturaient mais il leur était interdit de piller. Il est probable que, comme cela s'est passé dans d'autres cas analogues, ces pillages étaient l'œuvre des « voisins » polonais.

[14] Ces institutions, théoriquement destinées à gérer la vie des populations juives dans les ghettos, étaient, en fait, les instruments devant faciliter aux Allemands la tâche de leur annihilation. Elles se voyaient contraintes d'établir les listes de ceux qui devaient partir vers les camps de la mort. Comme dans le cas de Lubartów, leur propre tour venait à la fin, quand tous les autres étaient supprimés. Le chef du *Judenrat* de Varsovie, Czernichow, ne voulant pas remplir ce rôle, s'était suicidé.

[15] Cette police encadrait, sous l'autorité des Allemands, les cortèges de juifs se dirigeant vers les convois de la mort. Ses membres pensaient échapper ainsi à cette destination. Comme dans le cas des *Judenrat* c'était un faux espoir : à la fin, eux aussi étaient déportés.
Tout ceci faisait partie de la méthode démoniaque mise au point par les Allemands d'impliquer les victimes dans le processus de leur propre destruction.

synagogue. Huit cents ont été conduits à la gare et envoyés dans une direction inconnue. Aucun n'est revenu. Pour ceux qui sont restés, la situation est devenue tragique. Les rafles sont devenues continuelles. On mourait de faim. Ceci a continué jusqu'à l' « action d'expulsion », le 11 octobre 1942. En rang par quatre (le cortège s'étendait tout le long de la rue Lublińska), les gens étaient conduits à la gare et poussés dans les wagons. Quand ceux-ci étaient remplis, ceux qui restaient sur les quais étaient fusillés.

Après cela, les assassinats de masse ont eu lieu dans la ville même : 300 personnes ont été fusillées au cimetière juif. Malgré l'assurance donnée par les Allemands que l'action était terminée , les quelques personnes ayant survécu aux massacres, y compris les membres du Judenrat, *ont été déportées vers les camps d'extermination de Bełżec et Sobibor.*

Vingt hommes environ ont été épargnés, employés à l'écurie de la gendarmerie, puis fusillés.

Les Allemands n'ont pas manqué d'éliminer la moindre trace de présence juive dans la ville. Dès le début de l'Occupation, la synagogue a été transformée en prison pour les prisonniers de guerre polonais, puis en écurie. Les habitants de Lubartów se souviennent, encore, comment, en 1942, les Juifs slovaques étaient forcés de sortir de la synagogue le crottin des chevaux, à mains nues. Les pierres tombales du cimetière juif ont été utilisées pour paver la cour de l'école, servant de caserne à la Wehrmacht. Au cimetière même, a été installé un gibet sur lequel on pendait les Juifs amenés d'autres villes.

Seule une cinquantaine de personnes ont pu se sauver, dans la ville et dans les environs, grâce à des Polonais qui, au péril de leur vie, les ont cachés pendant toute la durée de la guerre. Un certain nombre est revenu de l'URSS.

Les souffrances endurées par les Juifs pendant l'Occupation n'ont pas supprimé les sentiments antisémites de la population : peu après la libération du pays il y a eu un pogrome à Parczew, ville voisine de Lubartów. Après celui de Kielce, tous les Juifs de la ville sont partis, tout comme la plupart de leurs coreligionnaires polonais. La destination était surtout la Palestine, mais aussi la France et l'Amérique. Selon toute vraisemblance, à l'heure actuelle, pas un seul juif n'y est présent. »

D'après MM. Suwałek et Sygowski, dans les années 80, l'attitude des nouvelles générations vis-à-vis du passé juif de la ville avait changé. Un musée des pierres tombales ainsi qu'une table d'information avaient été mis en place. Plusieurs expositions avaient été consacrées à l'ancienne communauté juive.

Les Prywes

Ma grand-mère paternelle, Hana, venait de la famille Prywes. A l'origine de celle-ci, il y avait un dénommé Shaïa. Il avait fondé, au dix-neuvième siècle, une affaire de commerce de métaux qui a prospéré pendant plusieurs décennies. Il avait une ribambelle d'enfants et de petits-enfants, tous vivant aux crochets de l'entreprise. Comme la gestion de celle-ci ne devait pas être des plus modernes, vers la fin de la Première Guerre mondiale, sa splendeur n'était plus à son apogée. Le quartier général de la famille était situé au 10, place Grzybowski, à Varsovie. Au moins la moitié des appartements de cette immense bâtisse, occupant tout un pâté, était habitée par les membres de cette prolifique famille. Tous étaient écrasés par la personnalité de Shaïa. Il régnait en despote sur son clan, mais n'était pas dépourvu d'une certaine finesse. Invité par un de ses petits-enfants récemment marié, il visitait l'appartement. On ouvrait devant lui les portes des différentes pièces – il y jetait un coup d'œil, murmurait une approbation et poursuivait l'examen des lieux. A un moment, une porte s'ouvre et il découvre un couple faisant, sur le lit, des choses que la morale (en particulier hassidique) réprouve. Imperturbable, il lance :

- *ça, je l'ai déjà vu*
- dos hob ikh shoïn gezen **דאס האב איך שוין געזען**

et continue la visite.

Israël Kirszenberg

Chvele Prywes

Shaia Prywes

Géographiquement, les hassidim étaient subdivisés en différentes familles, dirigées par des rabbins, se transmettant cette charge de père en fils. Ils étaient vénérés par leurs ouailles comme des dieux vivants. Les *hassidim* de Varsovie avaient pour chefs la dynastie de « Góra Kalwaria » (Mont Calvaire), les Rotenberg Alter, inspirateurs principaux de l'orthodoxie juive polonaise. Shaïa et ses descendants étaient très proches de ceux-ci et en constituaient l'assise économique. Le dernier des Rotenberg vit actuellement aux USA.

Mon père m'avait lu une nouvelle, en yiddish, de Itskhak Leïbl Perec, un des plus grands écrivains dans cette langue, où un pauvre vient solliciter un richard pour obtenir une dot pour sa fille. Perec aurait raconté qu'il avait pris exemple sur Shaïa. Plusieurs années après, je m'étais lié d'amitié avec Georges Perec, futur prix Renaudot. Georges pensait être, il le dit dans son autobiographie *W ou le Souvenir d'Enfance*[16], arrière-petit-neveu de Itzhak Leibl. Cela nous amusait beaucoup que son arrière-grand-oncle ait parlé de mon arrière-arrière-grand-père dans ses écrits. Détail amusant : les Perec, la famille de Georges, venait aussi de Lubartów.

Un autre écrivain yiddish, Trunk, consacre plusieurs pages à Shaïa Prywes, dans son ouvrage de sept tomes *Poïln – La Pologne*. Il y dit que c'était le plus riche hassid du pays. Dans la misérable population juive, cette richesse alimentait des légendes. On racontait qu'il aurait obtenu une bénédiction auprès du rabbin de Kock et, qu'à cause de cela, tout ce qu'il touchait se transformait en or. Sa fortune était évaluée à dix millions de roubles-or, chiffre tout à fait fantaisiste pour le commun des mortels de cette époque. Trunk ne l'aime pas beaucoup. Il le décrit comme plein de complexes. Sa richesse lui aurait tourné la tête et il serait devenu obsédé de pouvoir, despote et mégalomane. Afin de se distinguer du reste de la population, il était le seul hassid de Pologne à dédaigner le *chtraml* , le couvre-chef rond en fourrure de renard, contre un petit bonnet en velours entouré de ruban,

[16] Dans *Lubartćw i ziemia lubartowska* les auteurs démontrent que les Perec de Lubartów y étaient établis depuis plusieurs siècles et n'avaient rien à voir avec la famille de Itzkhak Leibl, laquelle a toujours vécu à Zamość. Il semble donc que Georges se soit trompé.

avec une visière en cuir, réalisé spécialement pour lui par son chapelier particulier. De tels bonnets, mais sans la visière (personne n'aurait osé imiter à ce point Shaïa Prywes !) étaient devenus, par la suite, à la mode chez les Juifs de Varsovie, sous le nom de *prywesówka*.

Bien entendu, il était un des dirigeants du conseil communautaire. Le siège de celui-ci était à quelques pas de la place Grzybowski, pourtant, Shaïa ne s'y rendait qu'en fiacre pour que le « peuple » garde de lui l'image avec son bonnet à visière et ne le voie pas en chapeau haut de forme, accessoire obligatoire pour les gens de son niveau visitant cet organisme. Il tenait à passer pour un *Talmud haham* (connaisseur du Talmud). De vrais érudits ne pouvaient faire autrement que d'écouter ses commentaires et de les accompagner d'appréciations élogieuses.

Sa femme, Chvele, était une cliente assidue des stations balnéaires étrangères. Elle en ramenait des tas de cristaux et d'objets en argent et en or dont était rempli leur appartement de dix pièces, séparé de la tumultueuse et sale place Grzybowski par des rideaux en brocart. Descendant d'une famille très riche, elle avait des goûts de luxe et se faisait confectionner ses robes par les meilleurs couturiers de Varsovie, ceux qui avaient pour clientes les femmes de la noblesse polonaise avec lesquelles elle entretenait, d'ailleurs, des relations personnelles.

Une fois l'an, l'appartement de Shaïa était ouvert à toute la population pauvre de la ville et même de Pologne. C'était pour la fête de Pourim. Les tables étaient, alors, couvertes des meilleurs mets et vins. Il avait pris contact avec les autorités militaires russes pour inviter, à cette occasion, cent soldats juifs de la garnison de Varsovie.

Trunk n'accorde même pas à Shaïa d'avoir eu le sens des affaires : la Pologne était, alors, en pleine industrialisation et n'importe quelle autre affaire de vente de métaux aurait été une pompe à argent. Il m'est difficile de le suivre sur ce point : si c'était tellement facile, pourquoi d'autres ne l'ont-ils pas fait ?

Shaïa tenait à ce que ses descendants se marient avec des membres de sa classe sociale, mais traitait avec dédain ceux qui rejoignaient ainsi sa famille – personne ne pouvait égaler Shaïa Prywes ! Trunk en parle en connaissance de cause puisque sa femme, cousine de ma grand-mère, était une petite-fille de Shaïa. D'où, peut-être, la dent qu'il a contre lui.

Voici ce qu'écrit au sujet de cette famille mon père dans le livre *Les Juifs de Varsovie* (en polonais – éditions Artistiques et Cinématographiques – Varsovie 1988):

« Son nom initial était Ajzenmann. Il avait été attribué à la famille en 1794. Le grand-père de Shaïa avait une fonderie d'acier, à Przysucha, du côté de Radom. L'affaire était, en fait, gérée par sa femme Prywa. Les Ajzenmann soutinrent les insurgés polonais de 1831 en leur livrant des armes blanches. Après l'écrasement de l'insurrection, ils furent persécutés par les Russes et furent obligés de quitter Przysucha pour Varsovie, en changeant leur nom en Prywes. Le jeune Shaïa y avait épousé la fille d'un lointain cousin Gabriel, propriétaire d'un commerce de fer qui périclitait. Il avait réussi à le développer et le rendre florissant. Vers la fin du 19ème siècle, on disait, chez les Juifs de Varsovie, de quelqu'un d'important : il est comme « un clou chez les Prywes ».

Les Prywes étaient très religieux et traditionalistes, tout en étant attachés aux traditions polonaises de la famille : ils signaient en polonais les documents russes et l'en-tête de leur papier à lettres était en polonais. Shaïa épaulait les institutions philanthropiques, subventionnait la construction de l'hôpital juif (aujourd'hui hôpital Wola), et avait financé le remplacement de la toiture de l'Ecole polytechnique. Il est mort en 1903. »

Les hommes de ce milieu passaient une grande partie de leur temps à l'étude du Talmud et c'étaient souvent les femmes (voir le cas de Prywa ci-dessus) qui s'occupaient de la marche des affaires. Tout en observant strictement le rituel religieux, elles étaient plus cultivées que les hommes, lisaient, allaient au théâtre et faisaient de la musique. Une de mes grand-tantes avait même eu l'idée d'installer chez elle un piano. C'en était trop pour Shaïa. Il a fait venir, sur-le-champ, des

porteurs et l'instrument avait été, littéralement, jeté par la fenêtre, dans la cour.

Suivant la tradition juive interdisant aux femmes mariées de montrer leurs cheveux, celles-ci avaient la tête rasée qu'elles recouvraient d'une perruque. Une des filles de Shaïa avait poussé le modernisme jusqu'à acheter une perruque grise, au moment où elle avait pensé que cette teinte était plus naturelle pour son âge. Ceci avait été considéré comme une révolution moderniste. Il n'était pas question que les jeunes gens élisent eux-mêmes leur futur conjoint. Les mariages étaient arrangés par les parents, avec l'aide d'entremetteurs professionnels. Les cas de divorce étaient rarissimes. Le fiancé était choisi surtout en fonction de ses capacités à interpréter le Talmud. Devenu gendre, il intégrait la famille de la femme. C'est ainsi que mon grand-père Haïm-Joïne, après le mariage, était venu vivre place Grzybowski, dans le clan des Prywes, à Varsovie.

La langue courante de tous ces gens était le yiddish, mais ils parlaient aussi le polonais, teinté d'un accent juif caractéristique. Les hommes connaissaient très bien l'hébreu, langue qu'ils exerçaient quotidiennement lors de l'étude du Talmud. Ils le parlaient à la manière ashkénaze, différente de celle de l'hébreu moderne, basée sur la prononciation séfarade, cette dernière étant, à mon avis, beaucoup plus jolie. Ceux des jeunes de la génération de mon père qui allaient à l'école connaissaient aussi le russe. En effet, Varsovie faisait partie du « Royaume » attribué à la Russie lors du partage de la Pologne et, les Russes ayant décidé d'y éradiquer la culture polonaise, seuls les lycées *gymnasiums*, du système d'éducation russe avaient le droit d'exister. Les hommes portaient en général les habits traditionnels des Juifs polonais : une longue redingote noire, des bottes en cuir souple et, sur la tête, le *chtraml* dont j'ai parlé plus haut. Ceci ne les empêchait pas d'avoir des prétentions à l'élégance : les plus riches avaient des redingotes en soie. Les Polonais se moquaient de ces habits. Ils ne savaient pas que c'étaient ceux de leurs propres ancêtres que les Juifs avaient adoptés en arrivant en Pologne, quelques siècles auparavant.

Certains membres de la famille, prenant avantage de leur aisance économique, avaient su s'intégrer assez bien dans la haute société polonaise, moins antisémite que le peuple dans son ensemble. C'est ainsi que le plus jeune oncle maternel de mon père, Naftali Prywes, dont il sera beaucoup question plus loin, entre un jour au siège de Bank Handlowy, alors la plus importante banque du pays, et demande à voir le président, le comte Radziwiłł. La secrétaire lui dit que celui-ci est occupé. Faisant fi de ses protestations, il pousse la porte du bureau et voit le comte et son ami, le prince Lubomirski, en train de comparer les dimensions de leurs attributs virils respectifs, sur le bureau Louis XV du président. « Ah, monsieur Prywes, venez donc vous joindre à nous !» Le commentaire de Naftali à ses proches avait été :

« je puis vous assurer que je n'ai nullement fait honte à notre famille ».

Détail un peu plus inattendu : Rosa Luxembourg, la révolutionnaire allemande originaire de Zamość, en Pologne, nous était aussi apparentée.

A part le « Royaume » russe, il y avait la « Galicie » autrichienne. Une branche de la famille s'y était établie dans la ville de Lwów, en allemand Lemberg, aujourd'hui Lviv, en Ukraine. En faisaient partie le rabbin Herc Bernstein (grand-père de ma grand-mère), dont la rue principale du quartier juif portait le nom, ainsi que l'avocat Loevenstein, anobli par l'empereur François-Joseph, qui avait pris part à la défense de Beïlis, que l'on accusait, lors du célèbre procès, de mêler le sang de petits garçons chrétiens au pain azyme fabriqué pour la Pâque juive. Je m'étais aperçu, récemment, que la croyance en ce rituel est répandue, encore aujourd'hui, parmi la population orthodoxe intégriste de Moscou.

Une autre partie de la famille de Lwów s'appelait Wahl. Une légende prétendait que quand le roi de Pologne Henri de Valois avait fui ce pays pour devenir Henri III de France, la noblesse polonaise n'avait pu se mettre d'accord tout de suite pour élire son successeur (la royauté polonaise était élective, tous les nobles étaient électeurs et disposaient d'un droit de veto dit *liberum veto* , les décisions devant être prises à l'unanimité). Pour ne pas laisser le pays sans roi, pendant une nuit, on avait décidé d'élire un juif qui serait destitué automatiquement, le lendemain, quand un « vrai noble Polonais » serait élu. Le choix était tombé sur Wahl, trésorier de la Cour. Cette branche comptait parmi ses membres le poète hébraïque Gotesman, ainsi que l'écrivain russe Aldanov, de son vrai nom Landau.

Des trois puissances qui s'étaient partagé la Pologne : la Russie, la Prusse et l'Autriche, c'est dans cette dernière qu'il y avait eu le plus de tentatives d'émancipation des Juifs. Ce pays jouissait, donc, d'un préjugé favorable parmi ceux-ci, au point que quand, en 1942, le bruit s'était répandu, dans le ghetto de Varsovie, que c'étaient les Autrichiens qui en auraient la charge, il y avait eu parmi la population un grand ouf de soulagement. Malheureusement, l'expérience a montré que ces Autrichiens, si c'étaient vraiment eux, s'étaient avérés aussi brutaux et sanguinaires que les Allemands.

La génération de mon père se sentait à l'étroit dans ce milieu hassidique. Beaucoup voulaient en sortir. Certains avaient élu le communisme, d'autres étaient partis en Palestine ou avaient émigré en France, en Angleterre ou en Amérique. D'autres, enfin, considéraient que, malgré l'antisémitisme qui devenait omniprésent, la Pologne était leur patrie, qu'ils y avaient leurs racines et choisissaient la voie d'une certaine assimilation. C'était le choix de mon père et de mon oncle. Tous deux avaient adopté la culture polonaise : l'un était avocat, l'autre médecin. A la faculté, les étudiants juifs avaient des places réservées à gauche et étaient l'objet de brimades perpétuelles de la part de leurs camarades catholiques. Officiellement, néanmoins, tous les citoyens polonais étaient égaux devant la loi. Mon père avait fait son service militaire dans la cavalerie en tant que volontaire pour la lutte contre les bolcheviks – en 1920 il avait été interné, avec tous les autres militaires juifs, au camp de Jabłonna : les Polonais ne faisaient pas confiance aux Juifs pour cette cause. Mon oncle, en tant que médecin, était officier de réserve. Un des cousins de mon grand-père, Jacob Trockenheim, était sénateur. Vers 1937, la situation des Juifs avait empiré. Sous la pression des éléments ultranationalistes polonais, un *numerus clausus* avait été imposé à l'Université, limitant le nombre d'étudiants juifs. Certaines fonctions dans l'Administration leur étaient dorénavant interdites. Que serait devenue ma famille si la guerre n'avait pas éclaté ? Mes parents auraient-ils eu le courage d'émigrer ? Si oui, où ? Les Juifs n'étaient les bienvenus nulle part. Et recommencer une vie à l'étranger quand toutes ses racines étaient en Pologne, où la famille avait su se faire une place au soleil ? L'expérience ultérieure avait montré que oui, c'était possible et, cela, dans des conditions beaucoup moins favorables.

2. LA FAMILLE DE MA MERE

Les Jaszpan

Ma mère, Fanny, venait de Vilno : aujourd'hui, Vilnius, capitale de la Lituanie, mais, qui faisait, à l'époque, partie de la Russie. Le nom de son grand-père maternel était Jaszpan. Il était propriétaire terrien. La possession de la terre, à la campagne, étant interdite aux Juifs il avait fait cet achat via un homme de paille en qui il avait entière confiance. Celui-ci s'étant mis à jouer aux cartes et à signer les traites pour rembourser ses dettes de jeu, il avait fallu vendre en vitesse.

D'après les descriptions de ma grand-mère Roza, du temps où la famille habitait encore cette propriété, la vie y était celle des « barines » russes décrits dans les romans de Gontcharov ou les pièces de Tchekhov. En été, on prenait le thé, au jardin, autour d'un samovar. Le miel, les fruits, les légumes étaient produits sur place. Quand on avait besoin de poisson, les paysans en apportaient une bassine entière. La nourriture avait une très grande importance : on laissait des provisions pour la nuit au cas où quelqu'un aurait faim. A part cela, mon arrière-grand-père était un très bon joueur d'échecs et mathématicien : au moment des examens, les étudiants venaient le voir pour la solution des problèmes difficiles.

Malgré cette « vie de château » ma grand-mère avait reçu une stricte éducation de jeune fille juive de bonne famille : elle savait repriser les chaussettes, rapiécer les vêtements et laver le linge. Par ailleurs elle écrivait de très jolis poèmes en yiddish et en russe. On verra que, par la suite, ces talents lui ont sauvé la vie.

Les Sinavitch

Le nom d'origine du père de ma mère était Sinavitch. Il était fils cadet et, d'après la loi russe, pouvait, de ce fait, être enrôlé dans l'armée, pour une durée de vingt-deux ans. On lui avait donc fait c Le nom d'origine du père de ma mère était Sinavitch. Il était fils hanger le nom en Szapiro, ce qui le faisait passer pour un fils aîné et permettait d'éviter cette perspective. Il devait être assez riche car en 1898 il avait acheté un grand immeuble de rapport dans lequel il y

Mes grands-parents maternels.

avait en particulier d'immenses caves où la température était constante pendant toute l'année. Elles servaient, en ces temps où la réfrigération industrielle était inexistante, de stockage pour des produits alimentaires.

Avant la Révolution, il faisait le commerce de fourrures qu'il faisait venir de Sibérie. En 1918, ma grand-mère et ma mère avaient déménagé à Moscou, interdite aux Juifs auparavant, tandis que lui, était parti en Suède. Il y avait fait fortune et, au bout d'un moment, avait fait venir à Stockholm sa femme et sa fille. Ma mère n'y avait eu aucun contact avec la population locale, mais appris le français. Quand, vers 1920, la situation se stabilisa, ils rentrèrent à Vilno, devenue polonaise. Mon grand-père y avait acheté un deuxième immeuble, au 7, rue Wielka Pohulanka, dans lequel mes grands-parents avaient leur propre appartement. Nous y venions, quelquefois, avec ma mère en été. J'ai gardé un souvenir paradisiaque de ces visites. Mon grand-père avait pris goût en Suède au confort occidental. Il en avait fait venir des choses probablement inconnues à l'époque en Pologne. Il y avait par exemple une immense salle de bains avec des tas d'appareils de gymnastique et de massage, une cabine de douche avec des jets d'eau sous pression à différentes hauteurs, une salle de *body-building* avant la lettre. J'étais aussi impressionné par les rouleaux de papier de toilette très doux qu'il commandait directement en Suède. Il y avait d'autres détails : une petite machine à manivelle avec des rouleaux en cuir pour aiguiser les lames de rasoir, une crème miracle suédoise pour guérir les blessures.

Derrière la maison, il y avait un jardin, dans ma mémoire immense, planté d'arbres fruitiers de toute sorte. Je revois encore les ruches avec des abeilles, des cabanes mystérieuses où l'on gardait les outils pour le jardin, une table avec un samovar entourant un chêne pour prendre le thé (probablement résultat des souvenirs d'enfance de ma grand-mère). Un été, quand j'étais chez mes grands-parents, une école était venue visiter le jardin. Les allées étaient bordées de tulipes. Ma grand-mère avait ordonné au jardinier de les couper et chaque élève avait reçu, en souvenir, une fleur.

Vilno était alors la capitale de la vie culturelle yiddish. Mes grands-parents étaient actifs dans ce milieu de l'intelligentsia juive, centrée autour de l'institut YIVO. Mon grand-père faisait aussi du mécénat. Il sponsorisait un jeune peintre juif à qui il avait commandé le portrait de moi avec ma sœur. Il lui avait payé les frais de voyage et de séjour pour le peindre à Varsovie. Je me souviens de longues séances de pose. Ce tableau, qui décorait le cabinet de mon père, disparut bien entendu pendant la guerre. Dans cette famille on parlait le yiddish, prononcé à la manière de Vilno, beaucoup plus douce que celle de Varsovie, le russe et, enfin, le polonais teinté d'un accent russe. Il est probable que mon grand-père connaissait aussi le suédois.

Plusieurs années après, en lisant l*a Promesse de l'Aube,* autobiographie un peu romancée de Romain Gary, je m'étais aperçu que sa mère avait un magasin de chapeaux en face de notre maison, où avait été acheté le premier couvre-chef de ma mère, et que le jeune Romain escaladait le mur de notre jardin pour y voler des pommes.

En 1988, j'avais eu la possibilité de revenir à Vilno devenue Vilnius. « Wielka Pohulanka » s'appelait dorénavant « Bosanovicius », notre maison avait été détruite et remplacée par un édifice moderne, abritant la Banque centrale de Lituanie. J'entrai dans la cour. Les murs entourant notre verger, englobé maintenant dans le parc municipal descendant jusqu'à la rivière, avaient disparu. Une boutique en face, probablement l'ancien magasin des chapeaux de la mère de Gary, était devenue un sinistre repaire de machines à sous de seconde main. Quant à l'immeuble avec les grandes caves, mon fils qui avait séjourné souvent pour affaires dans cette ville, me dit qu'il avait été détruit pendant la guerre.

Après son retour de Suède, ma mère avait fait un stage, à Besançon, puis en Angleterre, pour perfectionner son français et apprendre l'anglais. Après cela, elle avait pris des cours particuliers d'allemand. Son professeur était une Allemande, tout à fait charmante, nommée Rosenberg. C'était la sœur de l'auteur des futures lois raciales du IIIe Reich. Puis ma mère était partie pour Vienne où, comme on l'a vu plus haut, elle avait rencontré mon père.

Je crois que les rapports entre mon père et ses beaux-parents étaient assez tendus. Est-ce parce qu'il leur avait enlevé leur unique enfant ? Il est possible qu'il y ait eu aussi un problème de différence de culture : comme on l'a vu, la famille de mon père faisait partie des hassidim , majoritaires parmi les Juifs de Pologne mais non en Lituanie où le courant dominant était le « mitnagdisme ». Ce dernier prônait une religion austère, basée strictement sur la Torah, contrairement au premier, apparu vers 1830, très mystique, donnant la préférence à la foi et voulant adorer Dieu dans la joie – la lutte entre les deux mouvements avait duré pendant plusieurs décennies et avait pris, souvent, des tournures d'une extrême violence. En revanche, ma mère avait été très bien acceptée à la fois par les Kirszenberg et par les Prywes.

Après ce bref résumé des origines de ma famille, il faut que j'aborde la phase beaucoup plus délicate : la description de ma propre vie.

Plusieurs personnes célèbres se sont essayées à cet exercice. Il s'avère que leur sincérité n'avait pas été à toute épreuve. Quand on lit, par exemple, les mémoires de Sartre ou de Simone de Beauvoir, on voit une image de gens presque parfaits. Un livre vient pourtant de paraître, écrit par « l'invitée », la troisième héroïne du roman du même nom de Simone de Beauvoir. Il apparaît que ces deux personnages n'avaient pas hésité à enjoliver leur image en prenant beaucoup de libertés avec la réalité. Il est vrai qu'eux, ils écrivaient pour le public. En principe, j'écris pour moi-même et pour mes proches : mes enfants et mes petits-enfants par exemple. Pour rester objectif, je vais essayer de m'attacher aux faits en laissant de côté les aspects psychologiques.

3. AVANT LA GUERRE.

Je suis né le 24 février 1932 à Varsovie. Mon père était à ce moment-là en train de *poloniser* son prénom de Symha en Szymon, aussi ne m'avait-t-on déclaré à l'état civil qu'avec un retard de plusieurs mois. Un entrefilet parut pourtant dans un journal yiddish de Vilno, annonçant la naissance du petit-fils de Jérémie Szapiro. Ceci avait donné l'occasion à ma grand-mère d'écrire un poème dont je cite de mémoire la première strophe :

קיינער וואלט עס נישט געוווסט
מען וואלט נישט געהערט קיין הוסט
ווען נישט אט די רעפארטערן
אויסגעריסן זאלן זיי ווערן

Ou transcrite en lettres latines :

Keïner volt es nicht gevust,
Men volt nicht gehert kaïn hust,
Ven nicht ot di reportern,
Oïsgerisn zoln zeï vern

Ce qui donne :

On n'en aurait rien su,
Même pas entendu une toux,
Sans ces sacrés reporters,
Qu'ils aillent tous donc en enfer.

Peu après, mon oncle Zélig avait composé un long poème en l'honneur de mon père et de notre famille. Le texte s'était perdu quelque part. C'est dommage car il me plaisait beaucoup. Voici quelques strophes dont je me souviens et dont je donne une traduction approximative.
Il commençait par décrire ma mère :

Urodził się pulpet mały,
Z Wileńskich pochodził on stron,
Zwiedził on świat prawie cały
Studjował aż w Besançon.

Il naquit une petite ronde,
Vilno était sa région,
Elle parcourut le grand monde
Même étudia à Besançon.

Les Bisontins devraient être fiers de voir leur ville considérée, ainsi, comme le symbole du grand monde.

La description de la famille de mon père débutait par :

W stolicy, hen na Grzybowie,
Mieszkał cny ród Kirszenbergów :
Dwóch synów i jedna córka,
O nich zaśpiewam znów.

Grzybow dans la capitale
Des Kirszenberg fut le fief ;
Deux fils et une belle vestale,
C'est d'eux que je parle derechef

Ma naissance était saluée par un pantagruélique :

Sprytna to bestja ogromnie,
Siusia pod sufit aż het

Le monstre est plein d'entregent,
Pisse au plafond comme un grand

Et cela finissait par des souhaits de belle carrière à mon père :

Niech tłum interesantów
Stoi na ulicy,
Stoi cierpliwie i czeka,
Aż Pan przyjąć życzy.

Qu'une foule de clients
Dans la rue le froid brave
Et attende patiemment
Que Maître la reçoive

J'aimais beaucoup mon oncle.

Mes parents voulaient nous donner des prénoms « internationaux ». On m'avait donc nommé Joseph, en polonais Józef (diminutif : Józek), d'après mon arrière-grand-père maternel, Osip. Ma sœur avait reçu le prénom d'Amelia (diminutif : Amelka) qui, dans l'esprit de mes parents, était la traduction occidentale du prénom Malka de mon arrière-grand-mère paternelle, fille du rabbin Bernstein de Lwów, dont j'avais parlé plus haut.

Nous habitions au 10, rue Senatorska, en face du ministère de l'Agriculture, un quartier assez huppé, tout près de la place Teatralny. Le cabinet de mon père était dans l'appartement même, à droite du couloir d'entrée, avec, en face, la salle d'attente. Au bout de ce couloir, il y avait la salle à manger/salon, meublée en acajou, d'où on accédait, à droite, à la chambre à coucher de mes parents et, via un autre couloir, à celles des enfants et de la nounou, à la cuisine avec une alcôve où logeait la bonne et à la salle de bains.

La première chose dont je me souviens est la naissance de ma sœur. La différence d'âge entre nous est de deux ans et demi. Je me vois vaguement dans la chambre de la clinique, à côté de mon père, devant un lit où est couchée ma mère, avec quelque chose (sans doute ma sœur) à côté. Comme preuve que c'est un vrai souvenir, à la sortie, dans la rue, il faisait très chaud, or ma sœur est née le 19 août.

L'autre circonstance qui m'avait marqué d'une manière assez surprenante est le cortège d'obsèques d'un militaire, peut-être le maréchal Piłsudski mort le 12 mai 1935, passant devant nos fenêtres.

A l'époque, la Senatorska était recouverte de pavés en bois qui assourdissaient le bruit des chevaux, des chariots et des canons. Ma mère ne croyait pas que je puisse avoir ce souvenir, mais je ne vois pas qui aurait pu me raconter cet événement et pour quelle raison. D'une manière générale, j'étais attiré par tout ce qui touchait aux militaires. Je ne devais pas être une exception : l'indépendance de la Pologne venait d'être acquise peu de temps auparavant (1920) et les militaires, qui avaient à leur actif le « miracle sur la Vistule », où l'armée Rouge avait été écrasée contre toute attente, étaient très populaires. Comme je passais le plus clair de mon temps en compagnie de la bonne et la nounou, plus tard surnommée pompeusement gouvernante, il n'est peut-être pas étonnant qu'elles m'aient transmis leur penchant naturel pour l'uniforme : j'avais assisté avec la gouvernante au retour des manœuvres d'un régiment de cavalerie, avec la foule enthousiaste sur le trottoir, les femmes lançant des bouquets de fleurs aux beaux cavaliers qui leur renvoyaient des sourires avantageux.

J'étais seul dans l'appartement avec ces deux femmes. Elles étaient, ce jour-là, très joyeuses et se sont mises à danser. Je leur ai demandé de le faire en relevant leurs jupes. Elles ont obtempéré en riant. Malheureusement, devenu plus grand, je suis devenu beaucoup plus timide avec les femmes.

J'étais très attaché à la bonne. Elle s'appelait Aniela et venait de la campagne, quelque part du côté de Poznań. J'aimais beaucoup m'installer dans la cuisine pendant qu'elle me lisait les contes des frères Grimm (version allemande des contes de Perrault). J'étais à la fois fasciné et terrifié par ces aventures qui se passaient dans des bois où la lumière ne pénétrait jamais et où derrière chaque arbre se cachait un terrible ogre ou une sorcière. Après la guerre, ma mère avait pu reprendre contact avec Aniela et lui envoyait des colis.

Assez bizarrement, les seules images que je garde de ma sœur sont d'ordre alimentaire, en particulier des chamailleries au sujet d'un plat à base d'œufs et de sucre que nous surnommions « cette bonne chose (*to smaczne*) ». Nous nous efforcions de le manger le plus lentement possible afin de rendre envieux celui qui n'avait plus rien dans son assiette.

Quelques souvenirs concernant mes parents :

- Mon quatrième anniversaire : je suis appuyé contre le lit de mes parents dans leur chambre à coucher pendant que, au salon, jouent les enfants invités. Mon père me demande mon âge et je réponds « quatre ans » ;
- Ma mère, encore au lit, donne des instructions à la bonne pour le menu des repas de la journée ;
- Il pleut, mes parents sont en train de sortir – je me mets à pleurer et reste devant la fenêtre de ma chambre aussi triste que les gouttes de pluie qui tombent sur les vitres ;
- Le matin, dans la salle de bains, mon père étale, sur son visage, avec un blaireau, une mousse et l'enlève avec un rasoir mécanique – je ne comprends pas très bien l'intérêt de cette opération ;
- Mon père rentre d'un voyage à Łódź où il vient de plaider – le voyage en train a été très fatigant (Lódź est à peine à 200 kilomètres de Varsovie, mais les trains roulaient à 40 km/heure) et il va prendre son bain.

J'étais allé assez tôt au jardin d'enfants. Deux souvenirs majeurs : on nous faisait repeindre les étagères ce qui était considéré comme une récompense et, une après-midi, je suis resté pour continuer ce travail, bien après le départ de tout le monde. Une autre fois, la maîtresse avait demandé si on savait siffler. Très sûr de moi je m'étais proposé pour reproduire l'air qu'elle venait de chanter. Comme je n'ai aucune oreille, j'avais tout juste ponctué, en sifflotant, le nombre de syllabes. La maîtresse avait écouté avec beaucoup de tact. A la fin, elle m'avait dit que c'était bien, mais m'avait montré ce qu'il aurait fallu que je fasse et avait sifflé l'air comme il faut. J'avais vaguement compris qu'elle se fichait un peu de moi.

Quand il faisait beau, nous sortions avec la gouvernante au jardin Saski (de Saxe) tout près de notre appartement. J'y allais, quelquefois, sur un cheval-tricycle à pédales. Une fois j'étais tombé et j'étais pétrifié par le sang qui coulait de mon genou.

La ville était alors pleine d'odeurs. En bas de chez nous il y avait un magasin de fruits. Il s'en dégageait un magnifique mélange de senteurs de pomme, d'orange, de prune, etc. que je n'avais jamais retrouvé depuis. Je ne sais pas comment font les producteurs de fruits d'aujourd'hui pour les rendre inodores (à moins que, avec l'âge, le nerf olfactif ne commence à me jouer des tours). Le transport de passagers et de marchandises se faisait essentiellement par fiacres et par charrettes, tirés par des chevaux. L'odeur de sueur de ceux-ci, de leur crottin, de l'avoine qu'ils mangeaient dans des sacs suspendus à leur cou quand ils étaient au repos, était présente partout. Au marché du quartier juif, les dégagements provenant des tonneaux de harengs saurs, d'oignons, nourriture principale de la majorité de la population de ce quartier, soulevaient le cœur.

Une histoire racontée à ce sujet, en yiddish, par mon père :

Un client s'adresse au marché à une marchande :

- יידענע, איר פיש שטינט	- Idine , ir fich chtinkt.
- וואס , מיין פיש שטינקט?	- Vos, maïn fich chtinkt ?
ניין , איך שטינק.	- Naïn, ikch chtink.

- Madame, votre poisson pue.
- Quoi, mon poisson pue ?

  Non, c'est moi qui pue.

Le fait d'être sorti du milieu hassidique ne signifie pas que mon père avait rompu avec le judaïsme. On m'élevait dans la culture et la langue polonaises, mais on me faisait connaître, sans demander ma participation active, les principaux rites de la religion. Mes grands-parents paternels jouaient, pour cela, un grand rôle. Nous déjeunions chez eux tous les samedis. Le repas était composé de plats traditionnels juifs polonais, tels que l'on peut en goûter aujourd'hui dans la rue des Rosiers, à Paris : *tchulent, gehakte leber, gefilte fich, tsymes,* etc. Mes grands-parents observaient strictement les règles de la *cacheroute* : il y avait deux jeux de vaisselle – un pour les plats à base de viande, l'autre pour ceux contenant du lait et il n'était pas question de mélanger les deux. Mon grand-père faisait tous les matins les prières rituelles, avec les phylactères sur le front et couvert du talith. Le vendredi soir, ma grand-mère allumait les bougies et faisait une prière. Les deux premiers soirs de la Pâque, on se réunissait chez mes grands-parents pour le *seder*. Mon grand-père présidait. J'y tenais un rôle important : c'était moi qui récitais, en hébreu (en apprenant par cœur les mots sans les comprendre), les quatre questions sur les origines et le but de cette soirée, auxquelles mon grand-père répondait.

C'était moi aussi qui devais subtiliser, théoriquement de façon que personne ne s'en aperçoive, mais en fait avec l'accord tacite de chacun, le *afikoïmen* , les trois pains azymes que mon grand-père cachait sous une serviette au début et devait distribuer à tous les participants à la fin de la cérémonie (origine de l'hostie catholique). Pour les lui rendre j'avais le droit de réclamer un cadeau. Pour la dernière de ces fêtes, en 1939, j'avais demandé une bicyclette.

Pour la Hanoukka, célébrant la victoire des Maccabées sur les Romains, à la fin de l'automne, j'allumais tous les soirs les bougies d'un chandelier à huit branches plus une : le premier soir, toutes les huit, le deuxième soir, sept, etc. – jusqu'au dernier jour où il n'en restait qu'une seule. Pour *Pourim* on nous achetait des *gréguer*, petits bruiteurs en bois qu'on faisait fonctionner pour effrayer le méchant Haman, qui a voulu persuader le roi de Perse d'exterminer tous les juifs de son royaume – heureusement la femme du roi, Esther, était juive, et avec son oncle Mardochée elle avait su déjouer ce complot. Pour le Roch ha-Shana (le Nouvel An) et le Yom Kippour (le jour du Grand Pardon), j'accompagnais mon père à la synagogue : j'attendais avec impatience que le *hazan* (le récitant des prières) souffle dans le *schofar*, un cor d'une longueur impressionnante et j'étais ému avec mon père quand il récitait *kolnidra*, la prière pour les morts. Mes parents se conformaient à la tradition et jeûnaient durant les 25 heures réglementaires pendant le Yom Kippour.

Chez nous, on se préoccupait de la *cacheroute* d'une manière très superficielle. Il n'y avait qu'un seul jeu de vaisselle, on ne mangeait pas de porc, mais comme j'adorais le jambon, la bonne m'en donnait, en cachette, dans la cuisine. Pendant la Pâque on ne mangeait pas de pain seulement de la *matza* (pain azyme). Néanmoins, en faisant moudre celle-ci, on obtenait une farine à partir de laquelle on confectionnait d'excellentes sucreries.

Quarante ans plus tard, j'étais retourné à Varsovie. J'étais passé devant le 10, rue Senatorska. L'immeuble avait été détruit pendant la guerre, mais comme c'était un quartier classé, il avait été reconstruit, en principe tel qu'il avait été avant. Malheureusement, il avait été transformé en immeuble de bureaux et, au lieu de l'immense porte cochère dont je me souvenais, il y avait une porte vitrée avec la plaque d'une administration dessus. Quant au jardin Saski, dès que j'y ai pénétré, j'avais reconnu l'odeur des feuilles de marronnier de mon enfance. Le 10, place Grzybowski avait été reconstruit de la même manière. Une cousine de mon père, Irène Kowalska, la seule restée en Pologne après la guerre (ardente communiste elle a fait de la prison avant 1939 et avait été haute fonctionnaire sous la République populaire), me pousse, encore aujourd'hui, à entreprendre les démarches afin que la famille puisse récupérer cet immeuble. Je n'en vois ni l'utilité ni la possibilité : l'immeuble a été reconstruit aux frais de l'Etat, donc, seul le terrain pourrait faire l'objet de notre prétention, d'autre part, le nombre d'ayants droit, la plupart assassinés à Tręblinka, est tellement élevé qu'il serait très difficile de débroussailler l'affaire pour la répartition entre les héritiers, enfin, et cela clôt le débat, la juridiction polonaise ne permet pas, pour l'instant, ce type de restitution.

A l'âge de six ans, j'étais allé à l'école. C'était un établissement juif, mais l'enseignement, y compris celui de la religion, se faisait en polonais. Je vois encore le rabbin nous racontant l'histoire d'Adam et Eve mangeant la pomme et celle des Juifs traversant la mer Rouge. Pourtant, il devait y avoir d'autres sujets, car j'avais su lire très vite, mon premier livre étant *Le Petit Lord Fauntleroy*. C'est aussi avec ma classe que j'étais allé, pour la première fois, au cinéma voir *Les temps modernes* de Chaplin. J'apportais avec moi deux sandwichs – un pour manger moi-même à midi, l'autre destiné à un enfant de famille pauvre, que je donnais à l'institutrice en arrivant.

J'ai aussi en mémoire les vacances de 1937 et 1938 (j'avais donc à l'époque respectivement 5 et 6 ans).

Pour les premières c'était dans un village appelé Urle. Je ne connais pas du tout sa situation. Nous avions d'abord pris le train, puis une charrette à cheval nous avait conduits à une maison de paysans qui nous avaient cédé leur chambre, eux-mêmes ayant déménagé dans la cuisine. Sur le chemin vers le village, nous étions passés devant un arbre sur lequel était juché un petit enfant. Un paysan se tenait en dessous et essayait vainement d'atteindre le garçonnet avec un fouet. Celui-ci poussait des hurlements de terreur. Cette image est restée gravée dans ma mémoire comme symbole de la cruauté.

De ces vacances j'avais gardé l'image des visites chez un boutiquier juif du coin chez qui j'achetais des biscuits car, à l'intérieur, il y avait toujours un petit jouet en papier. C'est pour la même raison que mon petit-fils me force à acheter, aujourd'hui, des chocolats *Kinder* quand je passe avec lui devant une caisse de supermarché.

En 1938, nous étions allés à Karwia, aux environs de Gdynia. Cette dernière était construite près de Gdańsk (Dantzig), en ce temps « ville libre », habitée essentiellement par les Allemands, aboutissement du corridor d'accès à la mer pour l'Allemagne et une des causes de la Deuxième Guerre mondiale. La raison d'être de Gdynia était justement d'affranchir la Pologne des Allemands pour cet accès à la Baltique. Nous habitions, de la même manière, chez les habitants, cette fois-ci des pêcheurs *kachoubs* (petite ethnie originaire d'on ne sait où, dont parle Günter Grass dans *Le Tambour*, porté à l'écran par Volker Schlöndorff). Ils nous avaient cédé leur habitation principale et avaient déménagé, pour l'été, dans l'entrée de la maison. La gouvernante était avec nous. Un soir elle m'avait emmené faire une promenade au bord de la mer. Etant donné l'heure tardive, tous les estivants étaient déjà rentrés et l'endroit était désert. Au moment où nous passions devant la cabane du plagiste, celui-ci avait interpellé mon accompagnatrice. Elle était descendue pour discuter avec lui en me laissant au bord de la plage. Un semblant de lutte s'était engagé entre les deux. Finalement c'est le plagiste qui avait eu le dessus. En remontant, la gouvernante n'avait pas l'air mécontente.

J'ai parlé de l'antisémitisme régnant en Pologne. Pourtant j'en étais préservé. Les seuls contacts que j'avais avec les non-juifs étaient avec ma gouvernante et la bonne. Pour des raisons évidentes, même si dans leur for intérieur elles avaient, peut-être, des pensées antijuives, ne pouvaient pas les extérioriser, d'autant plus qu'elles étaient bien chez nous et, je crois, m'aimaient bien. Une fois pourtant, je jouais dans la cour avec le fils du concierge et un de ses amis. Celui-ci, en apprenant que j'étais juif, m'avait dit une phrase du genre « l'autre jour j'ai vu les Juifs brûler ». Je n'avais pas compris ce que cela voulait dire, mais le fait même que je m'en souvienne prouve que ceci m'avait frappé.

J'étais très sujet aux maladies du nez et des oreilles. Une de mes otites s'était transformée en grave infection. Comme les antibiotiques n'existaient pas, il fallait recourir à la trépanation du crâne des deux côtés ! Le pronostic des médecins était très pessimiste. Je devais soit mourir soit rester sourd. Pour comble de malchance, la clinique du chirurgien n'était pas disponible. On avait donc transformé en salle d'opération la chambre de mes parents. Mon oncle assistait, en tant que médecin, les deux chirurgiens qui m'opéraient. Je me souviens de l'odeur du masque imbibé de narcose, sur mon nez, juste avant de sombrer dans le vide. La période de rétablissement fut très pénible. On ouvrait les pansements et le médecin soufflait de l'air sur les blessures. Pour la convalescence on m'envoya dans un pensionnat pour enfants à Otwock, une petite ville de villégiature près de Varsovie. Au moment où j'y étais arrivé, le pensionnat était vide car il venait d'y avoir une épidémie d'oreillons. Les microbes n'avaient pas disparu et moi aussi j'ai attrapé cette maladie. C'était l'hiver. Quand je fus guéri, ma mère vint me rejoindre. Nous nous promenions sur les chemins enneigés, quelquefois je faisais de la luge. A la fin du séjour nous sommes allés voir *Blanche Neige et les sept nains* dans le magnifique casino municipal que la ville venait de construire. Je ne crois pas avoir repris l'école en retournant à Varsovie. Je lisais les bandes dessinées pour enfants et étais abonné au journal de Mickey.

Pour les grandes vacances, nous étions retournés à Otwock. Nous avions loué une villa avec d'autres familles faisant partie du clan Prywes. J'avais avec moi ma première bicyclette, contrepartie du *afikoïmen* de la dernière Pâque, et me délectais de promenades sur une chaussée nouvellement asphaltée. Je venais de lire le roman pour enfants de Wanda Wasilewska *La Mansarde,* où l'on parlait justement de la jouissance que procure le sifflement du vent dans les oreilles quand on pédale très vite, et me sentais en symbiose avec le héros du roman.

4. LA GUERRE.

Celle-ci nous avait surpris à Otwock alors que mon père était déjà retourné à Varsovie pour reprendre le travail à son cabinet. Nous ne nous rendions, bien entendu, pas compte que nous avions failli ne jamais le revoir. Je sentais, depuis quelque temps, une inquiétude chez ma mère et les autres habitants de la villa, mais je suppose que les grandes personnes évitaient de parler de la gravité de la situation devant les enfants.

Un matin, nous avions entendu des avions qui survolaient la ville, puis quelques explosions et nous avions vu, au loin, une fumée. On nous avait dit qu'une bombe était tombée sur une maison et une femme aurait été déterrée des décombres avec les cheveux devenus, subitement, tout gris. Pendant plusieurs nuits, nous aperçûmes les flammes du côté de Varsovie, à vingt kilomètres de Otwock.

Nous ne savions rien de ce qui se passait dans cette ville : qu'étaient devenus notre père, nos grands-parents, l'oncle, la tante et toute l'innombrable famille qui y était restée ? Dans la villa il n'y avait que les femmes et les enfants : ma mère avec ma sœur et moi, Mala Prywes – la femme d'un cousin de mon père avec son bébé et une autre mère avec deux garçons un peu plus âgés que moi.

Le beau-père de Mala, Naftali Prywes, fit son apparition. En tant que seul homme il avait pris le commandement et sa décision avait été : « il faut partir tout de suite pour fuir les Allemands ». Et nous étions partis, à ma connaissance sans aucun lieu précis à atteindre. Nous nous étions enfoncés dans les bois sur deux charrettes tirées par des chevaux. La première rencontre fut un détachement de cavalerie polonaise armé de lances. Nous avons poursuivi notre route. A un moment donné, des obus se sont mis à siffler au-dessus de nos têtes. Cela a duré plusieurs heures. Quand on entend le sifflement d'un obus, c'est qu'il vous a déjà dépassés, mais nous ne le savions pas et c'était effrayant. Les tirs ont finalement cessé. Le soir, nous sommes arrivés dans un village et Naftali a négocié avec les paysans la possibilité pour nous tous de coucher dans la grange, sur la paille. On les a payés avec du sel, denrée devenue très rare, donc, monnaie d'échange.

Je suppose que, la nuit portant conseil, les grandes personnes ont vu, le lendemain, que notre fuite n'avait aucun sens et la décision a été prise de rentrer à Otwock. Quand nous avons rejoint notre villa, il était visible que des choses s'étaient passées en notre absence : la forêt était pleine d'armes, de casques, de sacs à dos et de munitions. Nous nous sommes réinstallés dans nos appartements. Avec les autres garçons, nous faisions des expéditions dans les bois, ramassions tout ce qui nous tombait sous la main de l'impressionnant matériel militaire, le ramenions à la villa et l'enterrions dans la cave. Je n'ai jamais su quelles suites cela a données, mais aujourd'hui encore, je frémis à l'idée que les Allemands aient pu trouver, plus tard, cet arsenal et que cela ait conduit à l'exécution de plusieurs personnes à cause de notre légèreté. A moins qu'il n'ait été récupéré par la résistance et, qui sait, ait servi lors de la révolte du ghetto de Varsovie.

Le premier Allemand que nous avons rencontré était juché sur une moto. Il nous a demandé la direction d'un village. Nous lui avons indiqué la direction opposée et étions très fiers de cet acte de « résistance ». Des Allemands, il y en a eu de plus en plus. Ils étaient en général motorisés et donnaient une impression beaucoup plus organisée que nos lanciers polonais.

Les vivres commençaient à manquer. Nous avons pu nous procurer de la farine auprès des paysans, toujours contre du sel. Seulement voilà, nos ménagères juives savaient bien faire les gâteaux, mais pas le pain ! Je ne connaissais pas à l'époque la fameuse phrase de Marie-Antoinette : « s'ils n'ont pas de pain qu'ils mangent de la brioche », mais aujourd'hui je sais que manger uniquement de la brioche peut vite devenir fastidieux. Nous attrapions des coccinelles et les lancions en l'air avec les mots : *boża krówko leć do nieba, przynieś mi kawałek chleba* (bête à bon Dieu, vole vers le ciel et apporte-moi un morceau de pain).

5. RETOUR A VARSOVIE

Naftali a pris une nouvelle décision : nous devions rentrer à Varsovie. Et nous nous sommes retrouvés, encore une fois, sur une charrette tirée par un cheval poussif. Le voyage a duré toute la journée. Nous sommes arrivés quand il faisait déjà nuit. Je crois que les Allemands avaient imposé le couvre-feu, mais, apparemment, nous sommes arrivés dans les temps. Nous avons traversé les quartiers juifs avec des maisons éventrées par les bombes : lors du bombardement, ce sont ces quartiers, habités pourtant par une population civile, que la Luftwaffe visait en priorité. C'était l'origine des flammes que nous voyions de Otwock. Il régnait une odeur caractéristique de maison en ruine.

Nous avons retrouvé notre appartement de la rue Senatorska occupé par des réfugiés de province. Les toilettes sentaient mauvais.

Nous avons appris que mon père était parti vers l'est, conformément aux ordres donnés par le gouvernement à tous les hommes valides. L'oncle Zélig avait été mobilisé. Nous ne savions rien à leur sujet. Notre inquiétude était d'autant plus grande que la Pologne venait d'être attaquée, à l'est, par l'URSS.

L'hiver approchait. Or tous les carreaux des fenêtres avaient sauté lors des bombardements. Comme c'était le cas de la plupart des maisons, il y avait pénurie de vitres de rechange. Heureusement, nous avions plusieurs tableaux sous verre sur les murs ce qui a permis d'isoler du froid une ou deux pièces.

Les Allemands et les Soviétiques s'étaient partagé la Pologne : l'Ouest aux premiers, l'Est aux seconds. La frontière entre les deux parties était encore « verte », c'est-à-dire qu'on pouvait la passer sans trop de problèmes. Sur le conseil de Naftali qui devait fournir le passeur, ma mère avait décidé de tenter notre chance et de rejoindre mes grands-parents à Vilno faisant partie de la zone occupée par les Soviétiques. Le soir prévu pour le départ, les valises étaient prêtes, nous attendions le passeur. C'était Naftali qui est arrivé à sa place : l'homme avait fait faux bond. Nous restions à Varsovie.

Le grand espace de la Senatorska nous était maintenant inutile. Nous avons donc décidé de déménager à la place Grzybowski, chez mes grands-parents. Ma mère a voulu reprendre les carreaux de nos tableaux sur les fenêtres. Le propriétaire a refusé : ils faisaient, dorénavant, partie intégrante de l'appartement.

Une partie du 10, place Grzybowski avait été bombardée, mais l'aile de l'appartement de mes grands-parents a été, par miracle, sauvegardée. J'ai hérité de la chambre de mon oncle. Il y avait là les œuvres complètes de Shakespeare en polonais. Je les ai lues, consciencieusement, bien entendu sans rien y comprendre.

Nous étions six personnes dans l'appartement : mes grands-parents, ma tante Doda, ma mère avec ma sœur Amelka et moi.

Comme l'immeuble abritait tout le clan Prywes, j'ai eu brusquement plein de copains de mon âge, en particulier Jurek et Stefa Araten qui habitaient avec leur mère juste au-dessus de mes grands-parents. Nous faisions des expéditions dans les maisons en ruine, à l'instar des spéléologues avançant vers l'inconnu. Lors de l'une de ces escapades, nous avons découvert, entre deux briques, des passeports d'un pays sud-américain. Je suppose que c'était la cache convenue où les destinataires devaient venir les chercher. Je ne me souviens pas de ce que nous en avons fait – j'espère que nous les avons laissés sur place.

Nous estimions que c'était un crime de tuer les animaux pour les manger et avions constitué l'association de lutte contre les bouchers. Nous faisions des compétitions de glisse sur la rampe de la cage d'escalier.

Les juifs étant interdits d'école par les Allemands (les Polonais chrétiens étaient lotis un peu mieux, ils avaient encore l'enseignement primaire, mais comme peuple inférieur, destiné à fournir uniquement la main-d'œuvre pour le « Herrenvolk », ils n'avaient pas droit à l'enseignement secondaire), le clan Prywes a organisé pour nous des cours particuliers. J'ai retrouvé ainsi l'institutrice qui s'était moquée de moi, dans les temps jadis, parce que je ne savais pas siffler.

Stefa et Jurek avaient maintenant un locataire. C'était un vieux juif originaire d'Autriche faisant partie de la population juive que les Allemands avaient chassée du Reich. Il me montrait avec fierté la montre de gousset en or qu'il sortait de la poche de son gilet. En l'ouvrant, on entendait l'air de *Ach, mein lieber Augustin, Augustin, Augustin...* Une inscription, gravée à l'intérieur du couvercle, indiquait que c'était un cadeau de l'empereur François-Joseph à son grand-père.[17]

Ma mère avait loué les services d'une jeune fille pour l'aider à s'occuper de nous. Elle venait d'arriver d'un village. J'ai eu un grand choc quand je suis allé la voir chez elle : pour la première fois dans ma vie je découvrais la misère. Plusieurs familles avec des vieillards et des petits enfants étaient logées dans un minuscule appartement. L'air était irrespirable. Je suppose que c'était déjà le commencement de l'action des Allemands en vue de concentrer tous les Juifs dans le futur ghetto. En effet, le rouleau compresseur allemand avançait imperturbablement. Les Juifs adultes étaient tenus de porter les brassards avec l'étoile à six branches. Cela a donné lieu à un petit commerce : l'on pouvait trouver les brassards de différente qualité – les riches pouvaient se les procurer en soie. On commençait à élever un mur autour du quartier juif. Il était recouvert, sur le dessus, de monceaux de verre.

Mon grand-père a été pris dans une rafle. Je n'ai pas besoin de décrire l'inquiétude qui a été la nôtre. Il est rentré tard dans la soirée. Les jeunes soldats allemands s'étaient juste amusés à ramasser quelques vieux Juifs et à faire des « facéties de gamins » : botter les fesses aux youpins, les faire marcher à la queue leu leu avec des balais entre les jambes…

Un monsieur portant un chapeau vert avec une plume (c'était le signe distinctif de la GESTAPO en civil) nous a rendu visite. Il avait eu une discussion avec ma mère. Je ne me souviens pas du sujet précis, mais je crois qu'il s'agissait de mon père. A un moment donné, après une réplique de ma mère, je me suis mis à crier : « ce n'est pas vrai, tu es ma mère ! » Je suppose que ce gosse de sept ans que j'étais avait saboté ainsi toute son argumentation. Je ne sais pas comment elle s'en était sortie, mais nous sommes passés, probablement, tout près d'un abîme.

[17] La population allemande dans son ensemble n'était pas opposée à ce que l'on la débarrasse de ses compatriotes juifs, mais ne voulant pas lui imposer d'être témoin des violences que l'on leur ferait subir, les Allemands les déportaient d'abord en Pologne où, par la suite, ils ont fini dans les chambres à gaz comme leur coreligionnaires polonais.

Et pourtant on n'arrivait pas à croire que tout espoir était fini. Doda est allée, avec une amie, faire une promenade en fiacre, en ville, « sans le brassard ». Elles riaient et avaient l'air très excitées à cette idée. Cet acte était purement gratuit. Il correspondait à un désir de se montrer à soi-même que l'on pouvait respirer encore l'air libre, ne serait-ce que pendant quelques instants !

Et puis le bonheur ! Une lettre de Vilno. Mon père et mon oncle sont vivants chez mes grands-parents maternels. En plus, Vilno, ayant été cédé par la Russie à la Lituanie, s'appelle dorénavant Vilnius et les lettres portent les anciens timbres polonais avec une surimpression en lituanien. Ils sont cotés très cher et j'arrive à les échanger chez les marchands contre plusieurs centaines de timbres ordinaires : ma collection s'enrichit à vue d'œil.

Je ne sais par quel miracle, mon père connaît personnellement le Premier ministre lituanien, qui nous délivre un laissez-passer certifiant que la Lituanie nous prend sous sa protection. A l'époque, la solution finale n'était pas encore bien formalisée : pour les Allemands il était surtout essentiel de se débarrasser des Juifs. Nous recevons donc ce précieux document – voir ci-contre. En haut, à droite des timbres fiscaux, figure le visa d'entrée en Lituanie donnant la fourchette du 10 mai au 10 juillet pour l'utiliser et, en dessous, avec la croix gammée, le visa de sortie délivré par les services du Gouverneur du General Gouvernement (appellation que les Allemands ont donnée à la Pologne occupée). Ce visa est établi à Cracovie – en effet, pour humilier les Polonais ou bien pour les diviser, le siège du gouverneur était dans cette ville et non pas à Varsovie.

Je ne me souviens pas des préparatifs de départ, en tout cas le 2 juillet 1940 nous prenons le train. Ma mère ne porte plus le brassard avec l'étoile de David car nous ne sommes plus soumis aux lois établies par les Allemands pour les Juifs polonais. Les officiers allemands, dans le compartiment, m'offrent des bonbons.

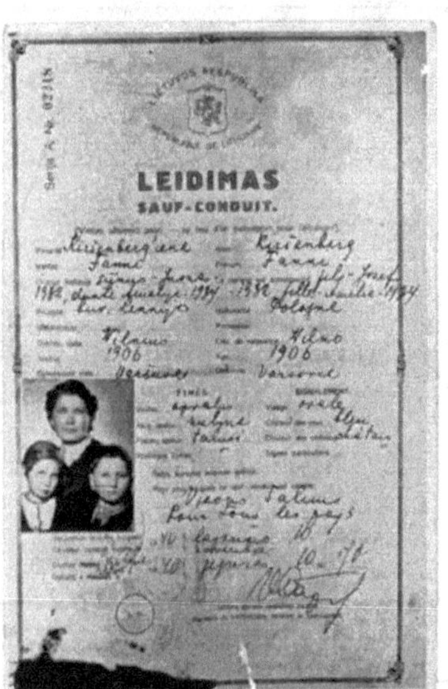

LEIDIMAS

SAUF-CONDUIT.

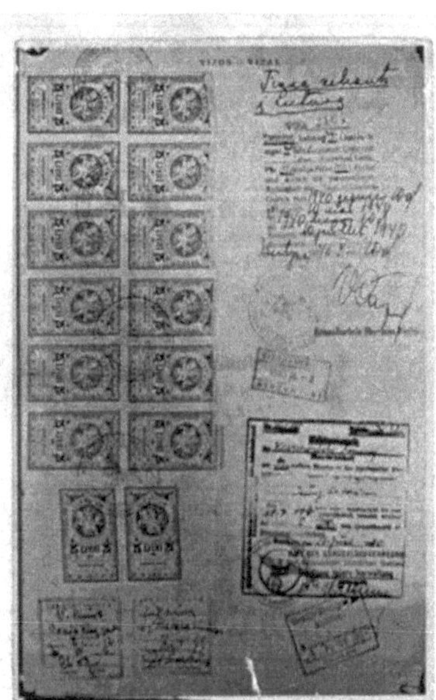

Le sauf-conduit lituanien.

Avant la guerre, la route pour Vilno était très longue, car il fallait contourner la Lituanie. Maintenant, elle est devenue plus directe via Königsberg, ville natale de Kant (aujourd'hui Kaliningrad), en Prusse orientale. Nous devions y passer la nuit et prendre une correspondance. En arrivant à la gare, je me suis perdu et un Allemand m'a très poliment ramené à ma mère. Nous avons couché dans un petit hôtel. Je me souviens de la propriétaire avec un gros chien. Ma sœur, qui était pourtant beaucoup plus jeune que moi, a gardé aussi un souvenir de ce voyage. D'après elle, nous avons erré longtemps dans la ville avec nos valises à la recherche d'une chambre – personne ne voulait de Juifs.

Nous avons franchi sans problème la frontière vers la Lituanie. De l'autre côté nous étions attendus par mon père et par mon oncle.

6. VILNO

Depuis la fin de la Première Guerre mondiale, cette ville constituait un litige entre la Pologne et la Lituanie celle-ci la considérant comme sa capitale historique. La Pologne, qui l'avait reprise aux Russes en 1920, l'avait gardée. Staline venait de la récupérer dans le cadre des accords Ribbentrop – Molotov et l'avait rendue à la Lituanie pour, comme on l'aura vu par la suite, la reprendre, plus tard, avec le pays tout entier. Mais, pour l'instant, nous nous sommes retrouvés dans un pays libre, dans la maison de mes grands-parents, avec son jardin paradisiaque.

Mon père et mon oncle nous avaient sûrement raconté leurs péripéties avant d'arriver à Vilno. Tout ce dont je me souviens est que mon oncle avait été fait prisonnier par les Russes et avait réussi à s'évader.

En tant que petit-fils du propriétaire, je jouissais d'un grand prestige auprès du fils du concierge et de ses amis qui avaient mon âge. Nous étions en guerre contre les enfants des boutiquiers juifs des alentours, leur chef de bande étant une fille dénommée Sophie. Nous les avons défiés à une bataille dans notre jardin. Les préparatifs ont pris beaucoup de temps. Des lassos étaient enterrés sur les chemins, des pierres ont été cachées dans les cabanes à outils. Finalement, ils se sont dégonflés et la bataille n'a pas eu lieu. Sophie, par dépit et en signe de mépris, s'est retournée, a relevé sa robe, enlevé sa culotte et nous a montré son derrière.

Nous commencions à nous intéresser à la sexualité. Avec les amies de ma sœur, qui étaient très friandes de ces jeux, nous nous montrions nos parties génitales.

Pour l'automne on m'a inscrit à l'école. C'était un établissement juif où la langue d'enseignement était le yiddish. Je ne la connaissais pas, aussi avais-je pris des cours particuliers et au bout de quelques mois je pouvais déjà m'exprimer assez facilement. On apprenait également le lituanien. J'ai gardé mon carnet de notes en forme de pierre de Rosette : à gauche en lituanien et à droite en yiddish. Bien que ma note de lituanien y soit bonne, je ne m'en souviens plus d'un seul mot.

Entre-temps, au lieu des soldats lituaniens, c'étaient les soldats russes qui défilaient dans la rue. Les pièces de monnaie lituaniennes, les lites, ont été remplacées par les roubles et les kopecks. La Lituanie avait rejoint la grande famille des Républiques soviétiques. A côté de notre école il y avait une caserne. Les soldats organisaient pour nous des représentations de danses folkloriques russes.

Mon grand-père avait le diabète. Après un retour de l'école, on m'a prié d'aller passer l'après-midi chez un ami qui habitait le voisinage. Son père m'a demandé, innocemment, si mon grand-père avait souffert avant de mourir. Aux funérailles j'étais malheureux de ne pouvoir manifester ma tristesse. Cela m'a fait tellement de peine que m'étais-je mis à pleurer – j'avais atteint le résultat recherché.

Pour des raisons qui étaient pour moi incompréhensibles, nous avons déménagé de l'appartement de mes grands-parents dans un logement beaucoup plus petit, au rez-de-chaussée de la maison. En fait, l'immeuble venait d'être nationalisé et ma grand-mère n'en était plus propriétaire. Ni moi ni les enfants du concierge avec leurs amis ne nous en rendions compte et je continuais à jouir de mon prestige de patron. Mais, bientôt, nous avions dû abandonner aussi cette habitation pour une maison sans aucun confort, à la périphérie de la ville.

Je passais mon temps à lire des livres d'aventures. Mon auteur préféré était Karl May, un Allemand qui aurait écrit tous ses livres en prison sans jamais visiter les pays qu'il décrivait. Son héros principal était un Indien au cœur généreux. Dans *Education européenne* de Romain Gary, quand le père installe son petit garçon tout seul dans la forêt il lui laisse justement un sac de pommes de terre avec un tome de ce *Winetoo le Gentleman Peau-Rouge.*

Les Soviétiques déportaient en Sibérie des tas de gens résidant dans les territoires qu'ils avaient repris à la Pologne. Ce n'était pas un secret car, arrivés sur place, ils envoyaient des lettres et on pouvait correspondre avec eux. On disait que les trains de marchandises arrivaient à Vilno chargés de pastèques et repartaient avec les déportés. La cousine de ma grand-mère paternelle, Vita Golodetz, et son mari se sont retrouvés dans la république de Komi, dans la taïga, à des milliers de kilomètres au nord-est de Vilno. Mon père leur envoyait des colis. Dans notre maison, un appartement est brusquement devenu vide, les portes restant ouvertes.

J'étais dans l'escalier quand j'ai vu arriver deux officiers du NKVD (ancêtre du KGB), reconnaissables à leur casquette bleue. Ils m'ont demandé où habitait une certaine famille. J'ai répondu que je ne le savais pas. « Alors qui habite ici ? » a été leur question suivante en montrant notre porte. Je leur ai dit la vérité. Ils ont sonné et sont entrés. C'était nous le but de leur visite. Ils nous ont donné deux heures pour faire les bagages. Ma grand-mère n'était pas sur leur liste. Comme elle avait du caractère, elle a dit qu'il n'était pas question pour elle de rester seule. Ils ont téléphoné en demandant s'ils pouvaient aussi prendre « la vieille ». La réponse a été positive. A la question : « Que devons-nous emmener ? », pince-sans-rire, ils ont insisté sur les appareils électriques. L'appareil à aiguiser les lames de rasoir et la crème à guérir les blessures ont aussi été emballés. Ils ont trouvé des dollars dans le tiroir d'un secrétaire et les ont fourrés dans leur poche[18]. Deux heures après, nous nous sommes retrouvés dans un camion. Mon père faisait le fanfaron en expliquant à nos anges gardiens la différence entre les régimes capitaliste et communiste. Ils écoutaient poliment. Mon oncle, absent au moment de leur visite, a échappé à ce départ. Après la guerre, nous avons appris qu'il s'était enfui en ayant aperçu les casquettes bleues par la fenêtre.

A la gare, on nous a transférés dans un wagon de marchandises avec, à chaque bout, des rangées de larges rayonnages en planches (нары – *nary,* mot bien connu en Russie). Nous nous sommes installés sur le seul qui était encore libre. La porte a été refermée et verrouillée de l'extérieur.

C'était le 16 juin 1941.

---

[18] J'apprends que ceci se pratiquait aussi en France par les policiers français arrêtant les Juifs dans le but de leur déportation vers les camps d'extermination.

7. LA TRAVERSEE DU MIROIR

Le voyage a duré douze jours. Nous savions que nous allions vers l'est et pouvions reconstituer notre trajet d'après les noms des stations que nous traversions (on a vu plus haut que mes parents et ma grand-mère connaissaient parfaitement le russe), mais n'avions aucune information sur notre destination. D'après mes souvenirs et ceux de ma sœur, on ne nous apportait rien à manger, mais nous avions emporté dans nos bagages un sac de sucre que nous gardions à Vilno « pour le cas où » et, au moment où l'on nous a emmenés à la gare, les habitants du quartier nous ont spontanément apporté de la nourriture. D'autre part, à partir d'un certain moment, nous pouvions acheter des produits auprès des paysans qui s'approchaient du train, en particulier du lait (ceci a eu un résultat inattendu : allergique à ce liquide avant la déportation, j'ai été complètement guéri après ce voyage). Nous n'avions donc pas faim. Il semble que cela ait été aussi le cas de tous les autres « passagers » de notre convoi car, à l'arrivée, tout le monde était bien portant.[19]

L'origine de nos compagnons était à l'image de Vilno : il y avait des Lituaniens, des Polonais, des Juifs et même des Tartares, dont une importante communauté y était établie. Je ne me souviens d'aucun incident dû à ces différences. Nous pouvions regarder à travers les petites fenêtres ce qui se passait à l'extérieur et j'ai en mémoire la remarque de ma mère que, contrairement à la campagne polonaise, les paysans avaient ici des chaussures. Pendant la première semaine, les portes des wagons restaient fermées. Le train a traversé la Volga et j'ai été impressionné par la largeur du fleuve. Après cette traversée, à l'occasion d'un arrêt en rase campagne, nos convoyeurs ont ouvert les portes. C'est là que nous avons appris que, depuis quelques jours, la Russie était en guerre contre l'Allemagne. Nous avions obtenu maintenant le droit de sortir, même dans les gares, en particulier pour chercher le « кипяток» *(kipiatok)*, c'est-à-dire de l'eau bouillante, traditionnellement disponible encore aujourd'hui dans toutes les gares

[19] J'ai rencontré depuis des personnes qui, dans d'autres convois de ce type, n'ont pas eu cette chance. Ils n'ont rien eu à manger pendant tout le temps et certains, en particulier des petits enfants, sont morts de faim .

russes. Nous avons traversé l'Oural et avons aperçu la fameuse pierre indiquant la frontière entre l'Asie et l'Europe. C'est la première fois de ma vie que je voyais des rochers dont je connaissais l'existence uniquement par les romans de Karl May et de Jules Verne. J'ai trouvé cela très excitant.

8. SOVKHOZE OVTSEVOD

Le train s'est arrêté définitivement à la station Burla. Nous avons passé la nuit dans une école. Le matin mon père m'a emmené faire un tour. Il disait bonjour aux gens rencontrés dans la rue et engageait gaiement la conversation. Je trouvais cela très naturel. Comment arrivait-il à garder son sang froid au moment où il venait de subir, avec toute sa famille, un cataclysme qui rendait notre avenir plus qu'incertain ?!

Le dernier contact avec le NKVD avait été la confiscation de tous nos livres, y compris mon album et mes catalogues de timbres. Après, nous avons eu affaire uniquement aux autorités civiles. Nous avons appris que notre statut était celui des *spietspieriesielieniets*[20] et que notre destination finale était le Sovkhoze[21] Ovtsevod, où les adultes allaient être employés comme ouvriers agricoles. Le lendemain, nous sommes partis sur des charrettes tirées par les bœufs. Il n'y avait aucune route. Nous avancions sur l'herbe sèche de la steppe. A un moment, le convoi s'était arrêté et les conducteurs s'étaient mis à examiner les traces d'un convoi précédent pour vérifier si nous allions dans la bonne direction. Mon père m'a souri : « tu vois, c'est comme dans les livres de Karl May ».

Finalement, nous avons atteint un des villages du sovkhoze et l'on nous a installés, de nouveau, dans une école (on était fin juin, période de vacances scolaires). Chaque famille avait rassemblé ses affaires le long des murs du préau. Nous couchions, bien entendu, par terre. De toute évidence, tout ceci était improvisé, nous n'étions pas du tout attendus et l'on avait l'impression que les autorités ne savaient pas très bien comment elles devaient nous installer définitivement et à

---

[20] *Спецпереселенец* – mot composé soviétique ; traduction la plus proche : « déménagé spécial ».

[21] En URSS il y avait deux types d'exploitations agricoles :
Kolkhozes : fermes collectives où le bénéfice provenant de la vente, à un prix dérisoire, du contingent de la récolte dû à l'Etat, et le reliquat en nature de celle-ci étaient distribués aux paysans au prorata du travail accompli ; ils pouvaient en disposer à leur guise, y compris pour la vente.
Sovkhozes : fermes d'Etat où les paysans touchaient un salaire comme des ouvriers d'usine.

quoi nous occuper. Aussi, sommes-nous restés là pendant au moins deux semaines. Ceci nous a donné la possibilité de faire la connaissance de gens du village et des environs.

Nous nous trouvions dans la province d'Altaï (Алтайский Край – *Altaiskiï Kraï*). Cette contrée, à la frontière avec le Kazakhstan, comprend les montagnes du même nom ainsi qu'une immense steppe dans laquelle se trouvait justement notre sovkhoze. Cette steppe était très peu peuplée et je suppose que notre déportation avait un double but : mettre en valeur ces terres vierges et débarrasser les territoires occidentaux, nouvellement conquis par l'URSS, de tous les éléments un peu suspects de non-allégeance aux idéaux communistes en les remplaçant par des Russes. Après la chute du régime communiste et l'accession à l'indépendance des pays baltes, cette « purification ethnique » a créé des problèmes insurmontables à la communauté russe de ces pays.

Le village était constitué par un alignement d'isbas en crépi, blanchies à la chaux. Le plancher était en terre battue. Les habitants étaient d'origine ukrainienne, venus là lors de la fameuse famine des années trente. Selon la coutume de ce pays, les murs étaient ornés de serviettes brodées à la main. Dans la cour, il y avait des latrines. L'eau provenait des puits disposés tout le long du village. Dans certains d'entre eux, elle était saumâtre. On la puisait à l'aide de treuils et les femmes la transportaient dans des seaux, sur des balanciers. Bien entendu le village n'avait pas d'électricité : les fers et les bouilloires électriques, que nous avions emmenés sur le conseil de nos NKVDistes de Vilno, se sont trouvés inutiles et le sont restés pendant tout notre séjour en Sibérie.

La steppe alentour était parsemée de petits bosquets de bouleaux pleins d'excellentes fraises sauvages, mais aussi de moustiques.

Le village possédait une crèche. Les nurses étaient de jeunes paysannes, sans aucune instruction. Pour nourrir les bébés, elles mâchaient les aliments dans leur bouche et les transmettaient, directement, dans celle des enfants.

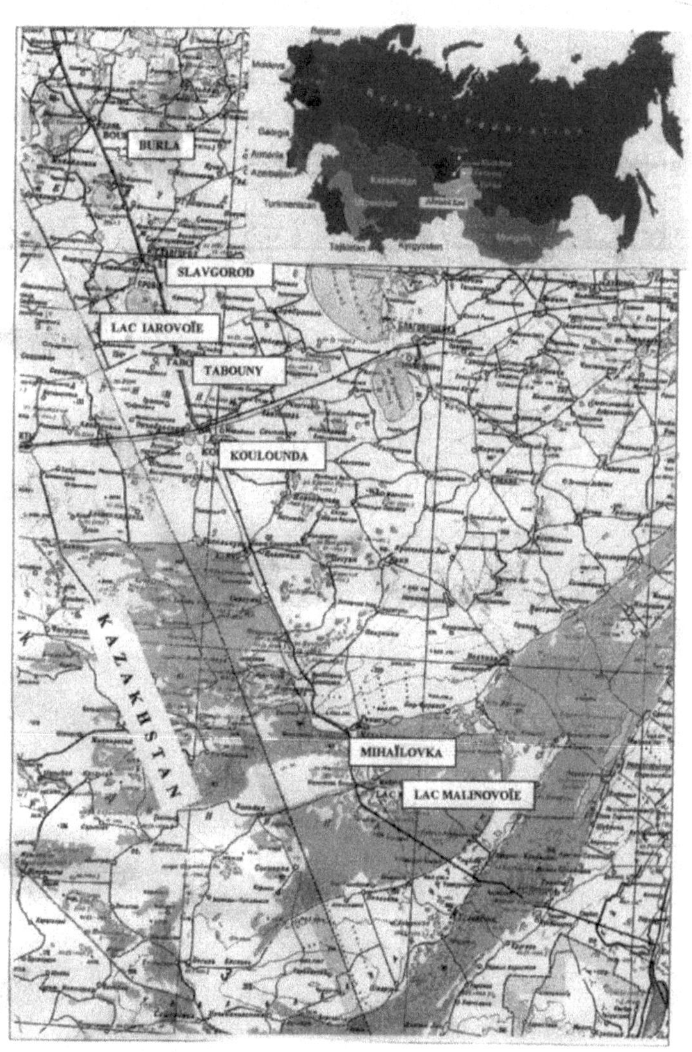

ALTAÏSKII KRAÏ SUD-OUEST

50 km **50 km**

Le bébé d'une des femmes de notre groupe est tombé malade. Il n'y avait ni médecin ni médicaments et nous avons tous assisté impuissants à la mort lente de cette petite chose. Les paysannes du village se sont jointes à nous et récitaient des prières. Nous avons côtoyé cette femme pendant tout notre séjour ultérieur en Sibérie. Son mari était au goulag pour activités sionistes. Elle lui écrivait des lettres, mais ne lui avait jamais avoué la mort de l'enfant. Au fur et à mesure que les années passaient, elle imaginait les progrès qu'il aurait dû faire s'il était resté en vie et les lui décrivait.

L'incompétence des dirigeants du sovkhoze était criante. A un moment, on a commencé à se préoccuper de nos logements pour l'hiver. Un projet a été échafaudé. Il consistait à creuser avec des charrues des sillons dans la steppe et à découper les bandes de terre, ainsi soulevées, en segments d'un mètre environ qui devaient servir tels quels de briques pour la construction des maisons. Il était évident que celles-ci s'écrouleraient au bout de quelques semaines sinon quelques jours. Heureusement il n'y a pas eu besoin de recourir à cette idée, car, comme on le verra plus loin, nous sommes partis du village avant l'hiver. Ces dirigeants nous considéraient comme une espèce de bourgeois gâtés, habitués à être servis. A chaque réclamation la réponse était : *ничего, привыкнеш* (ce n'est rien, tu t'y feras).

La guerre se faisait sentir surtout par le départ des hommes pour l'armée. Bientôt, seuls sont restés les *spetspereselenets* de notre groupe. C'est ce qui a finalement incité, je pense, la direction du sovkhoze à employer cette main-d'œuvre qu'on lui avait imposée. Certains d'entre nous, dont notre famille, sont donc partis, en charrettes à bœufs, travailler à la moisson dans des immenses champs situés à une trentaine de kilomètres de notre village. Tout le monde logeait dans la pièce commune d'une baraque rudimentaire. Je dormais dans un lit étroit (койка - *koïka*) avec mon père, ma sœur avec ma mère, et ma grand-mère toute seule. Nous passions une partie de notre temps à épouiller nos têtes et nos vêtements. J'avoue que j'y prenais un certain plaisir – le vieil instinct de notre ancêtre commun avec le singe ?

Le blé était fauché par des moissonneuses-batteuses tirées par des tracteurs. Mes parents, n'ayant aucune idée du travail agricole, étaient employés en qualité de manœuvres : mon père à charrier les sacs de blé, ma mère à faire tourner, à la main, la manivelle de la souffleuse séparant le grain de l'ivraie. Ma grand-mère, ma sœur et moi restions inoccupés.

Tout le transport se faisait à l'aide des charrettes tirées soit par les chevaux soit par les bœufs. J'avais appris à diriger les paires de ces derniers. Ils étaient attelés à l'aide d'un joug. Celui de droite s'appelait Tsop et celui de gauche Tsébé. Quand on criait Tsop, celui-ci accélérait et on tournait à gauche et vice versa. Pour aller tout droit on répétait : Tsop-Tsébé, Tsop-Tsébé…

Avec d'autres enfants nous rendions visite à nos parents, sur leur lieu de travail dans les champs, juchés sur les chevaux. Nous les montions à cru sans selle ni rênes. Quelquefois, nous nous arrêtions dans un champ non encore fauché, ramassions quelques épis, séparions les graines et les faisions griller sur un feu. Grâce à Dieu, nous n'avons jamais provoqué d'incendie ! Sinon, il est probable que nos parents se fussent retrouvés au goulag pour sabotage.

Un de mes grands plaisirs était de rester couché sur le dos dans les blés à contempler dans le ciel un milan, ailes déployées, suspendu immobile dans l'air, puis fondant comme un éclair sur une pauvre souris ou autre petite bête qui pensait être en sécurité à l'abri des épis et s'envolant en la tenant dans son bec.

Il faisait extrêmement chaud et les femmes du sovkhoze ne portaient rien sous leur jupe : pour uriner, elles s'arrêtaient, écartaient légèrement les jambes et repartaient, en laissant une petite flaque derrière elles.

Les enfants du sovkhoze étaient pieds nus. Leurs talons d'Achille étaient noirs de crasse qui y était tellement incrustée qu'elle semblait en faire partie intégrante. Leurs plantes des pieds étaient si endurcies qu'ils pouvaient courir pieds nus sur les champs nouvellement fauchés. Les garçons portaient des pantalons longs, rapiécés. Mes pieds à moi, que ma mère m'obligeait à laver tous les soirs, restaient d'un rose à vous faire désespérer. J'avais des chaussures basses à lacets, des chaussettes écossaises, un pull-over bordeaux, un short bleu marine, bref, je me distinguais des autres et j'étais mal à l'aise. Heureusement, j'avais trouvé dans nos valises un vieux survêtement de sport, avec un pantalon bouffant long. Avec ça, je me sentais un peu plus comme tout le monde.

Je me rendais compte que nous vivions une aventure sortant de l'ordinaire et je me souviens clairement du regret de ne pas avoir du papier pour tenir un journal. Bien entendu, je le regrette encore plus aujourd'hui : les présents souvenirs auraient été empreints de la naïveté et de la sincérité d'un enfant de neuf ans et seraient plus précis. Ma tâche aurait consisté, uniquement, à les mettre en ordre.

J'avais un point de vue bien déterminé sur la différence entre les Russes et les Allemands lequel, je suppose, était celui de mes parents. Les uns et les autres étaient des ennemis, et sans connaître les horreurs qui allaient avoir lieu dans les territoires occupés par l'Allemagne, les Russes représentaient un moindre mal et je désirais de tout mon cœur leur victoire. J'ai gardé cette manière de penser pendant toute la guerre, même après que le traitement qui nous était imposé était devenu plus brutal.

A la fin du mois c'était la paye. Elle était fonction de la tâche que les gens avaient accomplie en proportion de la norme. Celle de mes parents était tellement minime que nous serions sûrement morts de faim si ma grand-mère n'avait pas eu sur elle 6000 roubles, le reste de la fortune de mon grand-père, échangés contre des lites à l'arrivée des Soviétiques à Vilno (je sentais mon père très gêné chaque fois qu'il lui en demandait, mais pouvait-il faire autrement ?)

A quelques kilomètres de notre champ se trouvait une maison isolée, appelée *khoutor* . Nous avions été autorisés à y emménager. Nous partagions une chambre avec un couple assez âgé travaillant, bien entendu, aussi au sovkhoze. En dehors des heures de travail, ils parcouraient les champs déjà moissonnés et ramassaient les épis tombés par terre. Ils gardaient le blé ainsi récupéré dans deux sacs, dans le coin où ils avaient leurs autres affaires.

A côté de la maison, il y avait un immense hangar abritant trois mille moutons. Dans la journée, ceux-ci étaient amenés paître par un *tchaban* (berger) kazakh, lui aussi habitant notre maison. Un soir, il nous a invités à prendre le thé vert au beurre – boisson traditionnelle kazakhe. Lui-même, sa femme et ses nombreux enfants vivaient dans une pièce suant la pauvreté. Mais le cérémonial de la réception était impressionnant. C'était un roi qui recevait un autre roi. La femme, les enfants étaient présentés l'un après l'autre, le thé offert comme si c'était la boisson la plus précieuse.

Un autre de nos voisins a pu se procurer une bicyclette. Les enfants tournaient autour comme des badauds autour d'une Rolls Royce aux Champs-Elysées. J'ai eu l'imprudence de dire :

- Je sais en faire.
- Alors montre-le.

L'engin était deux fois plus grand que celui que j'avais monté pour la dernière fois à Otwock, mais il ne fallait pas que je perde la face. Les mains sur le guidon qui était au niveau de ma tête, mon pied gauche sur la pédale, je me suis repoussé trois fois du sol avec le pied droit pour prendre un peu de vitesse et, après avoir passé la jambe droite sous le guidon et posé le pied sur la pédale de l'autre côté, me suis mis à pédaler. Ô miracle ! le vélo avançait sans tomber. Après avoir fait le tour de la maison, j'ai remis, d'un air modeste, la machine le long de la clôture. C'est la seule fois dans ma vie où j'ai été admiré pour un exploit sportif !

Ma mère et moi sommes allés chercher de la farine dans un kolkhoze à une dizaine de kilomètres de là. Nous en sommes repartis le soir, avec nos sacs à dos alourdis d'un *poud* (16 kilos) et avons été rattrapés par la nuit. Brusquement, à deux mètres de nous, sont apparues deux paires de petits points lumineux. C'étaient les yeux d'un couple de loups. Ils nous ont accompagnés tout le long du chemin, sans aucun bruit. Je me suis souvenu des écrits de Karl May disant que les animaux sauvages ont peur du feu et regrettai de ne pas avoir sur moi d'allumettes – dans mon idée il aurait suffi que j'en allume une pour qu'ils s'enfuient ! Ils se sont arrêtés près de l'abreuvoir des moutons. C'était l'été, la steppe était pleine de souris et autres petits animaux – leur nourriture habituelle. Ils n'avaient donc pas faim et nous n'avions couru aucun risque. Il n'empêche que, pendant deux heures, j'ai eu la plus grande frousse de ma vie.

Une nouvelle donne a brusquement modifié notre existence. Le gouvernement polonais, en exil à Londres, dirigé par le général Sikorski, venait de conclure un pacte avec Staline : les Polonais et les Russes avaient maintenant le même ennemi : l'Allemagne. De *spetspereselenets* nous nous sommes transformés en citoyens polonais se trouvant, « par hasard », en Sibérie. Les hommes avaient la possibilité de s'enrôler dans l'armée de Anders que ce général polonais mettait en place en Russie. Les Juifs y étaient acceptés avec des pincettes. C'est pourtant par ce biais que le futur Premier ministre israélien, Menachem Begin, a pu quitter l'URSS pour rejoindre la Palestine. On nous a rendu nos livres et j'ai pu récupérer mon album et les catalogues de timbres ainsi que *Pan Tadeusz* , un long poème épique en vers du poète polonais Adam Mickiewicz – seul livre en polonais que j'ai pu lire pendant notre séjour en Sibérie (en 1952, mon père m'a présenté en Israël le poète israélien, apparenté aux Kirszenberg, qui a traduit cette œuvre en hébreu). Nous avions dorénavant le droit de déterminer librement notre lieu de résidence. Nous avons choisi la ville la plus proche : Slavgorod. C'était le cas de la plupart des Polonais qui étaient avec nous à Ovtsevod. Nous avons bientôt été rejoints par les *spetspereselenets* lituaniens : les autorités se sont finalement aperçues que cette main-d'œuvre n'était vraiment pas adaptée au métier de travailleur agricole et ils ont eu, eux aussi, la possibilité de quitter le sovkhoze.

9. SLAVGOROD

Cette ville de dix mille habitants, chef-lieu de canton, est située sur la ligne de chemin de fer d'Omsk, une bifurcation du transsibérien. La région étant essentiellement productrice de céréales, il y avait de grands silos à grains, un moulin, une usine de réparation de tracteurs et quelques entreprises d'industrie agroalimentaire, en particulier une brasserie. Un « village militaire », entouré de barbelés, abritait la garnison d'une école d'aviation, évacuée d'une ville occupée par les Allemands. Dans l'aéroport, à la périphérie de la ville, stationnaient des avions d'entraînement biplans U2 (rien à voir avec l'avion espion américain abattu plus tard par les Soviétiques).

La ville était bâtie à l'américaine : des rues parallèles, ayant un nom, étaient coupées par des voies transversales anonymes. Les chaussées n'étaient pas asphaltées. Il n'y avait pas de trottoirs, sauf dans la partie centrale de la rue principale, appelée bien entendu Lénine où, sur quelques centaines de mètres, il y en avait un en planches. Une centrale électrique alimentait le village militaire, quelques industries et, deux heures par jour, des rues du centre de la ville (nous n'avons jamais eu le privilège d'en profiter). Le long des rues, les maisonnettes en crépi, blanchies à la chaux, étaient entourées d'une clôture en bois. Une parcelle de terrain de quelques centièmes d'hectare attenant à chaque maison était réservée au jardin potager. Dans la cour, il y avait un puits à treuil et des latrines. En général, il y avait aussi une étable avec une vache, quelquefois un cochon et quelques poules. C'était le maximum de propriété privée que permettait la loi soviétique. En été, les vaches étaient emmenées paître en troupeau dans la steppe par un berger, unique profession libérale de la ville – sa rémunération était la somme des cotisations des propriétaires des vaches. Le fourrage pour l'hiver était de l'herbe de la steppe, que les plus riches se faisaient livrer et que les plus pauvres fauchaient eux-mêmes et ramenaient sur des chariots tirés par la vache, utilisée ainsi comme bête de trait, ce qui n'arrangeait pas son rendement de vache à lait

La bouse des vaches était ramassée en un tas qui gelait en hiver dans la cour. Au printemps, après le dégel, on la malaxait longtemps avec les pieds nus pour en faire, à l'aide de formes en bois, des grandes briques de 50x30x20 cm environ. On les faisait sécher au soleil, puis, rangeait sous abri. C'était le combustible, appelé « кизяк » *(kiziak)*, utilisé à la fois pour la cuisine et pour le chauffage en hiver. Ceux qui n'avaient pas de vache ramassaient par terre les « crêpes » encore humides laissées après le passage du troupeau et, après les avoir fait sécher, les utilisaient pour faire du feu. Un autre combustible, dans cette région où la forêt la plus proche était à 200 kilomètres, était la « полынь » (*polin*) séchée – cette mauvaise herbe très haute et amère pousse dans les champs et constitue la plaie de ceux qui doivent manger du pain fait avec de la farine provenant des blés qui en contiennent des graines. Devant le manque de moyens pour désherber, certains champs avaient été abandonnés à ce parasite. A condition d'avoir un moyen de transport, on ramassait, en automne, ses longues tiges cassantes et on les stockait, en grand tas, dans la cour. Par la suite, avec toute mon école, accompagnés par mon père qui participait à l'expédition en tant que président du conseil des parents d'élèves, nous avons fait, à pied, vingt kilomètres pour atteindre un tel champ et ramasser ce combustible. Nous avions laissé sur place le fruit de notre effort. Nous désespérions déjà que celui-ci n'ait été dépensé en vain, quand la directrice a trouvé des charrettes et l'école a pu être chauffée en hiver.

La recherche de combustible pour l'hiver était une préoccupation très importante : le froid était tellement intense que, quand il n'y avait pas de chauffage à l'école, l'encre gelait dans les encriers. Par beau temps, quand la température était très basse, un effet de diffraction faisait qu'on voyait trois soleils dans le ciel. Plus tard, à Paris, je l'avais raconté à mes camarades de taupe au lycée Henri IV. Ils m'ont dit que je racontais n'importe quoi pour me rendre intéressant. Par chance, j'ai trouvé dans un roman de Jack London la description du même phénomène dans le Grand Nord canadien !

Ceux qui avaient les moyens arrivaient à se procurer des troncs de bois qu'on tronçonnait avec une scie et découpait à la hache. Si on avait des relations, on pouvait obtenir du charbon auprès de la mairie.

De la même manière que le *kiziak* et, je crois avec les mêmes formes, on fabriquait des *saman* – briques en argile mélangée à de la paille. On les faisait, de même, sécher au soleil et on les utilisait telles quelles, sans cuisson, pour la construction des maisons. C'est aussi l'argile qui tenait lieu de ciment, à la fois en tant que liant entre les *saman* et en tant que revêtement intérieur et extérieur.

Les mots *saman*, *kiziak* ainsi que *tchaban* sont probablement d'origine turque – nous étions à la frontière avec les populations turcophones d'origine mongole.

En hiver, la neige n'était pas ramassée. Le dégel provoquait un immense déluge qui se maintenait pendant plusieurs semaines et rendait toute circulation impossible. Les dates des vacances de printemps pour les écoliers étaient variables. Elles commençaient au moment de ce dégel et avaient la même durée que celui-ci.

Nous avons loué une chambre chez une femme qui habitait seule avec sa fille. Elle avait deux chiens. Peu après notre arrivée, elle a décidé d'en faire un col de fourrure pour son manteau et les a pendus dans la cour. Les cordes étant mal attachées, les animaux ont mis plusieurs jours à mourir – pendant tout ce temps on entendait leurs gémissements dans toute la maison.

Mon père a trouvé très vite un emploi d'inspecteur des finances à la direction du canton : il faisait de fréquents déplacements sur le terrain et, au retour, nous décrivait l'état de l'industrie dans la région. En particulier, les équipements qui fonctionnaient le mieux dataient, en cette année 1942, d'avant la Révolution de 1917. Je suppose que l'omniprésent NKVD n'avait pas apprécié qu'un étranger puisse avoir une telle vue globale sur l'état de l'économie du pays car il a été congédié dans le cadre d'une « *diminution générale d'effectifs* » (сокращение штатов) qui ne concernait que lui.

Après cela il est devenu tonnelier dans une fromagerie. Il n'était en rien préparé à un tel travail, mais à notre grand étonnement, il nous a apporté, avec fierté, un tonnelet tout rond, parfaitement étanche, qu'il jurait avoir fait lui-même. Le principal avantage de ce travail, en ces temps de pénurie, était bien entendu la possibilité d'avoir accès au fromage (au sens propre du terme, bien entendu).

Mais ce n'était pas son salaire qui pouvait nous faire vivre. Ma mère vendait progressivement tout ce que nous avions apporté de Vilno, en particulier sa garde-robe. Ceux qui ont voyagé en Russie ces derniers temps ont sûrement vu, dans la rue, des femmes de tout âge tenant dans la main des objets des plus hétéroclites qu'elles proposent à la vente. C'est ce que faisait ma mère à la « барахолка » (*barakholka* – espèce de marché aux puces). Au bout d'un certain temps, nous avions déjà une clientèle qui venait nous voir à la maison. Les clientes étaient les femmes d'officiers (alors une caste choyée par le régime) ou celles d'autres apparatchiks.

Le gouvernement polonais de Londres avait mis en place un représentant à Slavgorod. Nous recevions, par son intermédiaire, quelques subsides alimentaires et vestimentaires : mon père a eu un costume, provenant probablement des surplus militaires anglais, reteint en vert foncé.

Nous avons pu reprendre contact avec des parents en Occident. Un oncle de mon père, Léon Kirszenberg, vivait en Palestine. Naftali Prywes avait réussi aussi à y passer via la Yougoslavie. Aux Etats-Unis vivait le fils de la tante Vita, celle à qui nous envoyions des colis de Vilno. Nous avions perdu sa trace et celle de son mari : un couple de vieillards occupé à couper le bois, dans la taïga par moins 40°C, ne pouvait survivre longtemps. Tous (sauf Naftali qui nous bombardait pourtant de lettres exprimant son inquiétude à notre sujet) nous envoyaient des colis dont le contenu était destiné à la vente. Cela paraît incroyable, mais ces envois nous parvenaient, sans aucun problème et en bon état, par la poste. Ceux de Palestine, via l'Iran, ceux d'Amérique par les célèbres convois de Mourmansk. Nous devons une fière chandelle aux équipages de ces cargos et à ceux des escorteurs qui les accompagnaient !

Je suis allé à l'école. Avec ma sœur nous sommes passés, sans nous en rendre compte, du polonais au russe, deux langues parentes comme le français et l'italien. Je n'étais pas familier avec l'alphabet cyrillique et ne connaissais rien à la grammaire russe. On m'a admis, vu mon âge, en deuxième classe (en Russie l'école commence, comme c'est logique, par la première). J'ai fait vingt-deux fautes à ma première dictée, six à la suivante, puis, n'en faisais-je pratiquement plus.

Il y avait une pénurie de manuels. L'on se transmettait « de père en fils » ceux de l'année précédente. Nous étions en 1942, cinq années à peine après les grandes purges de 1937. Les livres d'histoire dataient d'avant cette époque. Les portraits de tous les « traîtres » : Trotski, Zinoviev, Kamenev, Toukhatchevski, Blücher, etc., y étaient rageusement rayés à l'encre, les yeux crevés, avec des qualificatifs injurieux en marge. A la maison, ce phénomène, où les grands chefs adulés s'étaient brusquement transformés en ennemis de la patrie, nous faisait rire, mais pour mes camarades de classe, cette métamorphose était tout à fait naturelle.

Le manuel d'arithmétique avait pour auteurs Chapochnik et Valtsev – c'était le même que celui de mon père au « gymnasium » russe, avant la Première Guerre mondiale.

Lors des leçons de chant, on apprenait les chansons révolutionnaires, patriotiques et les toutes nouvelles chansons de guerre.

Les grands frères de mes camarades de classe étaient mobilisés. On les voyait défiler dans les rues, chantant des marches militaires. Bientôt ils allaient être incorporés dans les divisions sibériennes qui, envoyées sur le front de Moscou, constitueraient le renfort de troupes fraîches permettant à l'armée Rouge de stopper l'offensive allemande devant la capitale. J'ai l'impression qu'ils ont été récompensés pour cela par Staline : aucun de ceux que je connaissais ne s'était retrouvé à Stalingrad et beaucoup sont rentrés sains et saufs après la guerre.

Malgré de bons résultats scolaires qui me faisaient bien voir de l'institutrice, je n'étais pas populaire auprès de mes camarades de classe. J'étais différent : à la fois étranger, polonais et juif.

L'antisémitisme était toujours latent, même dans cette contrée reculée où le nombre de Juifs était infime. Par exemple, une des occupations favorites des garçons était la chasse aux moineaux à l'aide de lance-pierres. Il se trouve que, dans le jargon des gosses, les moineaux étaient appelés жиды (*youtres*), et chaque cible atteinte était suivie d'un : « j'ai tué un youtre ». De temps en temps, on entendait proférer le mot d'ordre des « Cent noirs » – mouvement extrémiste antisémite d'avant 1917 – « бей Жидов, спасай Россию » (*cassons du youpin, sauvons la Russie).*

Les juifs jouaient le rôle classique de bouc émissaire pour les malheurs subis par la population à cause de la guerre. On chantonnait :

Гоп мои гречанники	T*ra la la tef tef*
Все Жиды начальники,	*Tous les youtres sont chefs,*
Цыгане в стороне,	*Les Roms de côté se terrent,*
Одни Русские на войне	*Y'a qu'les Russes qui font la guerre.*

Ceci était une contrevérité évidente : il était impossible à quiconque d'échapper à l'œil de lynx du NKVD et du Voïenkomat (commissariat militaire) pour ne pas partir au front !

Bientôt le nombre de Juifs a augmenté. Cette fois-ci, c'étaient des évacués des régions occidentales de la Russie. Il faut rendre justice à Staline : contrairement à Churchill et Roosevelt qui fermaient les yeux et malgré son antisémitisme notoire il avait conscience du sort réservé aux Juifs restés sous l'occupation allemande, ce sont donc eux qui étaient évacués en priorité. Une autre explication est qu'il voulait faire d'une pierre deux coups : se débarrasser de la population juive en Europe et préparer, pour après-guerre, une base d'experts pour développer la Sibérie. Les deux hypothèses ne sont pas incompatibles.

Plus tard, à mon poste à Moscou, je me suis aperçu que cette priorité dont les Juifs bénéficiaient pour l'évacuation avait suscité la jalousie de la part des autres Moscovites. Ceci m'a fait penser à l'histoire suivante :

« *Vers quatre heures du matin, une file d'attente se forme devant une boulangerie en vue d'une arrivée éventuelle de pain. A six heures, une voiture s'arrête devant le magasin. Un homme en sort et annonce :*

- *Camarades, il n'y aura pas assez de pain pour tout le monde, par conséquent, les Juifs peuvent rentrer chez eux.*

Deux heures plus tard, le même :

- *Camarades il n'y aura pas assez de pain pour tout le monde, par conséquent, ceux qui n'ont pas la carte du Parti peuvent rentrer chez eux.*

Encore deux heures plus tard, le même :

- *Camarades il n'y aura pas du tout d'arrivage de pain aujourd'hui, vous pouvez donc tous partir.*

Bruit dans la foule :

- *Ces juifs quand même, ils savent toujours se débrouiller !* »

Officiellement l'antisémitisme était interdit, même puni par la loi et cela se savait. Les origines juives des « traîtres » : Kamenev, Zinoviev, Trotski, etc. n'étaient signalées nulle part. En revanche, parmi les grands portraits portés par les manifestants qu'il fallait admirer le 1er mai et le 7 novembre (anniversaire de la révolution d'Octobre – fête nationale), il y avait celui de Lazare Moïséévitch

Kaganovitch que tout le monde savait juif. Il est intéressant de noter que, il y a encore quelques années, c'était le dernier survivant du cercle étroit des compagnons de Staline que celui-ci n'avait pas supprimés. Sans doute, devait-il cette double longévité à une grande souplesse d'échine, mais aussi à son ascendance : Juif il était sûrement moins porté sur la vodka que ses collègues.

Kaganovitch était commissaire responsable du réseau des chemins de fer de l'URSS, pratiquement la seule liaison possible entre les régions de cet immense pays. Plus tard, cet organisme devenu entre-temps ministère était un de mes principaux clients et j'ai pu rencontrer quelques successeurs de Lazare Moïséévitch. J'ai essayé de l'imaginer à la place de ceux-ci – impossible : l'ombre de Staline manquait derrière.

Nous avons eu une visite inattendue : la femme du couple avec lequel nous avions habité à *khoutor* . Elle était en pleurs. Son mari était au goulag. Le ramassage du blé récupéré dans les champs avait été considéré comme pillage des biens de l'Etat. Il avait écopé de dix ans. Elle était sûre de ne plus jamais le revoir.

Nous aurions dû nous méfier de notre logeuse. Une nuit, nous avons eu la visite des NKVDistes. Ils cherchaient une bombe. La bonne femme était sur leurs talons en les excitant : « elle est là, j'en suis sûre ». Bien entendu, ils n'ont rien trouvé et sont repartis. La logeuse ne paraissait même pas gênée, mais nos rapports se sont refroidis.

Quelques jours après, j'étais seul à la maison avec ma grand-mère quand un incendie s'est déclaré. Des voisins sont accourus pour faire la chaîne et apporter l'eau avec les seaux. Une foule s'est rassemblée autour en criant : « sortez les affaires, sortez les affaires ! » Certains voulaient même rentrer dans la maison pour commencer à le faire. Ma grand-mère s'y est vigoureusement opposée. Si nous les avions écoutés, nos affaires qui, comme on l'avait vu, étaient notre gagne-pain, auraient sûrement disparu quelques secondes après s'être trouvées dehors.

L'incendie a été éteint, mais après toutes ces péripéties, mes parents ont décidé de chercher un autre logement. On l'a trouvé dans le voisinage, au 79, rue Kollontaï, dans une maison de meilleure qualité.

Y habitaient la propriétaire, Agafia Siemionovna Zaraïskaia, sa fille Maria Ivanovna Razouvaieva et les enfants de celle-ci : le garçon Vova (Vladimir) et la fille Valia (Valentine), respectivement de l'âge de ma sœur et du mien. Maria Ivanovna était veuve et directrice d'un dépôt de médicaments vétérinaires pour tout le canton. Ce genre de poste procurait d'énormes privilèges. Il y avait pénurie de tout et les produits dont elle disposait lui donnaient accès à tout ce dont on pouvait avoir besoin pour vivre. On sentait donc une famille prospère. Valia et Vova étaient devenus nos compagnons de jeu.

Avant de continuer, je pense qu'il est utile d'expliciter le mécanisme qui permettait à Maria Ivanovna de tirer avantage de sa situation car ceci est à la base de la corruption généralisée qui s'est développée sous le socialisme et a servi de tremplin à celle, cent fois plus élevée, qui sévit depuis la perestroïka.

Deux facteurs sont à l'origine de ce phénomène :

- la pénurie généralisée établie dans le pays depuis la révolution d'Octobre ;
- la nationalisation de l'économie conduisant à la gestion de tous les outils de production et de service par des fonctionnaires.

Le premier a eu pour conséquence de développer une concurrence non pas entre les vendeurs, qui étaient pratiquement tous en situation de monopole, mais entre les consommateurs. Le deuxième a mis entre les mains des dirigeants des entreprises un pouvoir presque absolu en matière de distribution des produits et des services qui ne leur appartenaient pas. Si, pour certaines denrées, par exemple le pain, le rationnement limitait ce pouvoir, il était impossible de définir une règle absolue de partage équitable pour les autres. Il aurait pu s'ensuivre une prolifération des pots-de-vin. Celle-ci avait eu effectivement lieu, mais elle était limitée car la possession de grosses sommes d'argent devenait tout de suite suspecte et, de toute manière, ne pouvait mener bien loin. Il s'était donc institué un subtil système d'échanges, indépendant de la valeur relative des produits. Par exemple, si l'unique librairie de la ville recevait, pour la vente, un seul exemplaire de l'œuvre d'Alexandre Dumas, son directeur avait toutes les chances de se faire attribuer l'unique logement disponible si le maire avait des enfants aimant Dumas. Ainsi, ce n'est pas le salaire qui faisait l'intérêt d'un poste, mais le pouvoir de disposer de produits ou de services, donc de relations, qui leur correspondaient. Cela avait subsisté après la perestroïka et il n'est pas étonnant qu'avec ce système de donnant-donnant une grande partie du patrimoine soviétique se soit retrouvée entre les mains de ceux qui, auparavant, en disposaient en tant que fonctionnaires. Bien entendu, tous ceux qui étaient sous les ordres de ces petits caciques étaient au courant de leurs trafics. Pourtant il y avait peu de dénonciations – s'ils se permettaient tout cela, c'est que sûrement ils avaient des appuis ! D'autre part tout le monde était mouillé, d'une manière ou d'une autre, dans la dilapidation des biens de l'Etat et personne n'avait intérêt à se mettre trop en vue.

Nous occupions une chambre avec trois lits : un pour ma mère et ma sœur, l'autre pour mon père et moi et un pour grand-mère. Un poêle où on pouvait faire brûler indifféremment du *kiziak*, du bois ou du charbon servait la fois à la cuisine et au chauffage en hiver. En été, on utilisait pour la cuisine un petit réchaud à pétrole lampant.

Je suis passé sans problème en troisième classe et ma sœur est allée pour la première fois à l'école.

J'ai eu l'occasion de me rendre à Slavgorod en 1994. Après cinquante ans, la ville n'avait pas changé d'aspect : les mêmes rues non goudronnées (à l'exception de deux), les mêmes maisons en crépi avec des clôtures en bois. Il y avait néanmoins de l'électricité dans les maisons, du gaz, l'eau courante ainsi que le chauffage urbain. J'ai retrouvé la maison de la rue Kollontaï. Agafia Siemionovana – la grand-mère, Maria Ivanovna – la directrice du dépôt de médicaments (finalement elle ne s'était pas remariée) et Valia étaient mortes, mais Vova était là. Sa vie n'avait pas été heureuse. Il était seul, sans enfants. Il se souvenait de moi. Nous nous sommes embrassés et il a dit : « c'était notre enfance ». C'était émouvant. Toutefois nos chemins avaient divergé : j'avais peu de chose en commun avec ce moujik, fatigué par 60 ans de vie dans le socialisme. Il m'a montré la chambre que nous avions occupée. Elle était toute petite : environ quatre mètres sur quatre. Je n'arrive pas à comprendre comment nous avions pu y tenir à cinq !

Maison de la rue Kollontaï en 1994

Vova en 1994

La guerre continuait. Nous suivions avec inquiétude ce qui se passait à Stalingrad. Et puis, en février 1943, quel soulagement : les vingt-deux divisions du général Von Paulus venaient d'être encerclées et faites prisonnières. Staline a fait un discours dans lequel il ironisait sur les Allemands qui avaient vendu la peau de l'ours avant de l'avoir tué :

« делили они пироги и пышки, а достались им синяки и шишки » (*ils se partageaient des tartes et des brioches et ont eu des bleus et des coups)* ».

A partir de ce moment-là, nous étions sûrs que, tôt ou tard, l'Allemagne allait être vaincue.

Une collecte d'objets précieux a été organisée à l'école pour soutenir l'effort de guerre. Mon père s'est aperçu que quelques couverts manquaient à l'argenterie que nous avions amenée de Vilno. C'était la participation d'Amelka à cette action patriotique. Mon père est allé voir la directrice pour lui expliquer que c'était un malentendu et les couverts ont été récupérés. Amelka a reçu, à cette occasion, la plus mémorable raclée de sa vie.

Un nouveau choc : les Allemands avaient découvert à Katyń, en Biélorussie, des charniers d'officiers polonais. Ils prétendaient que c'était l'œuvre du NKVD. Nous avions, parmi nous, des femmes d'officiers polonais dont la *rebetsn* Bialostocka femme d'un rabbin militaire. Aucun de ces hommes n'avait donné signe de vie depuis qu'ils avaient été faits prisonniers. Pour leur femme, même avant l'annonce des Allemands, il ne faisait aucun doute que les Russes étaient bien les auteurs de ces meurtres. Nous avons remercié le ciel que l'oncle Zélig ait pu se sauver quand il avait été fait prisonnier ; nous ne savions pas qu'un sort encore plus tragique l'attendait.

Le gouvernement soviétique a énergiquement nié l'accusation des Allemands. Pour lui, c'étaient au contraire les Allemands qui avaient perpétré ce crime et essayaient de le camoufler en accusant les Russes. Sikorski a proposé d'envoyer sur place une commission neutre internationale pour élucider le problème. En plus, Anders, au lieu de faire combattre sa division aux côtés des Russes, l'a fait sortir en Iran, bien que l'armée Rouge eût eu un besoin crucial d'aide à Stalingrad. Staline, qui avait déjà sûrement en tête la création pour la Pologne d'un régime prosoviétique après la guerre, en a profité pour rompre les relations avec le gouvernement polonais de Londres et a décidé que tous les citoyens polonais se trouvant en Russie devenaient Soviétiques. Ceux qui ne l'accepteraient pas seraient passibles de prison. La communauté polonaise était partagée : certains étaient prêts à accepter l'exigence, d'autres non. Mes parents étaient parmi ces derniers. Je pense qu'il y avait deux raisons à cela. Mon père, en tant que juriste, pouvait difficilement accepter que l'on puisse imposer une nationalité à quelqu'un. Mais, surtout, nous étions tous convaincus que, en acceptant, nous serions condamnés à rester à jamais en Russie, ce qui nous paraissait équivaloir à un enterrement. L'expérience a montré que sur ce dernier point nous avions tort, mais il est facile de prévoir l'avenir après coup.

Pendant deux mois le NKVD a joué avec mon père au chat et à la souris. D'abord, le chef local de cet organisme, du nom de Chevtsov, a essayé de le convaincre de céder. Le rituel était toujours le même : mon père était convoqué, à une heure tardive, et restait toute une nuit pour l'interrogatoire. D'après ses récits, il n'y avait pas de tortures physiques, mais moralement c'était insupportable. Une nuit, il s'était évanoui. Quand il avait retrouvé ses esprits, le seul commentaire de Chevtsov avait été : « бросьте эти еврейские штучки » *(laissez tomber ces petits trucs de Juif)*. L'humour n'était, malgré tout, pas absent de ses récits : sur le mur, derrière le bureau de Chevtsov, étaient alignés les portraits des chefs communistes : Engels, Marx, Lénine, Staline, Vorochilov, etc. Un certain nombre de portraits avaient été enlevés et il y avait encore leur trace sur le mur : c'étaient ceux des « traîtres » qui étaient passés à la trappe. Ceci m'a rappelé mon livre d'histoire avec les personnages aux yeux crevés.

Le siège du NKVD se trouvait dans la rue Rosa Luxembourg. Mon père n'a pu s'empêcher de raconter à Chevtsov nos liens de parenté avec cette révolutionnaire allemande. Bien entendu, ceci n'a en rien modifié la suite des événements.

Sur le bureau de Chevtsov trônait un poste de TSF. C'était probablement le seul à Slavgorod : toutes les maisons étaient équipées de haut-parleurs connectés à une station de retransmission de la ville ; l'on ne pouvait donc écouter que ce que les autorités estimaient utile pour la population. Ces équipements existaient encore, en 2002, dans les anciens appartements et hôtels de Moscou.

Enfin, le motif officiel de la convocation avait été l'arrestation. C'est moi qui avais accompagné mon père jusqu'au siège du NKVD. Il m'avait fait ses dernières recommandations : il me confiait à moi, seul homme de la famille restant en liberté, ma mère, ma sœur et ma grand-mère. Cela n'avait aucun sens puisque nous savions tous les deux que ma grand-mère et ma mère allaient elles aussi être arrêtées. J'étais à la fois effrayé et fier de cette responsabilité. C'était encore l'hiver, il faisait froid. Mon père portait son costume vert foncé des surplus militaires anglais et un manteau qui venait de Varsovie.

Sachant que son tour viendrait, ma mère a confié la gestion matérielle de notre existence, après son arrestation, à un vieux couple de Juifs lituaniens, les Soloveïtchik. Avant la guerre ils étaient très riches : lui était industriel, son frère avait même été ministre des Affaires juives de la Lituanie après l'indépendance en 1920. Ils recevaient beaucoup de colis de leur famille en Amérique. La réputation de Lina Grigorievna Soloveïtchik, sur le marché, était d'avoir un stock d'articles de la plus haute qualité provenant, comme pour nous, de parents à l'étranger. Son mari, Leontii Albertovich, qui avait mené auparavant la vie d'un grand seigneur aux mœurs libertines, était devenu entièrement dépendant de sa femme. A Kovno (nom russe et polonais de Kaunas), tous les deux étaient connus pour leur corpulence – on racontait que dans leur maison il avait fallu installer un ascenseur spécial à leur intention. A Slavgorod, ils étaient redevenus minces. Ils tenaient ostensiblement à maintenir un certain standing : c'est le seul endroit où j'ai vu utiliser du papier de toilette et non pas des journaux – je me demandais où ils arrivaient à en trouver.
Ils habitaient au centre de la ville et, étant connectés au réseau électrique, avaient droit à quelques heures par jour d'alimentation en courant. Non contents d'avoir ce privilège, ils avaient installé des interrupteurs pour pouvoir choisir le moment où ils avaient envie d'être éclairés ! Il n'y avait que là où l'on pouvait entendre le mot *господа* (*gospoda* – messieurs) à la place de *товарищи* (*tovarichtchi* – camarades). Lina Grigorievna savait peindre, aussi, dès son arrivée à Slavgorod, a-t-elle proposé ses services au directeur du cinéma de la ville afin de réaliser les panneaux publicitaires qui, à chaque changement de film, étaient placés devant la salle de projection. Son style, très « Bauhaus », ne correspondait pas du tout

au réalisme socialiste qu'attendait le directeur et il n'y a pas eu de suite au premier essai. Dans les différents questionnaires qu'il avait à remplir, Leontii Albertovitch mettait dans la case profession : « capitaliste », mot qui tenait lieu d'insulte pour le commun des Slavgorodois. Dans sa jeunesse, il avait fait une thèse à l'université de Bruxelles intitulée *Un Prolétariat inconnu* qui montrait la situation très précaire des Juifs dans le monde, thèse qui contredisait la caricature du Juif richissime propagée par les antisémites. En préparant celle-ci, il avait rencontré Plekhanov, le penseur russe ayant introduit le marxisme en Russie. Il s'en était vanté devant Chevtsov qui n'arrivait pas à comprendre comment ce pur produit du capitalisme honni avait pu avoir de telles relations. Ils nous étaient indirectement apparentés car la sœur de Lina, Régine, avait épousé un Schur. Contrairement à nous, ils n'étaient pas Polonais mais Lituaniens et n'étaient donc pas obligés de choisir la nationalité soviétique – ils l'avaient d'office et gardaient leur statut de *spetspereselenets*.

Un arrangement avait été fait avec Agafia Siemionovna : nous garderions notre logement et elle nous prendrait en pension, ma sœur et moi, contre 1500 roubles par tête et par mois. C'était énorme : le salaire moyen était de l'ordre de 100-150 roubles (lorsque, comme on le verra par la suite, nous allions être amenés à changer de toit, c'étaient toujours ces 1500 roubles qui allaient être la récompense de nos logeurs). Lina Grigorievna disposerait de nos affaires et des colis que nous pourrions recevoir pour la revente. C'est aussi elle qui paierait Agafia Siemionovna. Les enfants de la plupart des autres Polonais emprisonnés ont échoué à l'orphelinat de la ville, chose que pour rien au monde je n'aurais acceptée !

Mon père a été emprisonné dans un camp, au bord du lac Iarovoïe, à huit kilomètres environ de la ville (voir carte p.65). Ma mère et moi et, quelquefois, Amelka, y allions pour lui porter des colis. On y arrivait par un chemin en terre (dans la région il n'y avait pas une seule route goudronnée ou pavée). Parfois, un camion nous prenait en stop, mais le plus souvent, nous faisions la route à pied.

Nous attendions aux abords des barbelés quand nous avons vu notre père qui rampait vers nous, en se cachant dans les herbes. Un instant après, il fut entouré par des gardiens qui l'ont emmené. Depuis ce jour il était interdit de visite.

Chevtsov n'a pas fait l'honneur à ma mère et à ma grand-mère de les torturer avec des interrogatoires. Il les a ignorées tout simplement pendant un mois. Ma mère était au bord de la dépression nerveuse, mais il fallait bien qu'elle s'occupe de nous.

Finalement, deux messieurs à casquette bleue sont venus chercher ma mère et ma grand-mère C'était déjà le printemps après le dégel. Il faisait chaud.

Comme convenu, nous sommes restés, ma sœur et moi, au 79, rue Kollontaï. Nous attendions le procès qui allait avoir lieu.

Ma mère a été incarcérée dans la prison de la ville. Bientôt mon père aussi y a été transféré. C'était un grand immeuble blanc, entouré d'un mur, à la périphérie de la ville.

Ma grand-mère a échoué dans une « ITK - Исправительно Трудовая Колония » (« colonie » de redressement et de travail), derrière la gare de chemin de fer. Assez bizarrement, nous pouvions lui rendre visite, mais pas à nos parents en prison. Nous leur portions, quand même, des colis « *передачи* » et les déposions chez les gardiens, sans aucune certitude qu'ils seraient transmis – en fait, deux fois sur trois, ils ne l'étaient pas.

Le procès a eu lieu en été. Il était collectif pour tous les Polonais. Nous y avions assisté. La seule chose dont je me souvienne est l'intervention de l'unique avocat de la ville. Au lieu d'une plaidoirie, c'était un virulent réquisitoire. Tout le monde fut condamné à deux ans de Goulag, en vertu d'un article du Code pénal relatif au vagabondage. Nous avions quand même pu embrasser, pour la dernière fois, nos parents au moment où ils sortirent du tribunal.

D'après une information dont j'ai oublié la source, Chevtsov aurait été, par la suite, arrêté et fusillé. J'ai repensé à cela en lisant, plus tard, *Le Zéro et l'Infini* d'Arthur Koestler.

10. MES PARENTS A ALTAÏLAG

A quelque chose le malheur est bon. La Sibérie a toujours été la terre des travaux forcés (*katorga* sous le tsarisme). Or nous y étions déjà. Aussi ma mère et mon père ont-ils été dirigés sur « Altaïlag », un camp qui venait d'être mis en place pour construire un chemin de fer au départ de Koulounda, ville distante à peine de cinquante kilomètres de Slavgorod (voir carte p.65).

Ma grand-mère est retournée dans son ITK près de la gare. Elle y était avec une aristocrate polonaise, emprisonnée pour le même motif qu'elle, Mme Gorszkowska. Celle-ci savait peindre et comme ma grand-mère écrivait des vers, on leur a confié la rédaction du journal mural (outil destiné à relever le moral des troupes, indispensable à tout organisme soviétique). Grâce à ses talents de bonne ménagère, dont j'ai parlé plus haut, elle faisait partie de l'équipe d'entretien des vêtements, donc n'était pas astreinte aux travaux forcés, lot des autres prisonniers. Nous continuions à venir la voir.

Au bout de quelques semaines, Mme Gorszkowska s'était ravisée, et avait été libérée après avoir accepté le passeport soviétique. Elle avait rejoint sa famille, laquelle l'avait fait dès le début. Elle a maintenu le contact avec ma sœur et moi et a même peint mon portrait à l'aquarelle, portrait que mes parents ont gardé et que j'ai récupéré à la mort de mon père.

J'ai eu à résoudre un problème très terre à terre, mais d'une importance capitale : celui des tickets de rationnement pour le pain. C'était la base de l'alimentation. La ration était de 400 grammes par personne et par jour. Pour y avoir droit il fallait être :

- travailleur intellectuel ou manuel
- retraité
- « иждевенец » (*izhdevenetz*), c'est-à-dire à la charge de quelqu'un faisant partie de l'une des catégories ci-dessus.

Nous ne correspondions à aucun de ces cas. Il avait fallu que je fasse plusieurs visites au Soviet de la ville (la mairie). Après de longues

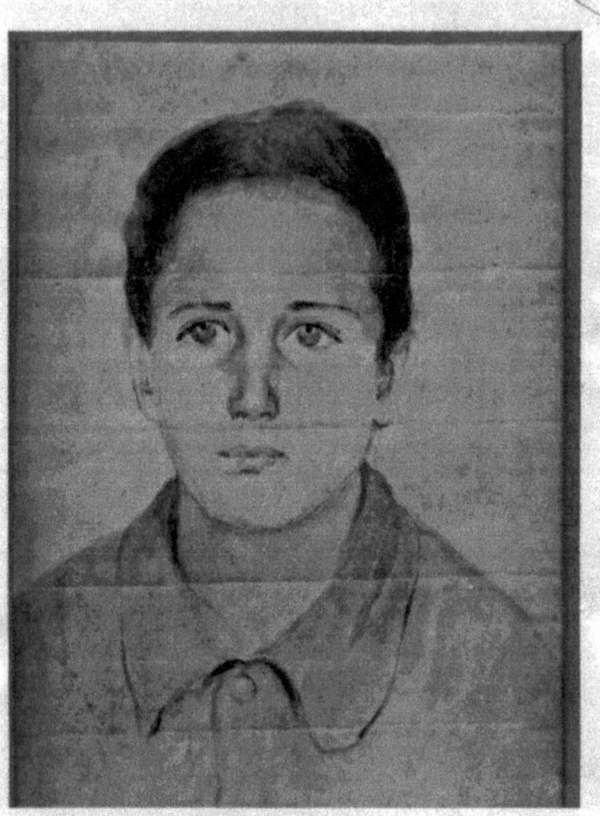

Mon portrait peint par Madame Gorszkowska en 1942.

Ma mère à la sortie de ALTAÏLAG. Elle était très fière de cette photo car c'est la seule période de sa vie où elle a été mince.

tractations, j'ai obtenu les précieux documents pour ma sœur et moi. Je ne sais pas si la mairie a dû interroger le NKVD à ce sujet. D'une manière générale, le fait d'être des enfants de prisonniers, qui plus est politiques, ne nous a jamais gênés par la suite. Peut-être avoir un de ses proches au goulag était-il tellement habituel qu'il était impossible d'en tenir compte.

Après des conciliabules avec Lina Grigorievna, j'ai décidé d'essayer de retrouver mes parents. J'ai donc entrepris le voyage pour Koulounda. Cinquante kilomètres ce n'est pas beaucoup, mais il n'y avait aucun transport commun disponible : il y avait bien le train, mais pour acheter un billet, il fallait avoir un « пропуск » (*laissez passer*) délivré par le NKVD. Je suis allé à cet organisme en demandant à voir Chevtsov. On m'a envoyé chez son adjoint, Gorbounov. Celui-ci m'a regardé d'une manière distraite, a écouté ma demande et a tout simplement secoué la tête en signe de refus. Le seul autre moyen était d'aller à la périphérie de la ville, d'où partait la route vers Koulounda, attendre les camions qui se présentaient et faire du stop. Le tarif convenu que l'on payait au chauffeur était de un rouble par kilomètre, c'est-à-dire cinquante roubles par voyageur. Une dizaine de personnes attendaient d'habitude cette occasion. Le temps d'attente pouvait atteindre plusieurs heures car les camions étaient très rares. La route longeait la voie ferrée. Elle n'était pas goudronnée et lors du dégel ou après une pluie était impraticable. Le voyage durait environ deux heures. A mi-chemin, il y avait une bourgade « Tabouny » dont la seule activité tournait autour d'un silo à grains, semblable à celui de Slavgorod.

La première fois, j'étais en compagnie de deux autres garçons polonais qui faisaient ce voyage pour la même raison que moi. Ils connaissaient un couple de Juifs polonais (eux-mêmes ne l'étaient pas, preuve supplémentaire que, dans le besoin, les différences d'origine s'estompent) qui leur donnait l'hébergement. Ils m'en ont fait profiter. Par la suite, c'est devenu mon lieu d'attache habituel lors de tous mes séjours à Koulounda.

Le lendemain, j'étais allé trouver l'administration du camp. L'atmosphère y était gaie et joyeuse : les jeunes NKVDistes, en uniforme blanc (c'était l'été), étaient occupés à mettre en place l'organisation de cette nouvelle ramification du Goulag. Je fus reçu par un dénommé Abramovitch. Il avait cherché dans son fichier le nom de Kirszenberg et m'avait annoncé, d'une manière tout à fait décontractée, qu'il n'y avait personne correspondant à cette appellation au camp. Je fus abasourdi et me mis à pleurer. Rien n'y avait fait et il avait fallu rentrer à Slavgorod sans savoir où étaient mes parents. Je faisais les pires suppositions.

Heureusement, quelques jours après, une lettre de mon père nous révélait ses coordonnées – il était bien à Altaïlag. Je suis donc retourné à Koulounda. Cette fois-ci, j'ai pu voir mes deux parents sur leur lieu de travail. Ils étaient à deux endroits différents de la ligne de chemin de fer. Ils charriaient les traverses. Leur état physique était épouvantable, les jambes gonflées par la faim. L'endroit était infesté de moustiques et chaque piqûre sur les jambes laissait un furoncle. Ma mère en a gardé les traces pour toujours.

Je crois être revenu à Koulounda, cet été 1943, encore deux fois. La première, j'ai trouvé mon père à l'hôpital du camp. Les malades étaient tellement affaiblis qu'il n'y avait même pas de gardes. Pendant que j'attendais mon père, j'ai été entouré par des prisonniers, mendiant un peu de nourriture. Devant leur état misérable, le cœur m'a manqué de le leur refuser. A peine avais-je commencé à ouvrir mon sac pour cela que mon père était arrivé. Il les chassa. J'avais pitié d'eux, mais pouvais-je nourrir tout Altaïlag ? L'état physique de mon père était très mauvais. Je suis reparti très inquiet pour son avenir.

Lors du voyage suivant, je me trouvais devant les barbelés quand un prisonnier, accompagné de son gardien, s'était approché de moi. Il s'était présenté, en polonais, comme Ludwig Kamiński, « лекпом » (*lekpom* - genre d'infirmier) du camp. Mon père travaillait dorénavant avec lui. Kamiński l'avait trouvé dans la partie disciplinaire du camp. Cette rencontre lui avait sauvé la vie. Dorénavant, il n'était plus astreint aux travaux sur la voie – un dicton des prisonniers disait : « une journée de travail en moins – une année de vie en plus ».

L'hiver approchait. Il n'était bien entendu pas question de voyager sur des camions par -40°C. J'ai donc interrompu mes visites jusqu'au printemps.

Agafia Siemionovna a brusquement changé d'avis : elle ne voulait plus nous héberger. Il avait fallu trouver une solution rapidement. Avec l'aide de Lina Grigorievna, Amelka avait pu être placée chez une jeune femme russe habitant avec sa fille du même âge que ma sœur, tandis que moi, j'avais échoué chez une famille de juifs lituaniens, les Poularevitch. Le père de famille, militant du betar, branche de l'extrême droite sioniste, était au goulag. Il y avait là madame Poularevitch elle-même, sa mère, son fils âgé de six ans, sa sœur – jeune femme avenante qui flirtait avec les aspirants pilotes et un vieux juif de Lwów, cocher au comité militaire de la ville. Tout le monde logeait dans la même pièce. C'était très sale : j'ai attrapé un champignon sur la tête et une partie de mes cheveux est tombée.

A un moment donné, il avait été question que j'aille avec Amelka soit chez un cousin de ma mère, Moulia Naftoulovitch à Stalinsk (actuellement Novokouznetsk), soit chez des parents de mon père, les Eisenstadt, qui avaient été déportés comme nous, mais avaient accepté le passeport soviétique et s'étaient établis en Asie Centrale, à Koktach. Je ne me souviens pas pour quelle raison ceci ne s'était pas fait. Il est probable que ce soit moi qui ne l'a pas voulu car cela nous aurait éloignés complètement de nos parents.

J'ai eu la possibilité de visiter Novokouznetsk en 1996. C'est une ville créée *ex nihilo* par Staline, dans le bassin minier de Kouzbass, dans la région de Kémérovo (voir carte p. 65). Maïakovski a écrit un poème en son honneur quand elle n'était encore qu'en projet :

Я знаю –	*Je sais*
город	*la ville*
будет ;	*naîtra*
Я знаю –	*Je sais*
саду	*le jardin*
цвесть ;	*fleurira*
Когда такие люди	*Puisque de tels hommes*
В стране Советской!	*Au pays des Soviets*
Есть.	*Il y a.*

Je pense qu'il faut absolument la visiter pour qui veut comprendre l'époque stalinienne. C'est l'exemple type de ce que peut donner l'incompétence mélangée au dogmatisme ! Ce devait être le prototype de la ville prolétarienne telle que se l'imaginaient les apparatchiks du Kremlin à travers leurs fantasmes : d'immenses aciéries, usines d'aluminium, cimenteries y sont imbriquées dans les zones d'habitation. J'y suis allé en voiture de Novossibirsk : l'atmosphère était irrespirable 200 km à la ronde. *A posteriori*, je suis content d'être resté dans notre bonne ville de Slavgorod !

Une lettre de ma grand-mère nous a annoncé qu'elle allait faire l'objet d'une « étape ». Ceux qui ont lu Soljenitsyne savent que c'est un mot terrible dans le vocabulaire des camps : il signifie que le prisonnier va être transféré à un autre endroit, c'est-à-dire que tous les petits avantages qu'il a pu acquérir vont être réduits à néant et que son destin peut basculer du tout au tout. Dans son cas, cela signifiait, en particulier, que je ne pourrais plus lui porter des colis. La dernière visite que j'ai pu lui faire fut en hiver. Le règlement voulait que ce soit après six heures du soir, une heure où il faisait déjà nuit. Des bandes de voyous profitaient de l'obscurité pour dévaliser les passants. Leur mot d'ordre était « до десяти шубы ваши, после десяти шубы наши » (avant 10 heures les manteaux sont à vous, après 10 heures ils sont à nous). La « ITK » était à l'autre bout de la ville. Il avait fallu que je fasse le trajet aller-retour dans l'obscurité totale – l'idée que les rues puissent être éclairées aurait fait sourire d'une manière incrédule tout Slavgorodois – en m'attendant, à chaque pas, à me retrouver détroussé et sans manteau par – 30°C. Heureusement, tout s'était bien passé, mais nous avions perdu toute trace de grand-mère.

J'ai eu la bonne idée de conserver trois lettres de cette époque : une de ma mère à moi, une de moi à mon père et la dernière de mon père à nous deux avec ma sœur. Elles ont été ensuite gardées par mes parents et, tout comme mon portrait par Mme Gorszkowska je les ai récupérées à la mort de mon père. Voici leur traduction :

La lettre de ma mère en russe :

« Mikhaïlovka, le 24.XII.43
Cher fiston,
J'ai reçu, avant-hier, avec une grande joie ta lettre du 18.XI. Comme tu vois, les lettres arrivent maintenant plus vite[22]*, par conséquent essaye d'écrire plus souvent. Tes lettres sont pour moi très importantes. Es-tu content de ton nouveau costume et Amelka de son manteau ? A-t-elle pour celui-ci un col en fourrure ? Comment se pose le problème de* pimy *[bottes en feutre] pour toi ? Qu'avez-vous fait avec la pièce de tissu qui est venue avec le premier colis ? Qu'y avait-il dans le colis qui est arrivé au nom de grand-mère ? Les enfants, je suis très contente que l'on vienne vous chercher de Koktach. Ce sont des gens bien, des gens de chez nous, de la famille. Ils vont vous traiter avec amour. Le climat y est très bon, il y a des fruits, des sucreries. Peut-être y mangerez-vous à votre faim et il sera plus facile d'attendre le moment, j'espère proche, où on sera tous réunis. Je pense que ce n'est pas la peine d'emporter toutes vos affaires. Vois avec Lina Grigorievna ce qu'il faut faire avec : les vendre ou bien les laisser à leur garde. Dans quelle école vas-tu maintenant mon fils ? L'école Gogol est maintenant loin. Écris-moi combien vous avez reçu pour le cadeau de l'oncle Léon. Transmets un bonjour aux Poularevitch de ma part. Je suis très contente, Iouzik, que tu habites chez eux. Quelles sont les lettres qu'ils reçoivent du mari ? Comment va leur fils Chamele ? Avez-vous des nouvelles des Kon ? Que se passe-t-il avec le colis qu'ils ont promis de m'envoyer ? Papa demande que l'on ne lui en envoie pas, mais pour moi et pour la grand-mère cela pourrait être utile. S'ils l'envoient par la poste, cela arrivera probablement. Aujourd'hui, le Dr. Zauerman a reçu un colis arrivé à son nom.*
Portez-vous bien. Écrivez-moi souvent. Je pense que vous rencontrerez Papa avant d'avoir reçu cette lettre. Je vous embrasse 1000 fois. Maman »

[22] Je ne sais si elle fait de l'humour ou le pense sérieusement : entre le 18.XI et le 24.XII il s'est passé tout de même plus d'un mois !

Ma lettre à mon père, rédigée en russe :

« 6/I-44

Cher papa

J'ai reçu aujourd'hui une lettre de grand-mère. Elle travaille à la cordonnerie. Sa ration alimentaire est minuscule. On a déjà libéré Matonis et on l'a enrôlé dans l'armée. Parchevska a aussi été libérée. Papa, ne m'en veuille pas de t'écrire des choses qui ne t'intéressent pas, mais je ne sais pas ce qui t'intéresse et je t'écris tout ce qui me passe par la tête. Maria Ivanovna s'est débrouillée pour faire un manteau pour Amélie – le col est en fourrure de lapin. Aujourd'hui j'ai reçu une lettre de maman et, avant-hier, une lettre très triste de grand-mère. Elle va probablement bientôt déménager dans un autre appartement, mais je ne sais pas encore lequel. Parchevska a été libérée aussi. On a vendu la couverture en duvet de maman pour 3500 roubles, mais on a payé 300 roubles de commission à celui qui l'a vendue, il n'est donc resté que 3200. L'adresse de Moulia est la suivante : Dniepropietrovsk, usine de laminage Petrovski, rue Chkolnaia 30, appartement 22, Samuel Naftoulovitch. Pour l'instant au revoir. Beaucoup de bonnes choses.

Ton fils Iouzik.

P.S. Il est possible qu'Amélie revienne chez les Razouvaiev »

La lettre de mon père, rédigée en polonais :

«22.I.1944. Mes très chers enfants ! Aujourd'hui, au lazaret il y a quelques cas très graves, et c'est mon tour de garde la nuit. Je profite du temps libre et du silence pour vous écrire. Iouzek, j'ai reçu hier ta lettre, le tabac et le café. La lettre a été pour moi une très grande joie, ne serait-ce que parce que vous êtes en bonne santé. Iouzio, ta lettre en polonais était très bien écrite, d'une manière très gaie avec de l'humour. Iouzio, je suis très fier de toi mon fils. J'espère que l'absence des parents n'aura pas une mauvaise influence sur vous et que tu te souviens de ce que je te disais en 1943. Je voudrais bien savoir comment va Amelka, comment elle travaille à l'école, a-t-elle laissé tomber ses bêtises. Iouzio, assieds-toi et écris-moi tout en

détail, comme si l'on parlait ensemble. Ecris comme tu veux, en russe ou en polonais. Envoie ta lettre aux Goldman, ils me la feront parvenir. Je suis très inquiet à cause de maman. J'ai entendu dire qu'elle est partie au lazaret, au lac Malinovoïe en raison de ses jambes qui sont très enflées. D'un autre côté, le chef de la section sanitaire m'a dit qu'elle se trouve à Mikhaïlovka et, maintenant, je ne sais que penser. Je ne reçois pas de lettres de sa part, bien que je sache qu'elle m'écrit très souvent. Qu'est-ce qui se passe avec grand-mère, la voyez-vous, de quoi est-elle malade ? Iouzio, écris-moi aussi au sujet des Soloveïtchik, Kuszel, etc. Que font les Gorszkovski, les Mongird ? Comment va M. Buïvid ?

Je sais que votre situation financière est très difficile. Télégraphie à Sacha Golodetz pour qu'il envoie souvent des colis avec des vêtements et de la nourriture par l'intermédiaire de Sama de Palestine. La même chose à Léon et Naftali en Palestine. Bien entendu, les colis doivent être à ton nom. Je ne voudrais pas que vous alliez chez les Naftulovich : ils sont très occupés par eux-mêmes et votre séjour chez eux ne va rien donner. J'espère que les Eizensztadt sauront se débrouiller et chez eux vous serez beaucoup mieux. Mon cher Iouzio, dans quelques semaines c'est ton anniversaire. Tu vas le passer en l'absence de tes parents. Que Dieu te donne des années heureuses et le destin que tu mérites, c'est-à-dire le meilleur. Tu auras 12 ans et l'année prochaine déjà 13. Nous pensions avec maman fêter ton anniversaire en 1945 d'une manière très solennelle, mais qui sait ce qui nous attend encore. Tu es si peu préparé pour la bar-mitsva. Si tu étais chez les Ajzensztdat, tu aurais appris chez eux quelque chose. En tout cas, optimiste que je suis et qui dit toujours que tout ira bien, je sais qu'on parlera de tout cela un jour autour d'un verre et dans la joie !

Quant à moi, jusqu'au mois de juillet, je travaillais aux « charges », et c'était très dur. Après la rencontre avec Kamiński, tout a changé. Tout d'abord je mange d'une manière extraordinaire. Je ne manque pas de pain et je savoure des plats que je n'ai encore jamais vus dans ce pays. Néanmoins mes maux d'estomac sont très pénibles. Hier c'était le premier jour où je n'en n'avais pas, aujourd'hui c'est le deuxième, peut-être la maladie est-elle partie ? On va voir. Je porte le costume vert et mes chaussures. Celles-ci sont en très mauvais état. Il est très difficile de pouvoir s'habiller car les travailleurs à la « base »

sont prioritaires. Comme nous travaillons dans la « zone » nous ne recevons pas d'habits chauds. Heureusement, Kamiński me permet de porter sa foufaïka [demi-manteau en coton piqué]. *Je ne porte pas mon manteau car cela attire l'attention. Si j'avais quelque chose d'usagé, j'aurais pu me faire faire une* foufaïka *et autre chose, par exemple des* pimy. *Mais tout cela n'est rien, le printemps arrive. Je travaille comme infirmier, c'est-à-dire que je fais des pansements, etc. et m'occupe de la partie sanitaire du camp. Je vais au bain tous les deux jours. Je couche sur un lit à moi tout seul. Il est vrai que celui-ci est très dur, mais beaucoup de gens m'envieraient ce train de vie. Je répète que si ce n'était vous et maman, je considérerais tout cela comme une petite péripétie. Depuis quelques semaines nous avons ici aussi (nom illisible). On lui a trouvé une place à la cuisine – comme cela il mange à sa faim et c'est cela qui est le plus important. Maintenant mon cher Iouzio, voilà. Au camp on ne sait jamais ce qui va se passer demain. On ne sait pas quand il y aura une prochaine étape. Je voudrais donc beaucoup vous revoir. Si vous pouviez venir ici, mais sans que cela vous crée trop de problèmes, ce serait formidable. Parlez-en à (illisible). Vous pouvez aller voir les Goldman, et ils vous diront tout à mon sujet. Je ne pense pas que l'on nous libère bientôt, les Polonais ne sont pas bien vus et les Juifs ne sont même pas libérés pour aller dans l'armée. Iouzio, je te demande d'informer de tout cela Naftali et Léon. Il faut leur dire que je suis ici avec Ludwig Kamiński et que je demande l'adresse de Fela Kon. Monsieur Kamiński est un homme extraordinaire aussi bien du point de vue de son caractère que de celui de ses compétences professionnelles. C'est à lui que je dois d'avoir survécu jusqu'ici. Restez en bonne santé mes très chers, je vous embrasse très fort, écrivez, écrivez et n'oubliez pas vos parents. Au revoir.*
Père.
P.S. Essayez de m'envoyer un peigne. Comment vont les Mongird ? »

Ces lettres se passent de commentaire, je donne ici le contexte dans lequel elles ont été écrites :

Tout d'abord, quelques explications concernant l'organisation de Altaïlag. C'était un camp de travail faisant partie du Goulag, donc dépendant du NKVD, créé pour construire la voie de chemin de fer.

Ma lettre à mon père du 6 janvier 1944, en russe.

Celle-ci débutait à Koulounda, c'est donc là qu'ont commencé les premiers travaux et c'est là qu'a été mise en place l'amorce de tout cet organisme. Au fur et à mesure que les tronçons à construire s'éloignaient, on créait le long de la voie des petits espaces entourés de barbelés et de miradors appelés « colonies ». Chacune d'elles fonctionnait comme un camp indépendant. Elle était composée d'habitations creusées à même le sol, recouvertes d'un toit en chaume « землянка » (*zemlianka*). Les « services généraux » : (cantine, lazaret, administration) étaient de même type. Toute cette infrastructure était mise en place par les prisonniers eux-mêmes à leur arrivée. Au début, ils couchaient donc soit à la belle étoile soit, au mieux, sous des tentes. Il n'y avait pas de « colonies » séparées pour hommes et pour femmes, néanmoins, mes parents ne s'étaient jamais trouvés dans la même. Mikhaïlovka et lac Malinovoïe, dont parle mon père, étaient deux de ces « colonies ».

L'appellation courante des prisonniers était *zek* abréviation du mot заключенный *(zaklioutchionnii* – prisonnier), « z.k. ». Je vais l'utiliser dorénavant.

La lettre de mon père m'avait été apportée chez les Pouliarevitch par un *zek*, employé comme conducteur de locomotive. Il occupait cette profession avant d'être interné et avait été condamné à dix ans de goulag comme saboteur, après un accident. La plupart des hommes étant mobilisés dans l'armée, les conducteurs de locomotive faisaient cruellement défaut et il avait été « prêté » au ministère des Chemins de fer. Il continuait donc le travail qu'il avait fait en liberté et circulait à travers tout le pays sans escorte. Son lieu d'attachement était la « colonie » de mon père. Cette lettre, écrite sur un feuillet double, m'ayant été transmise sans enveloppe, de la main à la main, n'avait donc pas été soumise à la censure.

Les deux autres, en revanche, avaient été écrites sur des feuilles de cahier d'écolier, pliées en triangle, une face de celui-ci portant les adresses du destinataire et de l'expéditeur ainsi que le timbre (voir ci-contre la mienne à mon père). C'était le type courant des lettres à cette époque : il n'y avait pas d'enveloppes et cela facilitait le travail de la censure. Chacune porte, en effet, le tampon « просмотрено военной цензурой » (vu par la censure de guerre). Il s'y ajoutait celle de Altaïlag, ce qui explique les banalités auxquelles se cantonne ma mère – un mot de travers pouvait coûter un allongement de peine de plusieurs années. Elle parle d'un colis arrivé au nom de grand-mère. En Palestine, l'envoi de colis à une même famille était contingenté et il fallait trouver différents destinataires. J'avais eu toutes les peines du monde à obtenir une procuration de grand-mère pour retirer ce colis à la poste.

La lettre de mon père devant échapper aux censeurs, il n'était pas obligé de recourir à des paraphrases comme moi qui parle de déménagement de grand-mère pour dire qu'elle s'attendait à une « étape ». Il avait aussi plus d'espace pour écrire, sa lettre était donc plus longue.

Les noms des gens dont il demande des nouvelles sont indifféremment polonais, lituaniens ou juifs. Ceci est une preuve en plus que, à cette époque, tous les *spietspiereselents* formaient une seule communauté, sans différence d'origine.

Mon père parle de l'enrôlement dans l'armée. Les *zeks* avaient cette possibilité. Ils étaient affectés, alors, dans les bataillons « disciplinaires ». C'était la chair à canon que l'on mettait en première ligne lors des attaques à la baïonnette. Les chances de survivre étaient, au mieux, de une pour mille ; néanmoins, s'ils arrivaient à s'en sortir, on leur garantissait la liberté et, d'après les témoignages que j'ai pu recueillir, cette promesse était tenue. Je ne sais pas pourquoi les Juifs n'y étaient pas admis. Le poète Evtouchenko, pendant quelque temps contestataire puis rentré dans le rang, a écrit un poème qui en parle. Une de ses strophes dit :

Они попали кто за что в штрафбат ;
Кто за простуок тяжкий, кто за мелоч;
И как всегда, с достатком здесь имелось
Таких кто был не слишком виноват.

Ils s'y trouvaient pour des raisons diverses ;
Pour une grande faute ou pour pas grand-chose,
Et, comme partout, il y en avait beaucoup
Qui n'étaient fautifs de rien du tout

Mon père écrit qu'il ne sait pas si ma mère se trouve à Mikhaïlovka ou au lac Malinovoïe. Pourtant, la lettre de celle-ci est écrite de Mikhaïlovka. Il est probable que les maux d'estomac dont il se plaint soient dus à l'état nerveux provoqué par l'ignorance du sort de sa femme.

Kamiński était fils d'un magnat du textile de Łódź. Il avait été emprisonné, quelque part du côté de Lwów, avec son frère pour avoir traversé illégalement la frontière. Celui-ci est mort au goulag. Contrairement à mon père, il n'avait rien à voir avec le milieu hassidique, mais les deux avaient des tas de connaissances communes en Pologne. Il avait réussi à faire partir sa femme et sa fille, âgée de quatre ans, en France, avec un diplomate français et était sans nouvelles d'elles.

Peu avant sa mort, à Paris, Kamiński m'a raconté de quelle manière il avait connu mon père. Début 1941, il s'était trouvé dans une « colonie » avec cinq cents autres Polonais. Au moment du pacte Sikorski-Staline qui avait permis à notre famille de quitter le sovkhoze Ovtsevod, une amnistie avait été décrétée, aussi, pour les Polonais dans les camps. Il avait été convoqué par l'administration pour se faire annoncer… qu'on n'arrivait pas à trouver son dossier et qu'il n'était donc pas libérable. La fonction de *lekpom*[23] du camp était tenue, jusque-là, par un autre Polonais. Pour des raisons que Kamiński n'arrive toujours pas à expliquer, celui-ci, avant d'être lui-même libéré, avait jeté son dévolu sur lui pour sa succession. Ne connaissant rien à la médecine et craignant la responsabilité, il avait d'abord refusé. L'autre avait insisté. Ils avaient passé la nuit à établir la liste de la correspondance des rares médicaments disponibles aux maladies éventuelles. Contre toute attente, il était devenu un très bon *lekpom*, essentiellement à cause de la réputation de probité qu'il avait acquise : il détenait le pouvoir d'établir les listes des gens dispensés des travaux, ce qui était monnayable à prix d'or. Les incitations à la

[23] Les *zeks* remplissant ce type de fonction les libérant des travaux et leur donnant accès à une meilleure alimentation étaient appelés dans le langage du Goulag : « придорок » (*pridourok*) — au sens propre «simple d'esprit », mais au sens secondaire « celui qui fait semblant de ne pas pouvoir travailler (придуривается »).

corruption étaient donc nombreuses et rares étaient ses « collègues » qui arrivaient à ne pas y succomber.

Une « étape » avait eu lieu et il avait abouti dans la « colonie » où se trouvait mon père. Il ne se souvient plus comment, mais c'était la première personne qu'il y avait rencontrée. Mon père venait de sortir de l'hôpital (j'ai décrit plus haut ma visite à cet « établissement »), mais son état continuait à être lamentable. Ils avaient passé toute la nuit à marcher entre les baraques du camp et à parler. Il avait installé mon père d'abord aux cuisines puis l'avait pris comme adjoint à l'infirmerie. Il s'y était presque rétabli quand Kamiński avait été muté vers une autre « colonie » toujours comme *lekpom* . Par miracle, il a pu avoir mon père au téléphone inter-« colonies » utilisé par l'administration de Altaïlag. Celui-ci lui avait dit que sa santé était de nouveau au plus bas. Il se trouve que le *lekpom* de la colonie de mon père venait d'être limogé pour malversations. Kamiński avait immédiatement pris la décision de demander à le remplacer et avait obtenu satisfaction. Il avait donc retrouvé mon père, l'avait repris avec lui et mon père fut sauvé.

Encore à Lwów, au moment où il devait être expédié de la prison vers le goulag, il avait demandé à une NKVDiste :

- C'est comment le Goulag ?
- Tu vivras, mais tu ne baiseras pas « жить будеш, но ебать не будеш ».

Il m'a raconté qu'il y avait au Goulag des *zeks* appelés « доходяга » (crevard). On était en train de bavarder avec l'un d'eux quand, brusquement, sa tête s'inclinait : il était mort. En lisant les livres sur les camps de concentration allemands, j'ai appris qu'il y existait le même phénomène, ces prisonniers y étaient appelés « clepsydre ».

Quelques jours avant l'expiration officielle de sa peine (mon père avait été déjà libéré), on lui avait imposé un nouvel adjoint. C'était surprenant car ce *zek* occupait jusque-là la fonction très enviée de « coupeur de pain ». Il avait étonné Kamiński en passant son temps à raconter des choses désobligeantes sur Staline. La réaction de Kamiński avait été :

- Ecoute Vassili, quand on a la chance d'avoir pour chef et pour guide quelqu'un comme le camarade Staline, on se tait et on prie le ciel pour qu'il lui prête longue vie !

Il avait ainsi passé son examen et avait pu être libéré.

Je pense que mes parents voyaient d'un mauvais œil notre départ éventuel chez Moulia parce que, contrairement aux Eizensztadt, il était soviétique et n'avait aucune tradition juive. Il avait fait de brillantes études, encore sous le tsarisme, après avoir été admis à l'université, malgré le *numerus clausus* pour les Juifs. Sans que nous le lui ayons demandé, après avoir appris que nos parents étaient au goulag, il nous envoyait systématiquement de l'argent, je crois 500 roubles par mois, ce qui pour un ingénieur, même s'il était directeur d'un atelier de laminage, était beaucoup. Il n'était pas marié et vivait avec sa sœur Sarah – tout ce que je sais d'elle est qu'elle était cantatrice. Après avoir émigré en Israël, mes parents avaient repris contact avec lui et lui postaient des colis (toute notre vie aura ainsi été jalonnée par ces envois : nous les recevions ou les envoyions selon la position relative de nos correspondants par rapport à nous).

Quand j'ai commencé à travailler avec l'URSS, après 1963, moi aussi je l'ai retrouvé. Il n'avait pas le téléphone à la maison, je faisais donc un appel téléphonique à la poste de Dniepropietrovsk, où il était retourné après la guerre, en le prévenant que j'allais l'appeler à une date et une heure données. Il était extrêmement ému en m'entendant. Il m'a dit un jour : « J'ai besoin de te voir comme j'ai besoin d'air ». Je n'avais pas osé donner suite à ce cri de détresse car je pensais que cela pourrait être dangereux aussi bien pour lui que pour moi. Aujourd'hui je le regrette. Il est mort il y a une dizaine d'années. D'après la lettre de sa compagne à mes parents, il semble qu'il m'ait légué sa maison à Dniepropietrovsk. Avec le 10, place Grzybowski à Varsovie et les deux immeubles de Vilnius, voilà encore du pain sur la planche pour mes éventuels héritiers, s'ils veulent récupérer le patrimoine familial. A tout hasard, l'adresse de la maison est : 3/6, rue Alexandrova, Dniepropietrovsk, Ukraine.

Ma lettre à mon père ne lui est jamais parvenue : elle m'a été renvoyée avec une inscription « *нет* » (n'y est pas) – voir photo. Je l'avais adressée à Koulounda alors qu'il était déjà au lac Malinovoïe – le Goulag n'assurait pas le service de suivi du courrier des *zeks*. J'aurais pu être de nouveau extrêmement inquiet si je n'avais pas reçu celle apportée par le conducteur de locomotive : elle était datée du 22 janvier 44, or le cachet de la poste, au retour à Slavgorod, sur ma lettre à mon père, donne la date du 21 janvier 44. Mon père était donc vivant le jour où elle m'était revenue !

Mais revenons à notre vie courante.

Amelka dormait dans la même et unique chambre de la maison que sa logeuse avec sa fille. La mère occupait le lit. Devant, trônait un « fourneau russe » русская печка), une construction de 150 cm de haut, à l'intérieur de laquelle on peut cuire du pain ou des aliments dans des cruches en fonte qu'on manipule avec des espèces de fourches. La surface de dessus servait de couchage pour les deux fillettes. Il se trouve que, quelquefois, des hommes venaient partager le lit de la mère. Les enfants avaient une vue plongeante sur tout ce qui se passait.

Quand Lina Grigorievna l'avait appris, elle avait cherché d'urgence une solution de remplacement. Celle-ci s'était trouvée être chez « tante » Choura et « oncle » Liova, ce dernier étant le commandant de l'aéroport militaire. Peu de temps après, moi aussi, j'avais rejoint cette famille qui comprenait, en plus, leur enfant Zhenia, âgé de quatre ans.

Tante Choura avait une vache. J'avais pour mission de rentrer dans l'aéroport au moment du repas de midi, me poster devant la cantine des soldats avec un bidon de lait et le proposer à ceux qui sortaient contre cinq roubles pour un petit gobelet. C'était le prix d'un litre entier au marché de la ville. Les soldats râlaient, mais s'ils voulaient avoir du lait, ils n'avaient pas d'autre solution. Les pauvres ne savaient pas qu'ils se faisaient exploiter par leur propre commandant.

Les avions U2 étant très légers, les pistes de l'aéroport étaient en terre couverte de luzerne sur laquelle tante Choura me faisait paître sa vache. Cette herbe a la fâcheuse tendance à gonfler dans l'estomac de ces ruminants. Quand cela arrive, il faut faire courir l'animal, de manière à ce que, grâce à la respiration accélérée, les gaz sortent de l'estomac. Une fois, je m'étais endormi et quand je m'étais réveillé, la vache avait le ventre gonflé. Il était trop tard pour la sauver et il avait fallu lui trancher la gorge. J'étais resté pour la garder en attendant que l'on emmène la charrette pour la transporter. J'avais soif. Je m'étais mis à traire la vache morte et à boire son lait. La carcasse avait été finalement ramenée à la maison et dépecée. C'était déjà le début de l'été. Il n'y avait aucun moyen de réfrigération et la maison avait très vite empesté. Nous avions mangé cette viande pendant plusieurs semaines, malgré la puanteur qu'elle dégageait.

On commençait à voir l'énorme aide américaine à l'URSS dans son effort de guerre. De longues colonnes de camions GMC, conduits par des chauffeurs militaires, transportaient vers le silo central le blé abandonné dans les champs des kolkhozes alentour. Sans cela, il aurait pourri sur place. L'usine de réparation de tracteurs avait reçu plusieurs machines américaines – un de nos Juifs polonais qui connaissait l'anglais, resté en liberté après avoir accepté le passeport soviétique, avait été embauché comme traducteur de notices techniques. Il faisait ainsi partie de *« комсостав »* (encadrement) et avait donc droit à une meilleure cantine. Les uniformes des officiers, en particulier celui de l'oncle Liova, étaient en tissu américain. Grâce à lui, nous avions pu goûter aux rations alimentaires des G.I. contenant le fameux « singe » (conserves de bœuf en boîte). Nous l'avions trouvé délicieux.

Pendant toute la durée de notre séjour à Slavgorod nous n'avions vu la couleur de la moindre sucrerie. C'était peut-être très bon pour notre dentition, mais assez frustrant psychologiquement. Dans les rues de la ville, on trouvait, de temps en temps, une immense fourmilière en forme de pyramide, habitée par de grandes fourmis rouges. Nous enfoncions une paille à l'intérieur. A la sortie elle était recouverte d'une couche d'acide formique – nous nous délections à la sucer.

J'avais eu une nouvelle passion : les cartes. Je jouais au vingt-et-un (blackjack). Mes partenaires étaient beaucoup plus âgés que moi et je perdais des sommes astronomiques. Je remboursais mes dettes avec de l'essence d'aviation qui valait son pesant d'or en tant que carburant pour les briquets (il y avait une pénurie totale d'allumettes et les fumeurs utilisaient des dispositifs à base de deux pierres de silice que l'on frottait l'une contre l'autre ce qui provoquait une étincelle allumant une mèche). Je suppose que c'était la raison pour laquelle on jouait avec moi. Certains de ces garçons avaient passé quelques années à Pavlodar au Kazakhstan, à 100 km de Slavgorod. Ils racontaient avec fierté les « ratonnades » qu'ils y organisaient contre les « kalbites » – désignation péjorative des Kazakhs, analogue à youpins ou crouilles en français pour juifs ou arabes.

Les cartes à jouer étant introuvables dans les magasins, je les fabriquais moi-même. J'avais découpé dans une pomme de terre les tampons d'un trèfle, d'un carreau, d'un pique et d'un cœur et, en les trempant dans de l'encre rouge ou noire, j'imprimais à la main chaque carte. Encore fallait-il avoir du papier convenable. En passant devant l'unique librairie de la ville, j'avais vu, dans la vitrine, une immense pile de *manuels de dialectique marxiste* luxueusement imprimés sur du papier glacé qui, selon toute évidence, ne trouvaient pas d'acheteurs. Il y avait plein de pages blanches entre les chapitres. J'avais acheté une demi-douzaine de ses ouvrages et pu fabriquer, ainsi, plusieurs jeux de cartes.

Parmi les pièces détachées que l'on pouvait trouver dans les débris d'avions stockés dans l'aéroport, il y avait des tubes contenant du sodium. Ce métal a la propriété de s'enflammer au contact de l'eau. Avec les autres garçons, nous nous amusions à l'extraire du tube, verser de l'eau dessus et attendre la réaction. Un jour, nous avions carrément rempli avec de l'eau le tube lui-même. Comme le résultat tardait à venir, un dénommé Kolia s'était penché dessus pour voir ce qui se passait, juste au moment où la flamme jaillissait. Il avait poussé un cri. Ses seuls mots avaient été :

- Je ne vois rien.

Il était devenu aveugle. Nous lui rendions visite tous les jours et lui lisions à haute voix une chanson de geste arménienne, son livre favori. Personne ne s'était jamais enquis d'où venait le sodium. Ce n'est que maintenant que je me dis que c'est moi, par qui l'accès à l'aéroport était possible qui fus à l'origine de cette tragédie.

Les rares boîtes d'allumettes que l'on pouvait trouver portaient l'inscription :

« НАШЕ ДЕЛО ПРАВОЕ, ВРАГ БУДЕТ РАЗБИТ, ПОБЕДА БУДЕТ ЗА НАМИ. В.М.МОЛОТОВ »
(NOTRE CAUSE EST JUSTE, L'ENNEMI SERA VAINCU, LA VICTOIRE SERA DE NOTRE COTE. V.M. MOLOTOV).

Quand j'avais été invité, avec d'autres chefs de poste de sociétés étrangères à Moscou, à visiter le musée de la Révolution, (il était de mauvais ton de refuser ce genre de « privilège ») j'avais vu l'affiche avec ce mot d'ordre, signé par Staline. J'avais fait remarquer à notre accompagnateur cette erreur. Il m'avait assuré que c'était moi qui avais tort. Un ami russe m'avait dit la même chose et m'avait montré que c'est ce qu'indiquait l'Encyclopédie soviétique. Heureusement, j'avais pu me procurer la photo d'une affiche datant de la guerre et montrer à mes amis ce que falsification de l'Histoire voulait dire.[24]

La maîtresse de notre classe s'appelait Maria Trofimovna. C'était une fort jolie femme, membre du Parti. Elle nous répétait, souvent, que pour assumer cet honneur il fallait mériter, à chaque instant, la confiance que l'on mettait en vous.

Un élève, Tolia Timochenko, était envié par tout le monde à cause de son magnifique manteau noir en mouton retourné, ses *pimy* et sa chapka en fourrure d'astrakan, tout neufs. Son père était directeur d'approvisionnement de la ville. Tolia était un très mauvais élève et sa conduite était loin d'être exemplaire. Son cas posait visiblement un problème à Maria Trofimovna. Là où un autre aurait reçu une volée de bois vert, elle le grondait gentiment en nous disant :

- N'est-ce pas malheureux un garçon comme cela, pourtant ses parents sont des gens tellement bien !

Et puis, changement de situation ! Le père de Tolia ainsi qu'un certain nombre de « pères » de la ville sont pris la main dans le sac :

[24] L'Encyclopédie russe *on line* donne une version plus nuancée. Le discours de Molotov, prononcé après l'invasion allemande le 22 juin 1941, à 12 heures, aurait été rédigé collégialement, avec la participation de Staline. Le rythme saccadé de la phrase est propre à celui-ci. Il aurait inclus cette phrase, avec des variantes, dans un grand nombre de ses discours.

ils transportaient, dans un camion, des victuailles prélevées sur le stock de la ville vers Barnaoul afin de les vendre au marché noir. Pendant plusieurs mois le procès est sur toutes les lèvres. Toute la « bande » est condamnée à de lourdes peines de goulag. Tolia perd très vite de sa superbe – son manteau devient tout déchiré, ses *pimy*, troués, ne sont pas ressemelés. Les autres enfants lui rient au nez quand il s'obstine à clamer l'innocence de son père. Sa mère n'est plus la grande dame consciente de sa position sociale, mais une pauvre femme ne sachant comment joindre les deux bouts.

J'étais convaincu de la culpabilité du père de Tolia et de ses acolytes. Aujourd'hui je me pose la question : n'était-ce pas une machination du NKVD qui avait intérêt à détourner la colère des habitants affamés contre des boucs émissaires ? S'il avait fallu mettre au Goulag tous ceux ayant abusé de leurs fonctions à leur profit personnel, tous les Soviétiques s'y seraient retrouvés ! Le NKVD le savait et faisait peser cette épée de Damoclès sur tout le monde.

Un bruit s'était répandu qu'une bande kidnappait les enfants et les tuait pour revendre leur viande au marché. En rentrant de l'école, j'avais été pris dans une des tempêtes de poussière venant de la steppe qui, quelquefois, ensevelissaient la ville. On était comme dans un épais brouillard et, en plus, on pouvait à peine respirer. C'était sinistre. Une femme se tenait devant une maison, un peu à l'écart de la rue. Elle m'avait hélé :

- Garçon, peux-tu me rendre un service : ma porte s'est refermée derrière moi et je n'ai pas la clef pour l'ouvrir, glisse-toi à travers cette petite fenêtre et ouvre-la-moi de l'intérieur.

Je m'étais imaginé un gros moujik m'attendant là avec un bâton pour m'assommer et j'avais pris mes jambes à mon cou. J'avais entendu les cris de la femme :

- Garçon, garçon, pourquoi tu t'enfuis ?

Elle paraissait sincèrement désolée. Avais-je vraiment échappé ce jour au triste sort de finir mon existence sous forme de saucisson ou de *pirojki* au marché de Slavgorod ?

Maria Trofimovna nous avait annoncé :

- Les enfants, dans deux semaines vous allez devenir pionniers (organisation d'enfants, dont le but était, entre autres, l'endoctrinement aux idéaux communistes), il faut que vous appreniez le serment que vous allez prêter à cette occasion.

J'avais levé la main pour dire que je refusais cet honneur. Je pense que ce fut le plus grand choc dans la vie de cette femme. Elle avait essayé de me convaincre de changer d'avis. En vain, je n'étais pas Soviétique et je n'avais rien à faire avec les pionniers. « Apprends au moins le serment » m'a-t-elle dit finalement. Je l'avais appris. Je le connais par cœur, encore aujourd'hui :

Я, юный пионер
Союза Советских
Социялистических Республик
Перед лицом своих товарищей
Торжественно обещаю
Жить, учиться, работать так
Как завещал великий Ленин
И как учит Коммунистическая партия

Moi, jeune pionnier
De l'Union des républiques
socialistes soviétiques
Je jure solennellement
Devant mes camarades
De vivre, d'étudier et de travailler
Comme nous l'a légué le grand Lénine
Et comme l'enseigne le parti communiste.

Le jour de la cérémonie, elle avait essayé, toujours sans succès, de m'inciter à rejoindre le groupe d'enfants répétant, avec application, chaque phrase du serment après elle.

Ma sœur, beaucoup plus opportuniste, avait rejoint les rangs des « Enfants d'Octobre » « октябрята », organisation précédant les pionniers. J'étais entré en plein cœur de leur réunion et l'en avais fait sortir, en disant que, en tant que chef de famille, je considérais que ce n'était pas sa place.

Ni cet acte d'insubordination ni le fait que mes parents étaient au Goulag, c'est-à-dire des ennemis du peuple, n'ont eu d'influence sur l'attitude des institutrices à mon égard. Au contraire, j'ai l'impression qu'elles faisaient tout leur possible pour me faciliter la vie.

Plusieurs années après, à Moscou, encore à l'époque de l'URSS, j'étais avec mon adjoint russe et un ingénieur français dans mon bureau. Ce dernier interrogeait le premier sur le cursus scolaire des enfants soviétiques. Quand on avait commencé à parler des pionniers, le Français a posé la question :

- Peut-on refuser d'en faire partie ?
- Oh non, c'est impossible !

J'avais terminé la quatrième classe avec de très bonnes notes. J'avais même obtenu la lettre de félicitations « pour d'excellents résultats et une conduite exemplaire ». J'en ai gardé une moitié avec l'effigie de Lénine, je ne sais pas où est passée l'autre avec celle de Staline. C'était la fin de l'enseignement primaire. La prochaine étape était la cinquième classe, faisant partie de l'enseignement secondaire. L'école Lénine, au centre de la ville, était la seule à le dispenser.

Comme il faisait chaud de nouveau, j'ai pu recommencer mes voyages à Altaïlag. Je pensais devoir faire un geste exceptionnel pour prouver mon attachement à mes parents. La seule chose que j'avais trouvée avait été de découper plusieurs pages d'un de mes catalogues de timbres en petits rectangles et les donner à mon père comme papier à rouler les cigarettes. C'était ridicule : beaucoup plus fin que les journaux utilisés par les hommes à cet effet et surtout glacé, ce papier ne s'y prêtait absolument pas, mais le geste y était.

La construction de la voie avançant, les « colonies » s'étaient trouvées à quelques centaines de kilomètres au sud de Koulounda. Le trajet jusqu'à celle-ci était sans surprise, mais après, c'était une inconnue : on ne savait ni comment on allait voyager ni où on allait dormir ni combien de temps cela allait durer. Il fallait se débrouiller.

La première visite fut pour ma mère à Mikhaïlovka, un village à cent kilomètres de Koulounda (c'est de là que fut écrite la lettre de ma mère dont j'ai parlé plus haut). Je voyageai avec une jeune fille de seize ans qui allait voir également sa mère, emprisonnée pour le même motif que la mienne. On s'était retrouvés dans un camion avec des *zeks*. C'étaient des « блатные » (*blatniïe* – la pègre). Ils m'avaient dit connaître ma mère et avaient commencé à échafauder, tout à fait sérieusement, des stratagèmes pour m'introduire dans la « colonie » à l'insu des gardiens. J'ai refusé poliment. Je pense que cette manière de considérer, *a priori*, que toute demande faite par voie légale est vouée d'avance à l'échec était propre à la mentalité soviétique et que beaucoup de problèmes de la Russie actuelle proviennent de là.

Nous nous étions postés devant l'entrée de la « colonie », en attendant que les prisonniers reviennent de leur travail. Vers six heures, nous avions vu, au loin, une colonne entourée de gardes et de chiens. Quand elle s'était approchée, j'avais essayé de scruter les visages : ma mère n'y était pas. J'avais aperçu au loin une silhouette féminine qui se traînait derrière tout le monde, tellement faible que les gardes ne jugeaient même pas utile de la surveiller. C'était ma mère. J'avais pu la voir le soir même. Elle s'était arrangée pour que je puisse dormir chez une NKVDiste. Celle-ci avait refusé de loger aussi ma camarade qui avait donc dû dormir toute seule dans la forêt devant la « colonie ». Le lendemain je l'avais rejointe à l'endroit où je l'avais laissée, elle pleurait. Elle était plus âgée que moi (seize ans contre onze), mais j'étais extrêmement mal à l'aise d'avoir failli à mon devoir de gentleman en abandonnant une femme toute seule. Je n'ai jamais pu me débarrasser de ce souvenir. Il y a quelques années, en me promenant avec ma sœur à Tel-Aviv, nous avions rencontré dans la rue une dame que ma sœur m'avait présentée comme la jeune fille en question. Elle était assez snob et me parlait en allemand. J'avais essayé de formuler dans ma tête une phrase dans cette langue pour lui rappeler l'incident et présenter mes excuses. Je n'avais pas trouvé le mot « remords » et nous nous étions quittés après un échange de banalités. Depuis ce jour, ce problème ne me hante plus.

La proposition des *zeks* rencontrés la veille s'était avérée inutile : j'avais été autorisé à pénétrer à l'intérieur de la « colonie », tout à fait officiellement. A l'occasion de ma visite, ma mère avait été dispensée des travaux pour toute la journée.

Comme toutes les entreprises soviétiques, la « colonie » était décorée de longues banderoles rouges sur lesquelles figuraient en lettres blanches les mots d'ordre :

- ПЛАН ОБЯЗУЕМСЯ ПЕРЕВЫПОЛНИТЬ! *(NOUS NOUS ENGAGEONS À DEPASSER LES OBJECTIFS DU PLAN !)*

J'espère que les NKVDistes n'avaient aucune illusion sur l'effet que cette pieuse injonction pouvait avoir sur l'ardeur au travail des *zeks* dont l'unique but était de survivre donc de faire tout ce qui était en leur pouvoir pour travailler le moins possible.

Ou bien :

- ПЕЙ ХВОЙНЫЙ НАСТОЙ, НЕ БУДЕШ БОЛЕТЬ ЦЫНГОЙ. (BOIS LA DECOCTION DES AIGUILLES DE PAIN, DE SCORBUT TU NE SERAS PAS ATTEINT).

Les chefs de Altaïlag ne se rendaient-ils pas compte de l'aveu que cette phrase apportait quant à la qualité de la nourriture que l'on donnait aux *zeks* ?

J'ai pu remettre à ma mère les victuailles que j'avais apportées. Nous avions partagé son repas – de l'eau bouillante avec quelques feuilles de choux et des arêtes de poisson flottant dessus. Le goût insipide de ce breuvage s'était transformé, comme par enchantement, quand nous y avions ajouté un cube Maggy provenant d'un colis américain dont j'avais apporté avec moi quelques paquets. Ma mère avait demandé et obtenu l'autorisation de m'emmener aux bains de la « colonie » (la « баня », « *bania* » – bain russe à vapeur). Nous nous étions baignés ensemble et seuls. Je suppose que c'était un grand privilège. L'état décharné de son corps était effrayant. En sortant de la *bania*, nous avions rencontré un *zek* qu'elle m'avait présenté. C'était un médecin. Il était là pour implication dans le « meurtre » de Gorki.[25]

Nous étions repartis, ma camarade et moi, vers midi et nous nous étions arrêtés à quelques centaines de mètres de l'entrée du camp pour faire du stop. Une voiture particulière nous avait dépassés, sans faire attention à nos signes. Elle s'était pourtant arrêtée cent mètres plus loin. Nous avions accouru. Le chauffeur, en uniforme du NKVD, tenait pour nous la portière arrière ouverte :

- Le camarade colonel veut vous parler.

Nous étions montés. Le personnage important, assis à côté du chauffeur, nous avait interrogés sur la raison de notre présence insolite en ces lieux. Nous lui avions raconté, sans rien cacher, les raisons d'emprisonnement de nos parents. Il nous avait écoutés sans rien dire. Je n'ai jamais su qui il était. L'allègement du sort de ma mère dont je parlerai plus loin avait-il été dû à cette rencontre ? La voiture nous avait emmenés jusqu'au village de Mikhaïlovka et nous nous étions postés sur la route vers Koulounda.

Lors d'un voyage ultérieur, je m'étais trouvé, avec des *blatniïe* , sur une plate-forme de train. Brusquement, il y avait eu une bousculade et je m'étais aperçu que je n'avais plus mon sac avec les provisions pour le voyage. Je pleurais. Les visages, autour de moi, exprimaient une totale indifférence. Je me demande quel aurait été mon sort si je n'avais pas eu, sous mes vêtements, de l'argent dans un sachet. Grâce à cela j'avais pu poursuivre mon voyage.

Quelquefois, ces escapades me permettaient d'étudier, de plus près, les mœurs des grandes personnes. Un chauffeur de camion qui m'avait pris en stop s'ingéniait à passer par les chemins les plus invraisemblables de manière à pouvoir visiter tous les villages alentour. Il s'arrêtait dans chacun, pour une heure environ, en me demandant de garder le camion. Il revenait accompagné

---

[25] La cause de la mort de Gorki n'a jamais été établie avec certitude. L'hypothèse la plus probable : la tuberculose.

systématiquement d'une jeune femme. S'engageait alors un dialogue à peu près toujours le même :

- Maintenant tu vas partir et tu vas m'oublier.
- Mais non, jamais.
- Tu dois avoir une fille dans chaque village.
- Mais non, tu es la seule.
- Dis-moi que tu m'aimes.
- Bien sûr je t'aime, tu verras, après la guerre je conduirai une ZIS[26], je viendrai te chercher et nous nous marierons.

Je n'arrivais pas à comprendre comment la fille pouvait gober ce genre de platitudes, mais ça marchait ! Il est vrai que la plupart des hommes valides étaient au front et ceux qui étaient restés valaient pour les femmes leur pesant d'or.

Chaque soir je devais trouver un endroit pour dormir. En général, à la tombée de la nuit, j'interrompais le voyage près d'un village et frappais à la porte d'une *isba*. Je racontais mon histoire et demandais que l'on m'accueille pour la nuit. Je ne me souviens pas d'avoir essuyé un refus (je pense pourtant qu'il y en a eu). Une fois j'ai passé la nuit dans une baraque, en pleine forêt, faisant partie d'Altaïlag. Il y avait là uniquement des *zeks* femmes occupées à la maintenance de la voie. Il n'y avait ni barbelés ni gardiens. Elles m'ont accueilli chaleureusement et ont chanté, sur ma demande, des chansons nostalgiques de *zeks*, en particulier celle basée sur le poème de Lermontov :

Сижу за решеткой в темнице сырой.
Вскормленный на воле орел молодой ,
Мой грустный товарищ, махая крылом
Кровавую пищу клюет за окном.
Клюет и бросает и смотрит в окно,
Как будто со мною задумал одно ;
Зовет меня взглядом и криком своим

[26] ЗИС: Завод имени Сталина, – Usine Staline : marque de camions.

И вымолвить хочет: давай улетим.
Мы вольные птицы; пора брат пора
Туда где за тучей белеет гора ;
Туда где синеют морские края
Туда где гуляют лиш ветер да я.

Je suis prisonnier dans un humide donjon.
Lui qui est né libre, le tout jeune aiglon,
Mon triste compagnon, des ailes battant,
Picore, dehors, son repas sanglant ;
Picore et s'arrête, regarde vers ma fenêtre,
Comme s'il devinait ce que veut tout mon être ;
Son regard et son cri un appel me lancent,
Et semblent me dire: viens donc dans la danse.
Viens, on s'en va, on est en retard !
Là où le mont blanchit dans le brouillard,
Là où de la mer rivage se déploie
Où seuls font la fête le vent et moi.

Une autre fois j'étais tombé sur un mariage. J'avais été convié au repas. J'avais englouti suffisamment de nourriture pour le restant de mon voyage. J'avais raconté mon histoire aux autres enfants participant à la fête. La conclusion de l'un résonne encore dans ma tête:

- вот что советская власть наделала ! (Voici l'œuvre du pouvoir soviétique !)

C'était la seule fois, pendant mon séjour en Sibérie, où j'avais entendu une critique du régime.

Il y avait de l'étonnement, teint d'une certaine admiration, même de la part des gardes-chiourme des « colonies », envers ce ou ces (quand j'étais accompagné de ma sœur) gosses qui n'avaient pas peur de se promener ainsi, tout seuls à travers la Sibérie. Je n'y voyais pourtant rien d'extraordinaire. Je pensais que, n'étant jamais sortis de leur trou, ils s'étonnaient de n'importe quoi. Quand mes enfants ont eu l'âge que j'avais à l'époque, constatant mon inquiétude au moment où ils traversaient la rue, je me suis dit que, peut-être, cela n'avait pas été aussi simple que cela !

La dernière visite, avant l'automne, était au lac Malinovoïe, une centaine de kilomètres plus loin que Mikhaïlovka. Mes parents y étaient tous les deux, dans des « colonies » différentes, distantes l'une de l'autre de huit kilomètres. Ma sœur m'accompagnait. Nous étions allés d'abord chez mon père. La « colonie » était en pleine forêt, sans aucune trace d'habitation autour. Mon père nous avait fait admettre à l'intérieur pour la nuit. Je garde un souvenir enchanteur de cette soirée. Comme il le disait dans sa lettre, je n'avais jamais mangé à ma faim autant que là. Il avait vraiment une chance énorme de faire partie, grâce à Kamiński, de la classe des privilégiés du camp !

Il m'avait présenté notre voisin de tablée avec le commentaire : « dix ans pour meurtre ». La réaction de l'autre avait été un sourire empreint à la fois d'autosatisfaction et de modestie, l'air de dire « regardez comme je suis extraordinaire ».

Le lendemain, nous étions partis pour la « colonie » de ma mère. Le chef de celle de mon père, pour qui notre visite avait été apparemment un événement, nous avait fait cadeau de jouets en bois fabriqués par un *zek* et avait permis à mon père de nous accompagner sans escorte. Je revois encore sa joie de pouvoir marcher « libre », dans la forêt, avec ses enfants, ramassant des champignons. Il faisait très beau. A mi-chemin, nous avions entendu le bruit de sabots. C'était le chef qui venait vérifier, à cheval, si tout se passait bien. Ce fut la seule fois où mon père et ma mère ont pu se rencontrer pendant leur séjour à Altaïlag.

Ma mère ne travaillait plus sur la voie : elle avait pour tâche d'annoncer dans un micro les messages transmis à toute la « colonie » via des haut-parleurs. Elle ne travaillait donc plus physiquement, ce qui était déjà un immense avantage, mais sa ration de nourriture était minime et sa santé toujours chancelante – malheureusement la protection de Kamiński n'était pas transmissible à une autre « colonie ». J'avais été surpris qu'elle perde le sens des réalités. Je lui avais apporté une chemise qui, pour une raison que j'ai oubliée, ne lui convenait pas. Elle m'avait dit :

- Laisse-la-moi quand même, je pourrai toujours la vendre.

- Combien pourras-tu en obtenir ?
- Au moins trois roubles.
- Mais maman, au marché de Slavgorod elle vaut cent roubles !
- Bon, alors reprends-la.

On nous avait permis de coucher à l'intérieur de la « colonie » dans sa cabane avec le micro.

En repartant, nous étions passés près du poste de garde à l'entrée. De l'intérieur parvenaient des gémissements et des bruits sourds de coups. Ma mère nous avait dit que les gardes étaient en train de passer à tabac un *zek* rattrapé après évasion. Celles-ci étaient très mal perçues par les NKVDistes – elles leur faisaient perdre des primes et la recherche des évadés était extrêmement pénible. Les fugitifs savaient à quoi ils pouvaient s'attendre : ils étaient battus à (et parfois jusqu'à la) mort. Pourtant, la soif de liberté était telle qu'il y avait toujours des tentatives. Plus le jour de libération approchait, plus elle était grande. Il était arrivé que des *zeks* s'évadent au moment où ils étaient conduits pour accomplir les formalités de la levée d'écrou.

Sur la carte de Altaïskiï Kraï, p 65, on voit la voie ferrée qui part de Koulounda vers le sud et traverse Mikhaïlovka et le lac Malinovoïe. Un certain nombre de ses rails et traverses ont été posés, à la main, par mes parents. Sur d'autres cartes que j'ai pu consulter, la voie s'arrête à Malinovoïe. Je ne sais pas d'ailleurs si cela a de l'importance car je ne suis pas sûr qu'elle n'ait jamais été opérationnelle. Mon père m'avait raconté que, voulant à tout prix réaliser le métrage quotidien imposé par la norme afin de toucher la ration de pain réglementaire, en hiver, les *zeks* omettaient souvent de déblayer la neige avant de mettre le ballast. Ceci n'apparaissait qu'au dégel quand la voie prenait le profil de « montagnes russes ». L'administration du Goulag n'était pas équipée pour retrouver les auteurs de la supercherie lesquels, souvent, avaient fait, entre-temps, l'objet d'une « étape ».

Lors de ma « seconde vie en Russie », déjà au moment de la perestroïka, j'avais demandé à mon adjoint russe, moscovite d'origine et petit-fils du directeur d'un important institut, si pendant et après les années de guerre, il avait été au courant de l'existence du Goulag. Sa réponse catégorique avait été : « non ». Voyant mon étonnement il m'avait expliqué que :

- A l'école, les enfants taisaient l'arrestation de leurs parents de peur d'être mis à l'index ;
- Les médias (la presse et la radio) n'en parlaient bien entendu jamais et, à cette époque, l'écoute des radios occidentales comportait des risques que peu osaient prendre ;
- A la maison, les parents n'abordaient jamais ce sujet, du moins en présence des enfants, de peur que ceux-ci ne parlent trop en classe ;
- « La loi du 100e kilomètre », interdisant aux *zeks* libérés de séjourner en deçà de 100 km de Moscou, faisait qu'aucune information directe n'était disponible à ce sujet.

Plusieurs autres personnes, en qui j'ai entière confiance, m'ont tenu le même raisonnement, j'ai donc tendance à penser qu'un grand nombre de Moscovites, effectivement, ne savait pas. Il va de soi que ceci ne peut être étendu à tout le reste de l'Union soviétique : si on avait demandé à un habitant de Slavgorod si, lui, il avait été au courant, il aurait éclaté de rire.

En 1992, j'ai rencontré à Moscou un ingénieur, le plus grand (et le seul) spécialiste des centrales électriques marémotrices en URSS. Il m'avait raconté être passé par le Goulag. Je lui ai fait part du séjour de mes parents à Altaïlag. Son commentaire :

- Mais monsieur, Altaïlag c'était une maison de repos ! « это был курорт ! »

Le sort des *zeks* construisant les chemins de fer n'était, semble-t-il, pas différent de celui de leurs prédécesseurs paysans, sous le régime tsariste, contraints de faire ce travail par la faim. En témoigne le poème du poète Nekrassov (1821- 1877) « Железная Дорога » (*Le Chemin de Fer*), dont voici deux strophes dans lesquelles un voyageur raconte à son fils les conditions de vie et de travail de ceux-ci :

Прямо дороженька: насыпи узкие.
Столбики, рельсы, мосты.
А по бокам, то всё косточки русские
Сколько их! Ванечка, знаеш ли ты?

Мы надрывались под зноем, под холодом,
С вечно согнутой спиной,
Жили в землянках, боролися с голодом.
Мерзли и мокли, болели цынгой.

Droit va le chemin, les pentes sont étroites ;
Des poteaux, des rails et des ponts.
Sur les côtés, des ossements de nos Russes,
Combien il y en a, seulement le sais-tu ?

Meurtris par la canicule ou le froid
L'échine toujours recourbée
Nous dormions en zemlianka *, luttant contre la faim*
Gelés et mouillés, malades de scorbut.

On a vu les mots *zemlianka* et « scorbut » dans la description des « colonies » du Goulag.

11. LIBERATION DES PARENTS

Comme je le disais dans la lettre adressée à mon père, Agafia Siemionovna était revenue sur sa décision : elle voulait bien accepter de nouveau ma sœur. Bientôt, j'avais pu également la rejoindre et nous nous étions retrouvés dans notre pièce de la rue Kollontaï.

C'était l'automne. J'étais en cinquième. Un soir, nous avions entendu quelqu'un frapper à la fenêtre. Il faisait sombre, on voyait juste une silhouette féminine derrière la vitre. J'ai crié « maman ! » C'était effectivement elle. Sous l'égide de la romancière Wanda Wasilewska (j'avais parlé de son roman *La Mansarde* que je lisais à Otwock avant la guerre), une Union des patriotes polonais, d'obédience communiste, avait été créée à Moscou. Elle avait pu obtenir, auprès de Staline, une amnistie pour les Polonais qui étaient au Goulag pour le même « délit » que mes parents. Je suppose que le NKVD avait une dent spéciale contre mon père : il restait à Altaïlag.

Durant la nuit, ma mère s'était levée plusieurs fois pour sortir. Agafia Siemionovna m'avait dit, le lendemain, que c'était pour manger la nourriture, à base d'épluchures de pommes de terre, destinée au cochon qui était stockée dans l'entrée.

Nous avions eu droit à quelques récits de son séjour à Altaïlag.

- Elle attendait la distribution du repas devant la cuisine. Dans une main elle tenait une gamelle et dans l'autre son sac à main. Au moment où le cuistot lui versait la soupe, en fait de l'eau bouillante avec quelques feuilles de chou flottant dessus, un *zek* a voulu lui arracher son sac. Instinctivement, elle lui avait versé le contenu de la gamelle dans le visage. Il s'était enfui en hurlant de douleur. Elle était affolée – il allait la tuer. On lui avait expliqué qu'elle n'avait rien à craindre : d'après la loi non écrite de la pègre, elle avait été en état de légitime défense.

- Elle avait un très beau châle multicolore en laine tissée. La femme du chef de la « colonie » avait jeté son dévolu dessus et lui avait proposé de le lui acheter. Ma mère n'avait pas voulu s'en séparer. Un soir, la femme était entrée dans sa *ziemlianka* en disant « j'ai quand même décidé de vous le prendre » et le tour était joué.

- Une jeune tzigane racontait qu'en liberté elle « tenait » un arrêt d'autobus. Ma mère ne comprenait pas ce que cela voulait dire. En fait, la dame avait la profession de pickpocket.

Comme toute l'économie de l'URSS celle du Goulag était régie dans le cadre d'un plan. Malheureusement, la seule planification qui était respectée à la lettre était le contingent annuel de *zeks* que le NKVD devait mettre à disposition. L'intendance ne suivait pas. Un *zek*, arrivé d'une autre « colonie », lui avait dit :

- Vous avez de la chance d'être arrivée là en été, dans une contrée relativement paisible. Nous, on a fait, à pied, des centaines de kilomètres dans la neige profonde, dans la taïga, pour se retrouver devant un écriteau cloué sur un arbre : « colonie N° 1 ». Il fallut bivouaquer là comme on pouvait et construire toute l'infrastructure à partir de zéro. Ce fut une hécatombe. Les vêtements, pourtant promis, les outils, la nourriture, arrivaient soit en retard, soit jamais.

La mort de millions de *zeks* n'était peut-être pas le but directement recherché, mais le peu de cas fait de la vie humaine, l'improvisation, le manque d'organisation et l'incompétence des dirigeants la rendait inexorable.

Je crois que nous étions vraiment dans la misère. Presque toutes nos affaires avaient été vendues et l'on ne subsistait que grâce aux colis que l'on continuait à recevoir. Quelquefois, je contribuais aussi à améliorer l'ordinaire. Passant devant une petite boutique destinée aux kolkhoziens venant au marché (сельпо - s*ielpo*), j'avais vu des ceintures en toile. J'en avais acheté une et en avais essayé un morceau comme mèche pour notre lampe à pétrole (produit déficitaire dans les magasins). Cela avait marché. J'étais retourné à la boutique, en avais acheté dix autres au prix de 7 roubles pièce, découpé chacune en trois morceaux et vendu ensuite 15 roubles chaque mèche ainsi obtenue. Le lendemain, j'avais déjà de la concurrence.

L'école Lénine était à une demi-heure de marche à pied de la rue Kollontaï. On était en hiver. L'école fonctionnait jusqu'à –25°C. Je mettais des journaux sous mon pantalon molletonné pour me protéger du froid et du vent en rabattant les oreilles de ma chapka, jusqu'à ce que j'arrive à une centaine de mètres de l'entrée. Là, je relevais les oreilles et, d'un pas nonchalant, montais les marches. Mon oreille gauche avait gelé. On l'avait réchauffée progressivement et il n'y avait pas eu de suites irréversibles, mais elle avait continué à me faire mal pendant longtemps.

Parmi nos matières nous avions maintenant la préparation militaire. J'avais très vite appris à démonter et à remonter, dans les temps réglementaires, le fusil d'un modèle datant d'avant la Première Guerre mondiale, utilisé par l'armée Rouge avant l'apparition de la kalachnikov, mais j'avais des problèmes pour réagir au quart de tour à « à gauche, gauche » ou « à droite, droite ». Mon oreille gelée m'avait sorti de cet embarras : je savais que la gauche était là où j'avais mal.

J'avais découvert l'inégalité sociale. En bas de l'échelle, il y avait les élèves ordinaires dans mon genre. Au sommet les enfants des officiers du village militaire. Les communs des mortels y étaient interdits d'entrée, mais on racontait avec jalousie, mêlée d'émerveillement, qu'il y avait là-bas des cours de gymnastique rythmique pour les filles, un club de pionniers, un cinéma chauffé en hiver… La crème de la crème était quand même Lébédéva, fille du premier secrétaire du parti de la ville : elle avait un magnifique manteau de fourrure et était amenée à l'école, tous les matins, dans une voiture conduite par un chauffeur !

Lors de son retrait d'Allemagne orientale, après la réunification, l'armée Rouge avait laissé derrière elle un grand nombre d'ensembles d'habitations dans lesquels avaient stationné ses troupes avec les familles des officiers. Leur pauvreté, leur vétusteté, leur pollution s'étaient avérées au-dessus de ce que l'on pouvait imaginer. Je pense que le village militaire, objet de ma convoitise à Slavgorod, devait y ressembler.

Il y avait dans la ville un voyou *(*хулиган*) – Iermak*. J'avais été avec son frère en 4ème classe. Encore avant que je ne rentre à l'école Lénine, il en avait été exclu. Un matin, il y avait fait une réapparition. Son arrivée avait été saluée par un piaffement des filles : « *Iermak*, *Iermak* est arrivé ». Lébédeva vociférait aussi fort que les autres.

En 1986 ou 1987, à Moscou, lors de la réception à l'ambassade de France à l'occasion du 14 Juillet, j'avais brusquement entendu un piaffement tout à fait semblable à celui de mes anciennes camarades de l'école Lénine : « Depardieu, Depardieu est là. » Je m'étais approché et j'avais vu effectivement Depardieu le teint blême, l'œil morne, le cheveu filasse, le costume fripé. Il était appuyé le dos contre le mur, cerné comme un fauve par un troupeau d'admiratrices. J'avais reconnu, parmi celles-ci, au moins une femme d'ambassadeur.

Iermak n'était pas le seul voyou de la ville. La plupart pratiquaient le vol à la tire au marché. L'outil de travail essentiel était la lame de rasoir. Cela permettait de couper une poche, un sac à main ou à provisions, de découper le bracelet en cuir d'une montre sur un poignet – par un froid intense les mains étaient tellement gelées que la victime ne s'en apercevait même pas, tout au plus ressentait-elle une petite morsure supplémentaire. C'était aussi une arme de dissuasion : gare à ceux qui avaient l'audace de prévenir la proie – ils avaient vite fait de se retrouver avec une balafre sur la joue. Enfin, cela permettait de s'amuser : les élégantes ne s'aventuraient jamais à cet endroit avec un manteau de fourrure car il y avait de fortes chances que, rentrées à la maison, elles découvrent une longue fente découpée dans le dos.

Dans les colis standard que nous recevions de Palestine il y avait toujours deux paquets de lames Gilette. Tout naturellement, quand mes deux parents étaient au goulag, j'étais devenu le fournisseur attitré de ces jeunes gens. J'étais même très courtisé car la qualité des lames soviétiques était très inférieure au dernier cri de la production américaine. Je pouvais ainsi me promener au marché en toute tranquillité. J'aimais beaucoup cette occupation. C'était le seul endroit de la ville où l'on sentait un certain esprit d'entreprise. Les femmes, derrière les comptoirs, vendaient de la viande, des *pirojkis*, de la choucroute et, en hiver, des briquettes rondes de lait congelé à l'aide des assiettes creuses : par -20°C. on n'avait besoin ni d'emballage ni de chaîne du froid. Tout ceci était à des prix exorbitants pour un Slavgorodois moyen, mais il n'empêche que cela donnait une apparence d'abondance qui n'existait nulle part ailleurs dans la ville.

Mes rapports avec les voyous ne me posaient aucun problème d'ordre moral – l'honnêteté n'était pas notre préoccupation majeure. En hiver, nous patinions sur la neige damée, avec des patins aux bouts arrondis. Ils étaient fixés aux chaussures à l'aide de lanières en cuir.

On les confectionnait à partir des rênes de conduite des chevaux. Un cocher ne quittait jamais son traîneau sans prendre celles-ci avec lui – dans le cas contraire, il était sûr de ne pas les retrouver.

Avec les autres garçons de la rue, nous voulions jouer à la guerre. Pour cela il nous fallait des fusils. A Slavgorod il n'y avait pas de magasin de jouets, et même s'il y en avait eu un, je doute que l'on eût pu y trouver ce que l'on cherchait. Nous avions donc décidé de fabriquer nos armes par nous-mêmes. On avait besoin pour cela de planches et d'outils. Nous n'avions ni les unes ni les autres.

Il y avait dans la rue une belle maison en rondins de bois (*сруб*) – signe de prospérité des occupants. Elle était surélevée et pour y entrer il fallait monter 5 marches, entourées d'une balustrade en planches. En plein jour, après avoir soigneusement minuté l'opération, nous les avions démontées. Personne ne nous avait vus car il n'y avait pas eu d'alerte.

Trois rues plus loin il y avait un atelier de menuiserie. Il était au premier étage d'une maison en briques nues. Une nuit, en nous agrippant aux interstices entre celles-ci, nous avions escaladé le mur, cassé la vitre, pénétré à l'intérieur et emporté une scie, un marteau, un rabot et des clous.

Nous avions pu ainsi nous fabriquer des fusils et jouer à la guerre comme tous les garçons du monde de notre âge.

Il y avait de la violence dans les rapports entre les gosses des différents quartiers de la ville. Si l'on s'éloignait de quelques rues, on devenait très vite la cible de quolibets de quelques jouvenceaux qui se mettaient à vous suivre. Leur technique consistait à envoyer, en avant-garde, leurs « petits frères » qui commençaient à vous provoquer avec des lancements de pierres, des crocs-en-jambe, etc. Malheur à celui qui osait y répondre, ne serait-ce qu'en donnant une taloche à ces agresseurs. Toute la bande se précipitait alors sur vous et, dans le meilleur des cas, vous étiez quitte en repartant avec un œil au beurre noir. Soljenitsyne raconte que ceci était aussi habituel au Goulag, où ce genre d'aventure se terminait pour la victime beaucoup plus tragiquement. C'est aussi la méthode employée par les Palestiniens avec les jeunes gosses lanceurs de pierres provoquant les soldats israéliens.

Un garçon qui se respectait se devait de posséder un couteau. C'étaient des engins artisanaux, faits à partir de tiges plates d'acier. J'avais été une source de celles-ci du temps où j'habitais chez oncle Liova car on pouvait en débusquer parmi les débris d'avions, à l'aéroport. Le grand chic était d'avoir le manche confectionné avec des boutons multicolores, empilés sur la tige, l'ensemble étant travaillé avec une lime, de manière à obtenir une surface ronde et lisse. Les boutons les plus prisés étaient ceux provenant d'habits occidentaux. Pour mon malheur, mon manteau d'hiver avait été confectionné à partir d'un vieux pardessus de mon père et, un soir d'hiver, en sortant du cinéma, je m'étais retrouvé avec ce vêtement ouvert à tous les vents, par -30°C.

Il était impensable qu'un garçon n'ait pas une paire de skis de fond : en hiver, il suffisait de franchir la porte de la maison pour pouvoir en faire, dans la rue. J'en avais une comme tout le monde et, comble de grand luxe, avec des bâtons en bambou. Chaque hiver, l'école organisait un cross en skis, à travers la ville. Je n'étais pas parmi les plus rapides et me trouvais, donc, loin du prof de gym qui menait le peloton. A un moment, j'avais été entouré par une bande et mes bâtons avaient été confisqués.

Ma mère avait une paire de chaussures de ski (ils étaient en cuir et à lacets, comme des chaussures de marche aujourd'hui) qu'elle gardait depuis son séjour en Autriche. Je les partageais avec elle. Nous n'avions rien d'autre pour nous chausser et quand l'un sortait, l'autre devait rester à la maison.

Nous nous amusions, en classe, à lancer des flèches en papier. La mienne avait eu le malheur de tomber sur le bureau de la prof de maths, surnommée рыжее светило (l'astre roux). La réaction avait été : « Iouzik, sors de la classe et ne reviens pas sans tes parents ». J'étais sorti, mais ma mère était venue seule à l'école pour recevoir l'admonestation, sans que je puisse l'accompagner.

A partir de la 5ème, l'enseignement d'une langue étrangère était obligatoire. Il n'y avait pas d'autre choix que l'allemand. La raison en était, sans doute, la présence de beaucoup d'Allemands « ethniques », originaires de la Volga, région que ceux-ci avaient colonisée encore du temps de Catherine II[27], source inépuisable d'enseignants, mais aussi, et peut-être surtout, la phrase de Lénine : « pour connaître son ennemi il faut connaître sa langue ». Notre professeur s'appelait Guenrikh (Heinrich) Nikolaievitch. Il était très timide et très bien élevé : c'était le seul Soviétique qui soulevait sa casquette pour me saluer dans la rue. Je compatissais beaucoup avec lui en me rendant compte de sa position inconfortable, au moment où les Allemands étaient l'ennemi n° 1. Dès le début, j'étais devenu son meilleur élève : je connaissais l'alphabet latin, ce qui n'était pas le cas de mes camarades et mes notions de yiddish me permettaient de comprendre les premiers textes sans aucun effort. Justement, les efforts je n'en faisais pas. C'est dommage car, quand plus tard les choses sont devenues plus difficiles, je continuais à avoir de bonnes notes grâce à ma réputation et n'avais fait aucun progrès.

Les Allemands n'étaient pas mobilisés dans l'armée, mais étaient enrôlés dans le « Трудовой Фронт » (Front du Travail). D'après les témoignages que j'ai pu recueillir par la suite, la dénomination mise à part, rien ne distinguait cette organisation du Goulag. Je suppose que Guenrikh Nikolaievitch avait pu y échapper grâce à son statut de professeur d'allemand.

---

[27] Le chant :

«Волга, Волга, мать родная
Волга русская река »
(*Volga, Volga notre chère mère*
Volga, Volga fleuve russe)

Devenait dans leur bouche :

« Wolga, Wolga, Mutter Wolga,
Wolga, Wolga, deutscher Fluss »
(Volga, Volga, mère Volga
Volga, Volga, fleuve allemand)

La directrice de l'école était juive – elle prononçait le « r » à la parisienne ce qui est caractéristique pour les Juifs de Russie. Elle était, en même temps, professeur d'histoire. Son dada était la distinction entre les guerres « justes » et « injustes ». Bien entendu, celles menées par l'Union soviétique correspondaient toujours à la première catégorie. A la fin de l'année il y avait un examen (à partir de la 5ème, le carnet de notes ne suffisait plus pour passer dans la classe supérieure). Pour chaque matière il y avait un jury composé de trois professeurs. J'avais eu « 5 » (très bien) partout sauf en histoire : la directrice était la seule à ne m'avoir accordé qu'un « 4 » (bien). J'étais convaincu que c'était parce que moi aussi j'étais juif et qu'elle ne voulait pas être accusée de favoritisme.

Par une belle journée d'hiver, une jeune femme avait frappé à notre porte Elle s'était présentée comme faisant partie du NKVD et avait commencé à interroger ma mère au sujet de ma grand-mère, en lui reprochant de ne pas s'en occuper. Brusquement, elle annonça : « je vous ai ramené votre mère ». C'était la manière du NKVD de faire de l'humour. Effectivement, ma grand-mère attendait dehors, sur un traîneau que la jeune femme avait tiré, à la main, depuis la gare. La NKVDiste avait passé la nuit chez nous sur la couche des invités, c'est-à-dire sur la table. Nous l'avions choyée comme une reine. Elle était repartie le lendemain. Après son départ, nous nous étions aperçus que des couverts en argent, ceux-là mêmes dont Amelka avait voulu, en son temps, faire le sacrifice pour l'effort de guerre (ils n'avaient jamais été vendus car il n'y avait pas preneur pour ce genre de futilités), avaient disparu.

Après Slavgorod, ma grand-mère avait échoué à la ITK de Barnaoul, la capitale de Altaïskiï Kraï. Le voyage dans le train de marchandises avait été épouvantable. Il y avait peu de place sur les rayonnages de couchage et on l'avait poussée, de force, sous celui du bas. Elle n'avait pas pu bouger pendant plusieurs jours et étouffait par manque d'air. Elle avait perdu un œil et était à demi paralysée.

En avril, ce fut mon père qui avait été libéré. Son maintien au Goulag, après l'amnistie, était parfaitement illégal, mais l'idée ne nous avait même pas traversé l'esprit de faire une réclamation à qui que ce soit. Ce n'était qu'après avoir émigré en Israël que mon père avait envoyé une lettre au président du Soviet suprême, bien entendu sans réponse. De même, mes parents n'avaient-ils jamais protesté au sujet des alliances qu'on leur avait confisquées, lors de l'arrestation, et qu'on ne leur avait pas rendues.

Mes parents et ma grand-mère avaient accepté, cette fois sans broncher, la nationalité soviétique. La leçon avait été comprise.

Nous étions, maintenant, de nouveau réunis tous les cinq, dans notre pièce chez Agafia Semionovna de la rue Kollontaï.

La manière de parler de mon père avait changé. A chaque mot, il jurait grossièrement comme un charretier. C'était le parler du Goulag. Quand, lors de l'anniversaire de ma sœur, il lui avait demandé ce qu'elle désirait comme cadeau, elle lui avait répondu : « ne jure plus ». Il avait paru gêné et avait cessé de le faire.

Il avait obtenu un poste de conseiller juridique dans l'entreprise responsable de la collecte et de la revente du blé de la région : Zagotzerno . Parmi ses adversaires il y avait Altaïlag, gros consommateur de grains. Il devait des sommes considérables à Zagotzerno pour les sacs dans lesquels on lui expédiait les produits et qu'il ne rendait jamais. Mon père lui avait intenté un procès et avait été plusieurs fois à Koulounda. Lors d'une discussion, il s'était fait entendre dire : « on ne s'attendait pas à cela de la part de l'un de nos disciples ». C'était presque « et toi Brutus » de César. Plus tard, lors de mon travail en Sibérie à la Berd, j'avais eu droit à une réaction semblable. Après avoir expliqué au gouverneur de Altaïskiï Kraï que j'avais trente millions de dollars à investir dans quatre régions sibériennes, dont la sienne, je lui avais raconté mon histoire. Son cri du cœur avait été : « vous êtes un homme à nous (вы наш человек), je suis sûr que vous allez mettre tout cet argent ici ! »

Lors d'une mission à Barnaoul, mon père m'avait emmené avec lui. Nous avions voyagé à l'arrière d'un camion. Au premier arrêt, les hommes avaient pu trouver de l'eau de Cologne dans une pharmacie et l'avaient bue d'un trait avec un claquement de langue de satisfaction (il était pratiquement impossible de trouver de la vodka dans les magasins). Pendant la partie ultérieure du voyage, une jeune femme se plaignit que l'un d'eux voulait, à tout prix, lui mettre la main dans la culotte.

A Barnaoul, pendant que mes compagnons assistaient à leur réunion, j'étais allé au marché pour vendre le seau de beurre que j'avais apporté avec moi : ici il valait le double de son prix à Slavgorod. J'avais trouvé des enveloppes à trois kopecks pièce : à Slavgorod elles étaient introuvables et pouvaient être vendues un rouble – si, à l'intérieur de l'URSS, on correspondait avec des lettres pliées en triangle, il était obligatoire d'utiliser de vraies enveloppes pour la correspondance vers l'étranger. J'en avais acheté cent et avais regretté par la suite de ne pas en avoir pris dix fois plus.

Nous avions dormi, mon père et moi, chez un couple de Juifs polonais. C'étaient les propriétaires de l'hôtel à Druzgieniki, en Pologne, dans lequel avait été célébré le mariage de mes parents.

J'étais admiratif devant l'aspect « grande ville » de Barnaoul : ses maisons à étages, son grand cinéma avec deux salles « Bleue » et « Rose » dont je connaissais l'existence par la *Altaïskaïa Pravda* qui nous parvenait à Slavgorod, ainsi que quelques chaussées goudronnées.

Plus tard, en poste à la Berd, j'avais séjourné plusieurs fois dans cette ville. Il m'avait semblé, alors, que jamais de ma vie je n'avais vu un trou plus perdu.

Nous étions rentrés à Slavgorod avec le même camion qui nous y avait emmenés. Cette manière de voyager me paraissait tout à fait naturelle. En 1957, déjà à Supélec, je devais effectuer, avec d'autres étudiants, un stage à EDF dans le Massif central. Cela débutait par la visite des centrales hydroélectriques de la vallée de la Dordogne. J'avais dit à un de mes camarades : « je suppose qu'on va voyager en camion ? » L'autre m'avait regardé d'une manière incrédule et m'avait répondu : « mais non Joseph, en France on fait voyager les gens dans des cars ». C'était un bon copain, mais il était évident que, pour lui, j'avais encore beaucoup de chemin à faire avant de m'habituer à vivre dans un pays civilisé !

Pendant quelque temps, nous avions eu un locataire, Julius Margolin, un philosophe juif récemment libéré du Goulag. Il dormait, comme tous les invités de passage, sur la table. Mon père et lui avaient des discussions orageuses : Margolin était « révisionniste », au sens sioniste du terme, c'est-à-dire partisan de la fraction fascisante du sionisme, ayant donné plus tard naissance au Likoud, tandis que mon père inclinait pour les sionistes généraux, tendance plutôt libérale. Aujourd'hui, je trouve touchant de voir ces deux juifs, tous deux anciens *zeks*, au fin fond de la Sibérie qu'ils n'avaient alors pas la moindre chance de quitter, se querellant au sujet du futur régime politique d'un problématique état juif en Palestine !

J'étais maintenant en 6ème.

Un soir d'hiver nous étions allés avec Vova, le fils de Maria Ivanovna, au cinéma. A la fin du film, nous nous étions aperçus que la salle était entourée par des militaires. C'était une rafle. Parmi les soldats qui nous encerclaient j'avais reconnu un ancien soupirant de la jeune Pouliarevitch chez qui j'avais vécu pendant que mes parents étaient à Altaïlag. J'avais essayé de me faire rappeler à son souvenir – il avait fait semblant ne pas me reconnaître. On avait séparé les garçons des filles, en laissant ces dernières repartir. Toujours sous escorte, les garçons avaient été emmenés dans une direction inconnue. A un moment, je m'étais jeté derrière un tas de neige. Personne ne m'avait vu. Après la disparition de toute la troupe, j'avais pu rentrer à la maison. Vova avait été récupéré, le lendemain, contre une amende – on n'avait jamais su le bien-fondé de celle-ci. Les plus âgés avaient été gardés et enrôlés, d'office, au travail obligatoire à Barnaoul.

Dans la ville il n'y avait pas de bibliothèque, mais une salle de lecture où l'on pouvait lire les livres sur place. J'étais bien vu de la jeune femme responsable car j'étais un lecteur assidu, en particulier, des romans de Jules Verne. J'étais fasciné par les dessins de Férat (les gravures par Barbant étaient reproduites telles quelles) non pas à cause des scènes qu'ils évoquaient, mais à cause du confort douillet qui se dégageait de la représentation d'un salon du *Nautilus* ou de l'aménagement intérieur de l'obus dans *De la Terre à la Lune* , avec un fauteuil capitonné. Cela me rappelait le monde d'avant la guerre. Ce monde me paraissait lointain et irréel, mais aussi le seul où la vraie vie était possible !

La responsable de notre classe était la prof de physique. Elle nous avait annoncé qu'en vue de développer notre conscience politique, chaque semaine, un des élèves devrait faire un exposé. Ce fut à moi qu'incomba l'honneur d'ouvrir le feu. Le sujet était : « l'armée Rouge ». J'étais allé voir ma bibliothécaire. Elle m'avait préparé un ensemble d'ouvrages sur le sujet. A ma grande joie, dans une vieille brochure, j'avais trouvé la phrase « la glorieuse armée Rouge, sous la conduite de Vasiliï Konstantinovitch Blücher, avait repoussé l'armée

Blanche jusqu'à l'océan Pacifique ». Je savais que Blücher avait été un « traître », car son portrait figurait parmi ceux qui étaient rayés dans mon livre d'histoire en deuxième classe. « Couvert » par cette mention dans une brochure officielle, j'avais mis la phrase telle quelle dans mon exposé. Quand j'avais terminé ma prestation, Nastia, la fille de la prof de physique, s'était levée et avait posé, perfidement, la question que j'attendais :

- Nous savons que Blücher a été un traître, alors pourquoi Iouzik en parle comme d'un héros ?

Ma réponse fut :

- Bien sûr c'était un traître, mais, avant de le devenir, il avait rendu de grands services au pays.

Les élèves s'étaient tournés vers la prof pour attendre sa réaction. Elle avait dit « Iouzik a raison. » Je regrette maintenant cet incident. Pour me rendre intéressant, j'avais mis en danger la liberté et peut-être la vie de deux personnes : la bibliothécaire et la prof de physique. Le devoir de la première était de « nettoyer » son établissement de la « propagande contre-révolutionnaire », la deuxième n'aurait jamais dû approuver mes raisonnements et aurait pu être poursuivie pour avoir laissé se développer une propagande nuisible qui déviait les enfants du droit chemin. Heureusement, personne ne les avait dénoncées.

L'armée Rouge avançait à toute allure. Quand l'Allemagne avait été atteinte, une pluie de colis s'était abattue sur la ville. C'était le fruit des pillages des soldats. On pouvait, alors, voir des scènes extraordinaires : un jeune homme en chapeau haut de forme, pieds nus, en maillot de corps, avec une dizaine de montres sur un bras tatoué ; une femme en chemise de nuit transparente, pensant porter une robe d'été…

Cette abondance des marchandises eut pour nous une conséquence tragique. Les colis que nous recevions contenaient des produits robustes, destinés à un pays en pénurie. Ils étaient brusquement devenus non compétitifs. Notre situation s'était détériorée. Heureusement, mon père s'était trouvé une occupation secondaire assez lucrative. Presque tout le monde dans la ville avait quelqu'un de sa famille au goulag. Les délits pouvaient être les plus incroyables : un retard au travail, considéré comme sabotage, pouvait valoir dix ans (de goulag s'entend), en fonction de la quantité de nouveaux *zeks* exigée par le plan. Mon père, qui avait été libéré après avoir passé «seulement » deux ans au camp, était donc quelqu'un qui « savait y faire ». Comme en plus il était juriste, il avait eu une clientèle de gens voulant intervenir en faveur de leurs proches. Il écrivait pour eux des demandes de grâce à l'attention de Kalinine, le président du Soviet suprême. Dans quelques cas, des *zeks* avaient effectivement été libérés. Je ne saurai jamais si c'était dû à l'entremise de mon père.

Quelquefois, la ville était traversée par des colonnes de prisonniers au teint basané, coiffés de grands bonnets en fourrure. C'étaient les Tchétchènes que Staline avait ordonné de déporter pour collaboration avec les Allemands – cause des événements qui allaient secouer la Russie cinquante ans plus tard. On disait qu'ils mouraient comme des mouches.

Le neuf mai au matin, Тайка Косоротая (« Taïka Bouche de Travers » – elle avait un bec-de-lièvre), arriva en courant. Elle vociférait : « мир, мир ! » (paix, paix !). La guerre était finie.

12. LE RETOUR

L'Union des patriotes polonais de Wanda Wasilewska avait obtenu de la part de Staline le rapatriement « des Polonais et des Juifs » anciennement citoyens polonais.[28] Cette énumération était probablement destinée à interdire cette possibilité aux Ukrainiens et aux Biélorusses des territoires repris à la Pologne. Je dois dire que, en ce temps-là, je me considérais comme Polonais et avais hâte de rentrer dans « ma » patrie, que j'imaginais être celle d'avant la guerre. La différenciation entre Juifs et Polonais ne choquait personne. Les Juifs étaient considérés en Union soviétique comme une nationalité, notion différente de celle de citoyenneté.

Les préparatifs avaient commencé. Suivant les bonnes traditions soviétiques, il y avait eu une soirée solennelle, au théâtre de la ville, avec les allocutions du maire et du représentant local de l'Union des patriotes polonais, Amsterdamski (un Juif de Varsovie.) J'avais récité le poème écrit, pour l'occasion, par ma grand-mère :

Мы славный город оставляем
На родину мы уезжаем.
Так много было пережито
Так много помнится и много позабыто:
То время горькое когда
Фашистский враг напал,
Минуты радости когда он пал.
Всё к чему время прикасалось
Всё в нашем сердце оставалось
И внуки наши здесь не из последних были,
С подружками, друзиями всегда в согласии жили;
Привыкли трудовою жизнию жить
А не баклуши бить.
Прильгнул ты славный город нас к себе
И долго будем думать о тебе.
Твои конфетки и лепёшки,

[28]Wanda Wasilewska elle-même n'était pas rentrée en Pologne. Elle était restée en URSS où elle avait épousé l'écrivain ukrainien Alesandro Korniitchouk. Un bruit, jamais confirmé réellement, disait qu'elle avait été la maîtresse de Staline.

И балалайки и гармошки,
Всё близко стало нам
Как искренним друзьям
Прощай же Славгород
Благодарим за всё сердечно
И память о тебе в нас будет вечно.

Ville célèbre nous quittons
Dans notre patrie nous revenons
Nous en gardons beaucoup de souvenirs
Les meilleurs comme les pires
De la guerre les années noires
Puis la joie de la victoire.
Tout ce que ces temps ont vu,
Notre cœur a retenu.
Nos enfants non plus ne nous ont pas déçus,
Avec leurs camarades très vite ils se sont plu.
Ils ont su toujours se rendre utiles
Et ne pas succomber à des appâts futiles ;
Ton accueil chaleureux nous a tous conquis
Et tel il restera toujours dans nos esprits ;
Tes pirojkis *les jours de fête,*
Balalaïkas et chansonnettes,
Qui sont devenus si familiers,
Longtemps encore vont nous manquer.
Adieu donc Slavgorod
Merci pour tout vraiment
Très cher tu resteras
Pour nous éternellement

« Ville célèbre » était un jeu de mots. *Slavnyï* veut dire en russe célèbre et *gorod* – ville, d'où Slavgorod.

Il y avait eu aussi un poème pour les Soloveïtchik. Je me souviens du premier et du dernier vers :

Сибирь суровая страна;
Туманы там, пурга;

Но чудо из чудес;
Живёт там Соловей и с ним Лигри подружка
Летите птенчики домой;
Где тихий веет ветерок;
Где тёплый ждёт вас уголок.

La Sibérie c'est du blizzard
Beaucoup de neige et du brouillard
Mais un miracle fit
Qu'y vit le rossignol
Et son amie Ligri
Volez chez vous petits oiseaux
L'air calme vous y accueillera
Et votre foyer vous réchauffera

Encore un jeu de mots : *soloveï* « соловей » veut dire en russe rossignol et Ligri est un raccourci pour **Li**na **Gri**gorievna que nous utilisions dans notre famille.

J'avais eu pour mission de préparer des mots d'ordre sur des grandes affiches qui allaient être collées sur les wagons qui nous ramèneraient en Pologne. La liste m'en avait été donnée :

- *NOUS REMERCIONS LE PAYS DES SOVIETS POUR SON HOSPITALITE ;*
- *VIVE L'AMITIE POLONO – SOVIETIQUE ;*
- *LONGUE VIE AU CAMARADE STALINE ;*

Etc.

Maria Ivanovna avait un soupirant qui voulait l'épouser. Ce n'était pas étonnant. Malgré ses deux enfants, elle était un excellent parti. Il était directeur d'une petite entreprise. Il nous a procuré une charrette à cheval pour nous emmener au train. Comme à l'aller, cinq ans plus tôt, c'était un convoi de wagons de marchandises avec des rayonnages en bois pour le couchage. Seule différence : il y avait un petit poêle en fonte au milieu, car on était en avril et il faisait encore froid ; la porte n'était plus fermée de l'extérieur.

Si à l'aller le voyage a duré « à peine » douze jours, cette fois-ci, nous avons mis un mois pour parcourir à peu près la même distance dans l'autre sens : notre train n'était pas prioritaire et nous restions des journées entières dans les gares pour laisser passer des convois militaires allant vers l'ouest ou en revenant – le transsibérien était à une seule voie sur une grande partie.

J'ai parlé de l'excellente atmosphère qui régnait entre les différentes communautés pendant le voyage vers la Sibérie. A présent ce n'était plus du tout le cas. Nous étions bien dans le même wagon, mais plus du tout dans le même bateau. Nous rentrions en Pologne et les Polonais étaient bien décidés à ne pas laisser les Juifs s'y installer comme chez eux. On pouvait entendre « vous ne croyez tout de même pas que vous allez reprendre le commerce entre vos mains », etc.

En allant vers l'ouest, nous commencions à croiser les convois de prisonniers de guerre allemands qui eux allaient vers l'est. Une madame Eisenmann, qui voyageait dans notre wagon, avait demandé à un soldat qui gardait un de ces convois la permission de gifler un Allemand. Bien entendu, elle avait essuyé un refus. Mes parents étaient indignés à l'idée que l'on puisse vouloir maltraiter un prisonnier de guerre.

Nous avions un poêle dans le wagon, mais pas de charbon. Aux stations, les enfants allaient en chaparder. Nous étions en haut d'une plate-forme de trois mètres, quand la milice était arrivée. Nous avions sauté. Une de mes dents s'était cassée – elle l'est encore aujourd'hui.

Nous avions traversé la frontière à Brest Litovsk après avoir changé de train – l'écartement des voies russes n'est pas le même que dans le reste de l'Europe. Mon père était extrêmement ému. Qui allions-nous revoir de notre famille ? La nuit il récitait des prières. Je l'ai entendu pleurer. Nous savions qu'en Pologne il s'était passé quelque chose de terrible, mais nous n'étions pas au courant de la Shoah. Nous avions pourtant reçu une lettre de la cousine de mon père, Ita Kowalska – celle qui était communiste et qui voudrait aujourd'hui que l'on récupère l'immeuble de place Grzybowski. Elle ne disait rien au sujet du sort de notre famille. Lors de la première contre-offensive de l'armée Rouge, en hiver 42, il y avait bien eu, dans la presse, quelques récits de Juifs rescapés des abattages en groupe. J'avais été frappé, en particulier, par celui d'un médecin qui avait pu survivre dans un camion-chambre à gaz (les Allemands employaient ces dispositifs en

Ukraine avant de mettre au point la méthode d'assassinats industriels comme à Auschwitz ou à Tręblinka) en se couvrant le nez avec un mouchoir imbibé d'urine, puis faisant le mort pour s'extraire de l'amas de cadavres, à la nuit tombante. Après, il semble que le mot d'ordre ait été d'étouffer tout cela et d'assimiler le sort des Juifs, sous l'Occupation à celui des autres Soviétiques. A ma connaissance, le premier à rompre ce silence avait été le poète Evtouchenko avec son poème *Babiï Yar* où il décrit l'annihilation de la population juive de Kiev avec l'aide de la population locale. Il y avait eu aussi le magnifique roman de Vassili Grossman *Жизнь и Судьба* (Vie et Destin), comparable à *Guerre et Paix* de Tolstoï, avec la célèbre lettre d'Anna Semionovna (la mère de l'auteur), dont une représentation théâtrale avait été donnée plusieurs fois sur les scènes parisiennes. Elle décrit, d'une manière sobre et poignante, la destruction par les Allemands de toute la communauté juive de Berditchev, aussi en Ukraine. Le manuscrit du livre avait été « confisqué » par le KGB et n'avait pu être édité qu'à l'étranger, grâce au physicien Sakharov qui avait réussi à faire passer à l'Ouest le microfilm de l'ouvrage. Une scène du film *La Commissaire*, tourné en 1945, inspiré d'une nouvelle du même Grossman, raconte bien la marche vers la mort des Juifs de Berditchev, mais il avait été interdit de projection – j'ai pu le voir à Paris en 2003. Un autre film *Les Indomptés* de Marc Donskoï, qui parle de Babiï Ïar, avait subi le même sort.

C'était la Pâque. Mon père avait cuit, sur notre poêle, du pain azyme. En passant près du wagon, j'avais entendu des jeunes garçons dire :

- Patrz, Zydy macę jedzą, to ich Wielkanoc (tiens, les youpins mangent de la *matza*, c'est leur Pâque).

J'avais quitté la Russie en tant que Polonais, je rentrais en Pologne en tant que Juif.

Kamiński m'avait raconté qu'il lui était arrivé la même mésaventure. Rentré individuellement, dans un train de voyageurs normal, il avait traversé la frontière à pied et attendait à la gare le train pour Łódź. Grand, blond aux yeux bleus, il n'attirait pas l'attention. Passèrent deux hommes au physique juif prononcé. Il entendit :

- Gazowało się ich, paliło a, taraz, jak pluskwy ze wszystkich szpar wyłażą,. (on les a gazés, brûlés et, là, ils ressortent de partout comme des punaises).

Le convoi s'était arrêté, pour quelques heures, dans une petite ville dont j'ai oublié le nom. J'en avais profité pour faire une promenade. Dans les vitrines des échoppes misérables j'avais vu des cirages pour chaussures, des boîtes rondes de fromage style Vache qui rit. Exactement comme ce dont je me souvenais d'avant la guerre : c'était un retour de sept années dans le temps. Ce n'étaient pas seulement les larmes que j'eus aux yeux, je pleurais carrément d'émotion.
J'avais rencontré un garçon de mon âge. Nous avions engagé une conversation. Je commençai à lui raconter mon histoire. Brusquement il me demanda :

- Au fait, es tu polonais ?

Trouvant la question tout à fait saugrenue, j'avais répondu :

- Bien sûr, que veux-tu que je sois d'autre ?

En décrivant maintenant cet épisode je compris le vrai sens de sa question. Il voulait dire :

- Ne serais-tu pas Juif par hasard ?

13. LA POLOGNE

En débutant ces souvenirs, je projetais d'aller au moins jusqu'à la fin de ma vie active. Je m'aperçois, maintenant, de la difficulté que cela représente : ce que je viens de décrire me paraît tout à fait irréel, comme si cela était arrivé à quelqu'un d'autre. Tout ce qui s'est passé par la suite, sans être banal, semble explicable, rationnel. Les deux parties de mon existence sont difficilement juxtaposables. Je ne suis pas le seul dans ce cas : mon beau-frère Israël, qui a effectué un travail analogue et pour qui la période de la guerre a été l'horreur même (il avait été pourchassé comme un lapin par les SS et par les bandits ukrainiens du groupe Bandera dans les forêts ukrainiennes et ne dut son salut qu'aux paysans tchèques qui l'avaient caché, par la suite, jusqu'à la fin de l'Occupation allemande, avait décidé d'arrêter son récit à son retour en Pologne. De même Georges Perec, dans *W. Souvenirs d'Enfance*, s'arrête à la fin de la guerre, or il n'avait, alors, que neuf ans et aurait donc pu continuer.

Je vais donc résumer les faits que je trouve marquants pour que ceux qui ne sont pas familiers avec mon histoire ne soient pas dépaysés par plusieurs allers-retours dont j'ai un peu abusé dans ce récit.

Nous avions d'abord été dirigés sur Lódź où nous avions été pris en charge par l'organisation juive s'occupant des rapatriés de Russie. Nous couchions dans un immense dortoir, mais la propreté était satisfaisante et la nourriture relativement abondante. Kamiński était déjà de retour et nous l'avions visité, dans le splendide appartement de ses parents (ils avaient eu la vie sauve en étant cachés pendant toute l'Occupation par leur associé allemand) jouxtant leur fabrique de textile, maintenant nationalisée. Ils s'apprêtaient à partir – ses parents pour l'Angleterre et lui-même pour la France. Il était question qu'ils nous cèdent leur appartement. Néanmoins, Lolek Prywes, mari de Mala avec qui nous avions été à Otwock au commencement de la guerre et que nous avions très vite retrouvé, avait insisté pour que nous revenions à Varsovie. Il avait été interné à Auschwitz en tant que non-Juif et avait pu échapper ainsi à la chambre à gaz. Mala et leur enfant avaient été pris dans une rafle dans le ghetto. Ils se trouvaient déjà dans le convoi à destination de Tręblinka quand il l'avait appris. Il avait pu prendre contact avec les SS en leur promettant une fortune contre leur libération. Ils avaient ouvert les portes de tous les wagons en criant : « Prywes » ; il n'y avait pas eu de réponse. Il avait emménagé avec sa nouvelle femme Ludka dans l'une des deux pièces de leur appartement et nous nous étions installés tous les cinq dans l'autre. Je ne me souviens pas qu'il ne se soit jamais attardé sur ce qui s'était passé pendant la guerre, sauf un jour où, très ému, il s'était écrié :

- Pensez-vous que, si je vis avec Ludka, je ne pense pas à chaque instant du jour et de la nuit à ma femme et à mon enfant ?

La découverte de ce qui s'était passé en Pologne occupée avait été un choc brutal. J'ai déjà dit plus haut que nous connaissions des parcelles des événements, mais nous n'avions pu imaginer toute l'horreur de la Shoah : je ne me souviens pas, par exemple, que nous ayons été au courant des camps d'extermination[29]. Mon père passait ses journées à chercher à découvrir le sort des différents membres de la famille et était effondré. Il m'avait dit : « la mort des parents est toujours un événement terrible, pourtant, il est normal qu'ils meurent avant leurs enfants et il faut l'accepter, mais pourquoi mon frère et ma sœur qui étaient plus jeunes que moi ? ! » Les quelques lignes que je leur consacre ici sont la seule trace de leur passage sur cette terre.

Après l'occupation de Vilno par les Allemands, mon oncle avait rejoint Varsovie. Je n'ai aucune indication sur les circonstances de ce voyage, mais j'imagine qu'il était clandestin et qu'il avait failli, plusieurs fois, être arrêté par les Allemands. Il avait été au ghetto avec mes grands-parents et ma tante. Il devait franchir le mur avec elle pour se cacher du côté « aryen ». Tous les deux, probablement sur dénonciation, avaient été arrêtés la veille de leur départ, déportés vers Treblinka et immédiatement assassinés dans la chambre à gaz. S'il s'était trouvé dans notre appartement à Vilno quand les NKVDistes y étaient entrés, il aurait été aussi déporté et aurait eu les mêmes chances que nous de survivre. Mon grand-père avait pu se maintenir en vie jusqu'en 1944. Seule ma grand-mère « avait eu de la chance » : elle était morte, dans son lit, de typhus, en 1943, et avait été enterrée

[29]Dans les récits de libération des camps d'extermination par l'armée Rouge, faits par la presse soviétique de cette époque, le mot « Juif » n'est pas mentionné.

au cimetière juif de Varsovie. Mon père avait pu lui faire ériger une pierre tombale.

J'ai retrouvé une carte postale de tante Doda écrite à sa cousine Dacha Lesser de Łódź.
Sa traduction :

Varsovie, le 9 octobre 1941

Mes chers amis,

Cela fait un bout de temps que je ne vous avais pas écrit. J'ai eu beaucoup d'embêtements. Avez-vous des nouvelles de votre Jakub ? Y a-t-il un moyen de lui transmettre quelque chose ? Ecrivez-le-moi s'il vous plaît. Saviez-vous que nous devions déménager, de même que Paulinka ? Pour l'instant, ceci a été remis à plus tard. Bien que l'hiver dans notre vieil appartement ne soit pas très agréable, je préfère encore le passer ici plutôt que dans un endroit que je ne connais pas. Nous n'avons aucune nouvelle des nôtres. Je perds mes esprits en pensant à eux. Qui sait où ils sont et ce qu'ils font ? Nous voyons souvent Eva et Moché, de même que Paulinka. Relativement moins, nos voisins immédiats. Ils ont très peu changé et leurs côtés désagréables n'ont fait que s'amplifier pendant la guerre. Mais ce n'est pas la peine de leur consacrer autant de place. Ne pensez surtout pas que je sois aigrie contre eux parce qu'ils n'ont pas voulu m'aider. Je ne leur ferai pas cet honneur. Assez parlé d'eux. Savez-vous que Felka habite avec sa mère ? Je pense que vous pouvez vous imaginer les torrents de larmes et la quantité de soupirs que les murs de notre vieille maison doivent supporter. Il est heureux encore que ces murs soient vieux et aient même survécu aux bombardements. Tante Ruchla ne va pas mal. Dania est une bonne fille et Aron un très bon beau-fils. Nous avons, quelquefois, des nouvelles de Fela, mais pas de Stefa. Je vous embrasse très fort. Soyez optimistes et tout ira bien.

Doda.

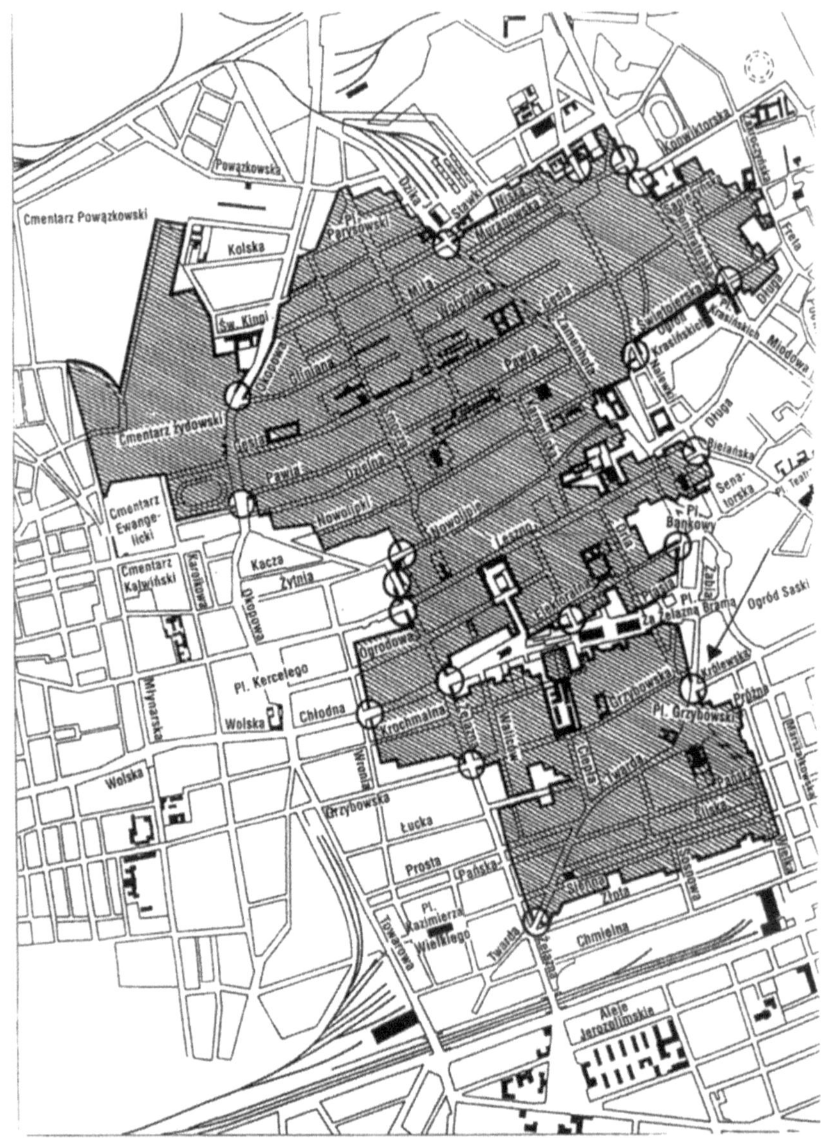

Ghetto de Varsovie

Cette carte avait été pour moi comme un message de l'au-delà. Elle avait été écrite un peu plus d'un an après notre départ de Varsovie et, déjà, que de changements ! Les derniers souvenirs que je garde de Doda sont ceux d'une jeune femme pleine de vie et joyeuse. Mon oncle était-il déjà avec eux au moment où elle écrit ? Elle savait peut-être par lui que les Soviétiques nous avaient déportés, mais ne pouvait savoir où nous étions car nous étions arrivés en Sibérie six jours après le début de la guerre et tous les ponts entre la Russie et la Pologne occupée étaient déjà coupés. Il est émouvant de penser qu'elle s'était fait des soucis à notre sujet quand son sort, beaucoup plus cruel que le nôtre, était déjà scellé. Il est probable que les quelques mots au sujet de tous les cousins et cousines sont, dans toute leur banalité, les dernières nouvelles les concernant : deux ans plus tard, tous avaient été assassinés. Le déménagement dont elle parle a une explication : sur le plan du ghetto de Varsovie ci-contre, on voit que la place Grzybowski n'en faisait pas partie et les Juifs qui y habitaient étaient tenus de se trouver des logements à l'intérieur du ghetto.
Je ne sais pas qui sont les voisins dont elle se plaint. Ceci me rappelle, néanmoins, les paroles d'un monsieur que nous avions rencontré avec mon père, peu après notre retour à Varsovie :

- On a vu de tout ici pendant ces années – des enfants qui poussaient leurs parents dans les wagons à leur place et d'autres qui montaient dans les wagons à la place de leurs parents.

Les détails de la carte elle-même sont aussi significatifs. Toutes les inscriptions pré-imprimées, y compris sur le timbre, où la Pologne est désignée par *Generalgouvernement*, sont en allemand. Pour les Allemands la langue polonaise n'avait plus d'existence officielle. Lódź, qu'ils avaient annexée au Reich, s'appelait dorénavant Litzmannstadt.

En août 1999 j'avais visité Auschwitz. J'avais la gorge serrée et les larmes aux yeux. J'étais quand même arrivé à poser deux questions à la guide polonaise :

- Y a-t-il des Allemands qui visitent le camp ?
- Oui, beaucoup.

- Avez-vous rencontré des négationnistes ?
- ? ?
- Ce sont les gens qui nient l'existence des chambres à gaz.
- Tous les visiteurs, que j'ai rencontrés, se sont toujours conduits avec le recueillement qui sied à cet endroit.

Après avoir visité les baraquements du camp, la guide nous avait emmené à la périphérie de celui-ci :

- Vous voyez, là-bas au loin, il y avait le camp Auschwitz-Birkenau C'est là que se trouvaient les chambres à gaz où des millions de Juifs ont été assassinés ainsi que les fours crématoires où les cadavres étaient brûlés. Avant de partir, les Allemands les ont fait sauter et il n'en reste plus aucune trace.

A la sortie, j'avais acheté, à la librairie, le livre : *Auschwitz vu par les SS*. Il contient, en particulier, les mémoires de Rudolf Höss, le commandant du camp de 1940 à 1943. Il raconte, avec une franchise étonnante, la froide mécanique mise en place pour détruire des millions de vies humaines. On peut lire, entre les lignes, le but recherché : « voici les faits tels qu'ils ont été, mais que voulez-vous, je faisais partie d'un système, accomplissais un travail extrêmement pénible (mes camarades me disaient, d'ailleurs, ne pas m'envier) en essayant de le faire le plus proprement possible ; chez moi, contrairement à ce qui a pu se passer ailleurs, il n'y a jamais eu de cas où les gens n'étaient pas complètement morts dans la chambre à gaz ». Pourtant il n'arrive pas à cacher le mépris qu'il éprouvait pour ses victimes : ce membre du *sonder kommando* qui continua à charger dans le four les cadavres après avoir découvert parmi eux sa propre femme ; ces prisonniers de guerre russes qui, privés de nourriture, mangeaient la chair des cadavres de leurs camarades et, parfois même, les tuaient ; ces Juifs qui avaient introduit la pagaille dans la mécanique bien huilée du camp en corrompant les SS pour acheter quelques avantages, voire tout simplement leur vie. Et cet épisode à se tordre de rire : une jeune femme qui ne se doute de rien et laisse, en souriant, jouer ses deux enfants avant de se diriger avec eux vers la chambre à gaz.

Je m'étais aperçu que je connaissais déjà son histoire d'après le film *Le choix de Sophie* avec Merryl Streep. Après l'avoir vu, je m'étais dit que l'auteur avait poussé un peu trop loin. Eh bien, non ! A quelques centaines de mètres des fours crématoires, il y avait bien une villa avec un jardin paradisiaque, dans le genre de celui de mon grand-père à Vilno, où jouaient les enfants Höss qui regrettaient Dachau parce que, là-bas, il y avait une piscine. Madame Höss était très heureuse d'y vivre, elle disait qu'elle aurait aimé y rester jusqu'à la fin de ses jours. Les fillettes Höss étaient habillées avec des vêtements que l'on avait dérobés aux petites filles juives du même âge qu'elles, après les avoir envoyées au four.

L'on s'indigne de la cruauté des Allemands qui assassinaient même des petits enfants. C'était, pourtant, absolument indispensable pour mener à terme la « solution finale » : ces enfants étaient l'avenir du peuple juif.

Höss avait été pendu sur le gibet mis en place par les Allemands sur la place centrale du camp d'Auschwitz. Il ne s'attendait pas à autre chose. Je n'arrive pas à m'empêcher de penser à sa femme et à ses enfants. Il est possible qu'ils vivent encore. Quand ils avaient quitté Auschwitz, en 1943, ils avaient emmené quatre wagons de biens pillés – il aurait été ridicule de ne pas utiliser ce qui avait appartenu aux gens qui, de toute manière, étaient déjà assassinés. Peut-être dorment-ils aujourd'hui dans les draps datant de cette période. Comment ses enfants assument-ils une telle hérédité ? Défendent-ils leur père comme ceux d'Eichmann ? Dans ce cas, ce sont des monstres comme lui. Seront-ils malheureux jusqu'à la fin de leur vie, en pensant porter le poids des crimes de leur propre père ? Ce serait peut-être cela sa punition.

Comme je le disais dans ma lettre au *Monde* au début de ce livre, presque tous les membres des familles Kirszenberg et Prywes avaient été assassinés. Seuls étaient restés vivants ceux qui, comme nous, avaient passé la guerre en Russie, ou qui, avant ou pendant la guerre, avaient pu émigrer en Palestine, aux USA, en Amérique du Sud, en France et, même en Chine. En Pologne même, les seuls survivants parmi les Prywes et les Kirszenberg avaient été :

- Lolek Prywes dont j'ai déjà parlé.
- Icio Lezer. Je ne sais pas quel est notre degré de parenté. Il était aussi dans un camp et devait aller au four le lendemain du jour où il avait été libéré par les Russes. Il était très pratiquant et l'est resté. Lolek n'avait jamais pu comprendre comment il pouvait continuer à croire en Dieu après ce qu'il avait vécu.
- Hela Lewkowicz, petite-fille de Nathan Kirszenberg, le frère de mon grand-père, avec sa fille Irène. Celle-ci se souvient encore (elle avait alors quatre ans) de sa mère soulevant, par en bas, le couvercle du puits de canalisation en fuyant le ghetto. Irène avait été cachée dans un couvent et Hela, blonde aux yeux bleus, avait pu travailler comme bonne jusqu'à la Libération, sans dévoiler son identité. Elle est morte après la guerre à Paris. Sa tombe se trouve au cimetière juif de Bagneux, voisine de celle de la chanteuse Barbara.

Je n'ai trouvé nulle trace de Stefa et Jurek Araten, mes camarades de Varsovie en 1940. Encore aujourd'hui, il m'arrive de les imaginer montant dans les wagons qui vont les conduire à la chambre à gaz.

Sur le laissez-passer qui nous avait permis de quitter la Pologne, l'on peut voir, en bas, en dessous de la croix gammée nazie, le sceau de la police des frontières allemande et, au-dessus, celui de son homologue lituanienne, les deux datés du 3 juillet 1940, jour de notre sortie d'Allemagne. Avant que les deux fonctionnaires n'apposent leurs tampons nous étions, nous aussi, voués à la mort. Un instant après, nous avions droit à la vie.

Mais, tout cela c'était du passé : la guerre était bien finie et la parenthèse de Slavgorod fermée. Je n'ai aucun souvenir des inconvénients de la promiscuité de la vie à cinq dans une seule pièce de l'appartement de Lolek – nous en avions l'habitude depuis la rue Kollontaï. En revanche, l'électricité, le gaz, la salle de bains avec une baignoire, l'eau chaude et froide, les toilettes avec la chasse d'eau, la cuisine séparée, l'entrée de la maison donnant sur un trottoir pavé et sur une chaussée asphaltée, me procuraient des ailes : brusquement, je m'étais retrouvé au paradis.

Comme la situation matérielle de mes parents n'était pas florissante, nous nous étions retrouvés, ma sœur et moi, dans une maison d'enfants juifs à Sródborów, à côté du même Otwock où nous étions au début de la guerre. Son financement était assuré par les fonds de l'organisme juif *American Joint Distribution Committee*. Mon meilleur ami s'appelait Edek Szulman. Etant donné le manque de place, pendant quelque temps nous dormions avec lui, en quinconce, dans le même lit.

Notre directeur était communiste. Ceci ne l'a pas empêché d'émigrer par la suite en Israël, et cela après l'avoir interdit, pendant plusieurs années, aux enfants dont il avait la charge. Il était féru de la méthode d'éducation d'un Soviétique, Makarenko, qui l'avait exposée dans son livre *Le Poème pédagogique* parlant, il est vrai, de l'éducation de jeunes délinquants : dès leur plus jeune âge, les enfants devraient être préparés à une vie consacrée au travail pour le bien de la société. Il y avait donc un cercle agricole. Le comité juif était tout content d'investir dans une si noble cause tout à fait dans la ligne du Parti, d'autant plus que ses édiles venaient passer chez nous les week-ends et tous les produits de notre cercle étaient alors à leur disposition. J'étais responsable de plusieurs choses (je ne me souviens pas si c'était successivement ou simultanément) :

- Les vaches : une d'elles était tombée malade et, sur indication du vétérinaire, je lui prenais tous les jours la température avec un long thermomètre que je lui enfonçais dans l'anus en ayant toutes les peines du monde à l'empêcher de me salir le visage avec les mouvements de sa queue ;
- Les poulets : j'en avais reçu une centaine que je gardais dans un petit enclos fait avec des lits de camp de l'armée américaine. Je les avais trouvés tous morts à cause d'une épidémie.
- Les abeilles : il y avait plusieurs ruches. Une fille s'était fait piquer par l'une d'elles à un doigt portant une bague. Celui-ci s'était mis à enfler. Par bonheur, quelqu'un avait réussi à scier l'anneau. Un essaim avait abandonné sa ruche. J'avais essayé, en vain, d'y implanter un œuf de reine prélevé dans une autre – la « greffe » n'avait jamais pris.

Ainsi, le brave Makarenko avait oublié que l'enthousiasme, fût-il socialiste, ne suffisait pas à combler le manque de savoir et d'expérience, c'est-à-dire de compétence. L'échec des économies des pays socialistes est sûrement dû, en grande partie, à la méconnaissance de ce principe.

Le soir, des dirigeants communistes de la ville venaient nous rendre visite, sur invitation du directeur. Il y avait eu des élections au Parlement. Le président du bureau de vote se vantait, devant nous, d'avoir bourré l'urne avec des bulletins favorables aux candidats du parti communiste.

En automne commençait l'école. Pour savoir dans quelle classe on allait être admis, il fallait passer un examen. Le sujet de la dissertation polonaise était : « Le plus bel automne de ma vie ». La mienne commençait par : « Le plus bel automne dans ma vie est celui où j'ai pu, de nouveau, aller à l'école polonaise ... ». Malgré de nombreux russismes, j'avais eu une très bonne note et fus admis dans une classe qui ne me faisait pas perdre d'années.

Tous les matins, une camionnette emmenait à l'école les enfants de notre maison. Je ne me souviens pas de manifestations d'antisémitisme de la part des autres élèves à notre égard. Il est vrai que nous étions nombreux et constituions, par conséquent, une force. D'autre part, nous avions à notre disposition des surveillantes très qualifiées qui nous aidaient à faire nos devoirs et nous étions donc, en général, de bons élèves, respectés en tant que tels, d'autant plus que nous venions souvent en aide à nos autres camarades.

Peu après le début de l'année scolaire, le lycée a déménagé dans les magnifiques locaux du casino municipal (un pays en voie de devenir socialiste n'avait pas besoin de ces futilités bourgeoises !), celui-là même où j'avais vu, avant la guerre, *Blanche Neige et les sept nains*.

J'ai gardé beaucoup d'amis de ce passage dans la maison d'enfants. Ils se sont dispersés à travers le monde : en Israël, au Canada, aux Etats-Unis, en France.

En été 1947, je m'étais retrouvé dans une colonie de vacances du côté de Gdańsk. Il y avait là un petit groupe de jeunes d'un mouvement sioniste, dont le chef s'appelait Marek Halter. Il dirigeait ses ouailles d'une main de fer : tous les matins, au lever, ils se mettaient en rang, au garde-à-vous pour chanter l'hymne de leur organisation. Il y avait aussi Edek Szulman, mon ami de la maison d'enfants.

Les souvenirs que je garde de cette période sont très agréables : la Sibérie était déjà oubliée. Ma rédaction polonaise n'était pas une ruse pour me faire bien voir, j'étais vraiment content d'être revenu en Pologne. Je ne savais pas quel serait mon avenir, mais j'étais sûr qu'il serait radieux.

Mon père s'était réinscrit au barreau de Varsovie. Au bout d'un an, nous avions pu rejoindre nos parents dans le petit appartement qu'ils occupaient, rue Mała, dans le faubourg de Praga, sur la rive droite de la Vistule. Au moment où celui-ci avait été libéré par les Soviétiques, une insurrection avait été ordonnée au reste de la ville, sur la rive gauche, par le gouvernement polonais à Londres, non reconnu par Staline. Ne pouvant admettre un tel affront et pour bien montrer que, dorénavant, c'était lui le patron, ce dernier avait laissé les Allemands noyer cette révolte dans le sang. Ceux-ci avec leurs auxiliaires ukrainiens avaient détruit la plupart des immeubles aux lance-flammes. Quant au quartier juif, il avait été complètement rasé au moment de la révolte du ghetto. Il était donc plus facile de trouver un logement à Praga.

J'allais au lycée de garçons Reytan. Contrairement à Otwock, à Varsovie les lycées n'étaient pas mixtes. Dans ma classe il y avait encore un élève juif, Alik Wagner. Par un pur hasard je le connaissais déjà car il avait été dans la maison d'enfants, voisine de la nôtre, à Otwock. Il venait de rejoindre sa mère à Varsovie. C'était une vieille communiste. Elle travaillait à la police politique UB. Il affichait ses opinions et faisait très clairement comprendre que les communistes étaient maintenant en position de force et que leurs ennemis devaient être combattus par tous les moyens. Les autres garçons en avaient peur et j'essayais de prendre mes distances par rapport à lui.

Les cours à Reytan avaient lieu le matin. L'après-midi, les locaux étaient occupés par un lycée de filles. Comme la plupart de mes camarades, je correspondais, par l'intermédiaire du tiroir de mon banc, avec celle qui l'occupait après moi. Ces échanges avec une belle inconnue étaient très excitants. Jusqu'au jour où j'avais reçu la missive suivante :

Réunion sur les ruines du ghetto de Varsovie avec le mouvement

Hashomer Hatsaïr en 1946

2002 : des immeubles style HLM ont été élevés sur les ruines mêmes su ghetto.

« Je viens d'apprendre quelque chose à ton sujet et je ne veux plus que tu m'écrives. »

Je me suis dit qu'elle avait appris que j'étais juif. Je m'étais senti humilié.

Ainsi l'antisémitisme existait bel et bien. Il était différent de celui de Slavgorod qui avait été, en comparaison, bon enfant. Ceux qui étaient antisémites, – fort heureusement ils ne l'étaient pas tous – considéraient les Juifs comme un peuple à part, ennemi des « vrais » Polonais, voulant s'approprier les richesses du pays. Il s'y ajoutait la haine séculaire vis-à-vis des Russes : le fait que certains Juifs, comme la mère d'Alik, coopèrent avec eux, n'était qu'une preuve de plus de leur nature maléfique. Par réaction, je m'étais mis à afficher ostensiblement mon judaïsme : bien que non-croyant, j'observais le jeune du Yom Kippour, faisais partie du mouvement sioniste de gauche Hashomer Hatsaïr et portais, à l'école, tous les insignes qui étaient distribués lors des réunions des associations juives auxquelles je participais. La politique antisioniste allait être mise en place beaucoup plus tard et il y avait une multitude de mouvements de ce type. Hashomer Hatsaïr prônait un état binational en Palestine. Quelle serait la situation en Israël, aujourd'hui, si cette solution avait été retenue et appliquée?

La communauté juive était, alors, en pleine effervescence. La naissance de l'Etat d'Israël avait eu lieu avec la bénédiction de Staline pour qui les Etats arabes, sous influence américaine et britannique, étaient des suppôts de l'impérialisme. La guerre d'indépendance de 1948 avait été gagnée, en grande partie, grâce aux armes fournies par la Tchécoslovaquie. Les journaux prenaient nettement parti en annonçant triomphalement les victoires de la Haganah. J'avais été présent parmi la foule devant l'hôtel *Polonia*, siège provisoire de la nouvelle ambassade d'Israël, quand le drapeau avec l'étoile à six branches avait été déployé, pour la première fois, à son balcon. Cette même étoile qui, encore trois ans auparavant, sur les brassards des Juifs, les désignait comme des sous-hommes. C'était émouvant !

Je garde encore de très bons amis non-Juifs de Reytan. Nous nous rencontrons systématiquement lors de mes séjours en Pologne et des leurs, en France. Ils ont déjà logé chez moi et j'ai été souvent hébergé chez eux. Tous ont donné des preuves de ne pas être antisémites. Pourtant, dès qu'on touche un sujet ayant de près ou de loin un lien avec les Juifs, je sens à la fois une méfiance réciproque et une interprétation différente des faits : ils ne peuvent se défaire de l'idée que j'accuse les Polonais ne pas avoir fait assez pour aider les Juifs, voire d'avoir aidé les Allemands à les détruire, pendant l'Occupation, et moi, je ne peux m'empêcher de penser que, dans leur for intérieur, ils ne comprennent pas pourquoi ces Juifs insistent tellement pour prouver qu'ils ont enduré, pendant la guerre, des souffrances supérieures aux autres Polonais – eux aussi ont souffert. Aussi, le plus souvent, préférons-nous ne pas aborder ce problème.

La libération de la Pologne par l'armée Rouge avait été perçue, par une bonne partie de la population, comme une deuxième occupation tandis que, pour les Juifs, c'était le salut. Des bandes de NSZ (*Narodowe Siły Zbrojne* – Forces Armées Nationales) combattant le gouvernement d'obédience communiste, arrêtaient les trains, faisaient sortir les passagers juifs et les fusillaient.

Dès le passage de la frontière polonaise, nous avions appris qu'un pogrome venait d'avoir lieu dans la ville de Kielce avec des meurtres de Juifs par la population : l'Occupation allemande n'était pas loin et l'idée que les Juifs étaient hors la loi et qu'il était tout à fait normal de les tuer comme du gibier n'avait pas encore disparu des esprits. Cet événement avait eu deux conséquences :

- La majorité de la population juive avait eu peur et avait voulu, coûte que coûte, quitter le pays.
- Le gouvernement avait été complètement désorienté : le parti communiste, virtuellement au pouvoir, avait été plutôt *philosémite* : comme je l'avais dit au début de ces souvenirs, beaucoup de Juifs en faisaient partie déjà avant la guerre et avaient fait de la prison en même temps que leurs camarades Polonais de souche. Il y en avait donc un certain nombre parmi les nouveaux dirigeants, et même ceux qui ne l'étaient pas, avaient souvent des Juives pour épouses : la compagnie des jeunes filles, souvent des bonnes familles bourgeoises, cultivées et sensibles, ayant choisi le communisme par idéal, était beaucoup plus agréable que celle d'ouvrières polonaises aux mains calleuses.

Une décision avait donc été prise par le pouvoir: il fallait laisser les Juifs partir. Ceux qui étaient haut placés dans les arcanes du pouvoir avaient sûrement l'arrière-pensée qu'en faisant diminuer le nombre de Juifs dans le pays ils attireraient moins l'attention sur eux-mêmes. En quelques mois, des convois entiers avaient quitté la Pologne via la Tchécoslovaquie, sans aucun visa de sortie, en général pour Israël.

Avant la guerre il y avait en Pologne environ trois millions de Juifs. En Pologne même, une trentaine de milliers avait pu échapper à la Shoah. Il s'y était ajouté environ deux cent mille qui, comme nous, étaient revenus de Russie. Maintenant, il n'en restait qu'entre 20 et 30000, certains bien établis dans le nouveau régime et occupant des postes importants, en particulier dans la police politique UB (Urząd Bezpieczeństwa – Office de Sécurité) dont le chef s'appelait Jakób Berman, ce qui ne faisait qu'exacerber les sentiments antisémites de la population.

Nous ne nous sentions plus chez nous dans ce pays où, en plus, planait le souvenir de la Shoah. Après l'expérience de la Sibérie, le sentiment que la chape de plomb du socialisme allait bientôt se refermer n'était pas non plus réjouissant. Un accord tacite s'était établi progressivement entre mes parents, ma grand-mère, ma sœur et moi : il n'y avait ici pour nous aucun avenir et il n'était pas question de rester. Ma mère avait de lointains parents en Australie. Ils nous avaient fait parvenir des visas pour ce pays. Nous étions en 1948 et la Pologne n'était pas encore tout à fait soumise au régime totalitaire: il était possible d'obtenir un visa de sortie. Ainsi, en décembre 1948, avions-nous quitté, une fois de plus, Varsovie, cette fois-ci pour les antipodes, mais avec un transit par la France.

Le train passait par la Tchécoslovaquie et par les secteurs d'occupation occidentaux en Allemagne. Lors d'un arrêt, les femmes de ménage allemandes étaient montées dans les voitures. Elles décrivaient les terribles conditions matérielles dans lesquelles vivait la population. Ma mère leur avait donné quelques victuailles. Nous en apportions beaucoup car, d'après la presse polonaise, en France, il y avait une pénurie de tout.

14. LA FRANCE

L'état de ma grand-mère avait empiré pendant le voyage. Elle n'était pas en mesure d'en entreprendre un autre sur un bateau, aussi, avions-nous retardé, pour quelque temps, notre départ pour l'Australie. Nous habitions dans un hôtel au 10, avenue Emile Zola, dans le 15ème arrondissement de Paris, près du métro Javel, affrété par l'organisation juive Cojasor pour les familles fraîchement immigrées ou en transit.

Je connaissais la France par les livres de Zola, Jules Verne, Victor Hugo, Hector Mallet, Ilya Ehrenbourg, Erich Maria Remarque et autres. C'était, pour moi, le symbole de l'Occident. Je ne m'attendais pas à ce que l'Arc de triomphe soit aussi monumental. J'admirais la qualité des moyens de transport collectif : je voyais, pour la première fois, le métro. Les autobus parisiens « à plate-forme » n'avaient rien de commun avec les camions qui étaient encore utilisés à Varsovie malgré l'acquisition d'une quarantaine d'autocars Renault rouges. En traversant le pont Mirabeau, j'avais pris le 72 jusqu'à l'Hôtel de Ville et j'avais pu voir la tour Eiffel, le métro qui apparaissait d'on ne sait où sur le pont de Passy (aujourd'hui Bir Hakeim), le Trocadéro, la place de la Concorde, celle du Châtelet, Notre-Dame, la Chambre des Députés, la Conciergerie – j'étais dans un autre monde ! Pouvoir être assis au jardin du Luxembourg à l'endroit où, peut-être, Jean Valjean rencontrait Cosette, était miraculeux. Au Louvre, la *Victoire de Samothrace*, en haut de l'escalier, à l'entrée, avait l'air d'être là depuis l'éternité (je regrette que depuis le nouvel aménagement du musée avec les pyramides, cette sculpture ait perdu son rôle de maîtresse de maison). Je ne comprenais pourtant pas comment les rois de France pouvaient habiter, sans aucune intimité, ces interminables enfilades de pièces que tout le monde traversait. Les cinémas « permanents » avec leurs fauteuils confortables étaient d'un grand luxe, mais j'étais étonné par l'usage du pourboire aux ouvreuses. Varsovie m'avait impressionné, après la Sibérie, par son aspect urbain avec des rues asphaltées et les maisons alignées côte à côte. Mais elle était en ruine lorsque, à présent, je voyais une vraie ville où l'Histoire avait laissé des traces.

Mon premier contact direct avec les Français avait été dans un bistrot. J'avais demandé au comptoir :

- *Aqua minerala* (à l'école polonaise, l'enseignement du latin était obligatoire).
- ? ? ?
- Vichy.

Pour des raisons évidentes, c'était le seul nom de ville d'eau française que je connaissais.

Nous avions retrouvé les Soloveïtchik : leur gendre Jacques Drouin, neveu d'André Gide, avait pu faire intervenir le général Catroux, premier envoyé de de Gaulle à Moscou, afin d'obtenir pour eux la permission de rejoindre leur fille Ghisa en France. Ils habitaient, chez cette dernière, dans un hôtel particulier au 22, rue Leconte de Lisle, dans le très chic 16ème arrondissement, immeuble acheté par Léontiï Albertovitch du temps de sa splendeur. Je me sentais comme un sauvage mal dégrossi devant les enfants Drouin : Michel, de deux ans mon cadet ; Sylvie, sa jeune sœur ; Daniel, né pendant la guerre (et circoncis dès sa naissance, bien que son père ait été protestant et malgré les risques que cela comportait). Le dernier, Nicolas, venait de naître. Il y avait aussi Ludwig Kamiński qui avait rejoint sa femme et sa fille Céline et qui venait d'avoir un nouvel enfant, Jean-Pierre.

Un ami de mon père, Romek Bromberg, avait émigré en France avant la guerre pour échapper au service militaire en Pologne. En arrivant, il n'avait rien trouvé de mieux que de s'engager dans la légion étrangère. Après y avoir passé les cinq années réglementaires, il avait fait des études de pharmacie et ouvert une officine en Bretagne. N'ayant pas d'enfants, il m'avait proposé de me léguer son affaire si je faisais les mêmes études que lui. Malheureusement, sa femme étant morte peu après, il s'était remarié tout de suite avec une amie de celle-ci qui lui avait donné un fils comme héritier : c'est comme cela que je ne suis pas devenu pharmacien à Pornic.

Bientôt il y avait eu le procès Kravtchenko. Ce diplomate soviétique avait fait défection en Occident et avait publié le livre *J'ai choisi la liberté* où il racontait la vie en URSS avec les procès falsifiés, la terreur et le Goulag. La presse communiste avait crié au mensonge et l'hebdomadaire *Les Lettres françaises* lui avait intenté un procès.

Nous étions étonnés par ce cynisme : comment pouvait-on nier l'évidence et pourquoi fallait-il un procès pour la prouver ? Nous avions revu, à cette occasion, notre ancien invité de la rue Kollontaï, Margolin, venu à Paris en tant que témoin de Kravtchenko. Il vivait maintenant en Israël où il écrivait des romans en russe.

Mes parents avaient voulu nous faire continuer notre scolarité à l'école polonaise, qui dépendait de l'ambassade. Cette idée peut paraître aujourd'hui aberrante, mais il est difficile de se détacher immédiatement de son pays quand bien même on a décidé de ne plus y remettre les pieds et comme de toute manière notre intention était de ne pas rester en France, il paraissait normal que, quelle que soit notre destination finale, nous essayions de ne pas perdre les acquis de Pologne. A l'ambassade, nous avions été reçus par la conseillère culturelle. Elle avait demandé à mon père de nous laisser seuls, ma sœur et moi, avec elle. Elle avait posé à Amelka la question :

- Dis-moi mon enfant, quels journaux lisent tes parents ?
- *Fig…*, *Le Monde*.

Nous n'avions pas été admis : sans la petite phrase de ma sœur, mon avenir aurait été, peut-être, tout autre.

Puisque, au départ, notre destination finale devait être l'Australie, j'avais pris, en Pologne, des leçons particulières d'anglais. J'avais donc de bons rudiments de cette langue en arrivant en France, mais je ne connaissais pas un seul mot de français. Je m'étais inscrit à l'Alliance française. J'y avais gravi tous les échelons et, après neuf mois, avais obtenu le diplôme « d'Etudes supérieures de la langue française » que l'on nous disait être équivalent au niveau de l'examen de français au baccalauréat.

Mon père avait retrouvé un ami de mon oncle qui avait émigré en France avant la guerre. Son nom était Zylbertrest et son surnom : Pajol. Il gagnait sa vie en donnant des leçons particulières de mathématiques et de physique dans son petit deux-pièces, rue Durantin, près du métro Abbesses. Ce métier lui avait sauvé la vie pendant la guerre : il avait été interné dans un camp mis en place par Vichy et aurait été probablement dirigé sur Drancy s'il n'avait donné des leçons aux enfants du capitaine de gendarmerie, commandant du camp, qui l'avait fait évader. Il avait proposé à mon père de me préparer au bac en mathématiques et en physique, en refusant catégoriquement d'être payé. Il m'avait mis entre les mains de son binôme Barre, qui faisait la même chose que lui en français. Celui-ci officiait place de la Sorbonne, dans une pièce d'une crasse épouvantable, au-dessus des PUF. Il prenait 400 anciens francs par leçon. J'avais appris, par la suite, que son tarif normal était trois fois plus élevé et qu'il me faisait une faveur, grâce à l'intervention de Pajol. Il affichait un profond mépris pour les écrivains français contemporains car ils étaient en général « israélites » et considérait que, vu le très grand nombre d'hommes sur terre, Hitler avait eu raison en voulant en supprimer une partie. Le soir je suivais les cours gratuits d'histoire et de géographie à l'Association philotechnique, rue Saint-André-des-Arts. J'étais allé rue Vauquelin à l'office du baccalauréat et m'y suis inscrit en tant que candidat libre, en choisissant l'anglais comme première langue et le russe comme deuxième (je ne savais pas que j'aurais pu choisir le polonais à la place de l'anglais ou, au moins, le russe comme première langue). Je m'étais ainsi fabriqué un livret scolaire de toutes pièces, avec le tampon de l'Association philotechnique, les notes d'anglais et de russe données par ma mère, de maths et de physique par Pajol, de français par Barre, d'histoire et géographie par le prof de l'Association philotechnique, dont j'étais, je crois, un très bon élève. En juin 1950 je m'étais donc présenté à l'écrit du premier bac, (les épreuves avaient lieu au lycée Henri IV) avec l'idée que je n'avais, de toute manière, rien à perdre. Un matin, mon père avait monté une enveloppe bleue provenant de l'office du baccalauréat. Elle n'était pas encore ouverte, mais d'après son sourire, j'avais tout de suite compris qu'il avait regardé par transparence et que j'étais admissible à l'oral. Je l'avais passé et j'avais été reçu.

Un jeune Canadien, étudiant en médecine aux Etats-Unis, parent de ma mère, était venu faire un tour d'Europe à bicyclette. Il nous avait raconté les difficultés qu'il avait eues pour être admis à l'université : il existait, aux Etats-Unis, un *numerus clausus* de fait contre les Juifs, comme en Pologne avant la guerre. Le résultat de cette sélection était que les médecins juifs étaient considérés comme très bons et raflaient la meilleure clientèle ! En repartant, il m'avait laissé sa bicyclette avec un cadre cassé, rafistolé avec du sparadrap. C'était devenu mon moyen de locomotion habituel – il est vrai que la circulation automobile n'était pas ce qu'elle est aujourd'hui.

Mes parents avaient abandonné la nationalité polonaise et nous étions devenus des réfugiés politiques. Périodiquement, nous allions à la préfecture avec un groupe conduit par un accompagnateur du Comité juif qui nous faisait prolonger de 6 mois notre permis de séjour.

Paris était alors la plaque tournante de Juifs quittant la Pologne. J'avais beaucoup d'amis de mon âge, garçons et filles, tous aussi désargentés que moi. Il y avait la très belle Ada Toder habitant avec nous avenue Emile Zola, deux sœurs, Roma et Fila Rinde, et Andrzej Hegedüs, un garçon de mon âge qui était devenu mon meilleur ami. Nous allions dans les cinémas vétustes, à 30 anciens francs, qui projetaient des films américains de série B. Il m'arrive quelquefois de passer à côté de ces salles : elles sont devenues des dépôts de marchandises, des Monoprix et, quelquefois, sont restées inoccupées, les portes murées. Nous n'aurions manqué, pour rien au monde, les bals du 14 Juillet, dans les cours des casernes des pompiers.

Après mon bac, en été 1950, nous étions partis avec tout un groupe de ces amis en vacances à Sallanches, au camp d'un mouvement de jeunesse sioniste Gordonia, concurrent de mon ancien Hashomer Hatsaïr. Nous vivions sous des tentes et passions notre temps à des occupations habituelles de scouts telles que « le grand jeu. » Quelques flirts s'étaient ébauchés. Nous essayions de visiter la région en stop. Nous avions décidé de passer une journée en Suisse. Seuls ceux qui avaient un passeport français avaient pu passer la frontière, les autres, dont moi, avaient dû attendre leur retour jusqu'au soir. Pour nous consoler, les heureux élus nous avaient apporté du chocolat – denrée encore rare en France.

A Paris j'avais trouvé les deux chambres que nous occupions avenue Emile Zola plus spacieuses : ma grand-mère était morte – elle avait été enterrée au cimetière du Thiais. Rien ne s'opposait donc plus à ce que nous poursuivions notre voyage. Les nombreux parents que nous avions en Israël nous suggéraient de les rejoindre plutôt que d'aller dans cette lointaine Australie. Sur leur invitation, mon père y avait fait un voyage de reconnaissance et, à son retour, la décision était prise : nous changions de cap.

15. LYCEEN PUIS ETUDIANT À PARIS

Puisque j'avais déjà mon premier bac on avait décidé de me laisser en France, pour l'année scolaire en cours, afin de me permettre de passer le second. Nous étions allés avec ma mère au lycée Michelet à Vanves. Nous avions été reçus par le proviseur. Il m'avait admis en classe de mathématiques élémentaires (Mathélém) – nom de l'une des terminales de l'époque – en qualité d'interne. J'avais pu obtenir une bourse d'un fonds juif.

En automne, mes parents et ma sœur étaient partis, par bateau, en Israël en me laissant à Vanves. J'étais convaincu que c'était juste pour quelques mois et, qu'au printemps, le bac en poche, j'irais les rejoindre.

J'avais eu de la chance de commencer ma scolarité française dans ce lycée Michelet, à la périphérie de Paris. A partir de la terminale, les internes y avaient droit à des box particuliers avec table et armoire à la place des dortoirs pour quelques dizaines d'élèves comme c'était le cas dans les grands lycées parisiens tels que Louis-le-Grand ou Saint-Louis. Le trousseau de linge était gardé et blanchi dans une lingerie dont je garde en mémoire l'odeur pleine de fraîcheur. Il y avait un grand parc, une piscine et des courts de tennis. Bien que non accessible pendant l'année scolaire, tout cela donnait une impression de grand espace et permettait, au moins à l'esprit, de se détendre pendant les recréations et après les heures de classe. La plupart des professeurs étaient des hommes, tous agrégés : je connaissais la hiérarchie des titres universitaires grâce à Pajol qui était béat d'admiration devant le système d'éducation français. La discipline était très stricte : l'on pouvait sortir le samedi après-midi et le dimanche, mais au retour, il fallait montrer le billet de sortie signé par son « corrés » – correspondant qui, dans mon cas, était Jacques Drouin, le gendre des Soloveïtchik.

Je ne me souviens pas avoir eu de difficultés pour m'intégrer dans la classe. J'étais considéré à la fois par mes camarades et par les professeurs à égalité avec les autres élèves. Grâce à Pajol, je n'avais aucun problème en mathématiques : c'était la suite logique du programme de la première. En revanche, j'avais eu du mal à suivre la physique dont le programme complétait les notions acquises en seconde et qui m'étaient complètement étrangères – une particularité du système d'éducation français : la première partie du baccalauréat, examen clôturant tout le cursus de l'enseignement secondaire, faisait table rase de tout ce que l'on avait appris avant la première. Cette matière mise à part, j'avais des notes relativement bonnes, mais à mon grand étonnement, la seule fois où il m'était arrivé d'être premier en composition c'était en philosophie. Le classement des élèves, en fonction de la moyenne des notes, était pour moi une nouveauté. Je le trouvais stressant : en Pologne et en Russie on pouvait être très bon, bon, passable ou mauvais, mais il n'y avait pas cette ségrégation avec une précision chirurgicale.

Pendant les premiers mois, je passais mes sorties dans la famille de Andrzej Hegedüs, mais bientôt il partit avec ses parents en Australie. Je m'étais rabattu alors sur Lew Kowarski, un ami d'enfance de ma mère. C'était un grand scientifique. Il était venu en France avant la guerre, y avait fait de brillantes études et était coauteur, avec Joliot Curie et Halban, de la découverte de l'eau lourde qui avait permis aux Américains de réaliser la première bombe atomique. Il m'avait étonné par son mépris pour les polytechniciens (objet d'admiration de Pajol): comme dans tout autre groupe social il y en avait des bons – lui-même en avait choisi quelques-uns comme collaborateurs – mais remettre tout le pays entre les mains d'une seule caste ne pouvait que conduire au désastre. Il avait passé la guerre au Canada et aux Etats-Unis. Il avait divorcé de sa femme Dora, aussi une amie de ma mère. Il était maintenant marié à une Allemande. J'avais rencontré chez eux le frère de celle-ci – ancien soldat de la Wehrmacht. J'avais été très choqué qu'un Juif puisse avoir une telle parenté !

Bien entendu, j'avais maintenu des liens très étroits avec les Drouin. J'y étais considéré comme un cousin, voire cinquième enfant. C'était le seul endroit où je trouvais une vraie chaleur familiale. Grâce aux enfants Drouin j'avais pu être admis à des surprises-parties du seizième arrondissement. Très démocratiquement, chaque invité y apportait quelque chose. Ma bourse était juste suffisante pour couvrir les frais d'internat et des manuels et me laissait très peu d'argent de poche, mais je tenais toujours à apporter du champagne, alors que les autres invités, sûrement plus fortunés que moi, se contentaient de limonade ou, au mieux, de mousseux.

J'étais toujours très ami avec Ada Toder et avec les sœurs Rinde.

Le problème que je n'avais pas prévu était : où passer les périodes de vacances ? L'internat devait alors être vidé de ses occupants soit pour l'entretien soit pour l'accueil de groupes d'écoliers étrangers, en général anglais. Je déménageais alors chez Andrzej tant qu'il était là et, plus tard, chez une cousine de Ghisa Drouin ou chez Pajol si lui aussi partait en vacances.

J'avais eu mon bac avec, à l'écrit, 19/20 en mathématiques et 6/20 en physique.

Le professeur de maths, Monge (rien à voir avec son homonyme, le mathématicien créateur de l'Ecole polytechnique) m'avait fait une lettre de recommandation pour la classe de mathématiques supérieures, grâce à laquelle j'avais été admis au lycée Henri IV.

Ceci m'avait permis de changer la source de financement de ma subsistance : j'étais suis devenu boursier de l'Entraide universitaire française, organisme s'occupant d'étudiants réfugiés en France. Le montant de mes mensualités allait devenir à la rentrée beaucoup plus important : de 10 000 anciens francs par mois je passais à 16 000 ! Le suivi d'étudiants à l'Entraide était assuré par le professeur Magné – un personnage très humain, connaissant parfaitement tous les arcanes du système d'éducation français. Il prenait très à cœur le cas particulier de chacun de nous. Il n'avait qu'un seul but : faire en sorte que chacune de ses ouailles aille jusqu'au bout de ses études, en fonction de ses capacités et cela sans trop prendre en considération les règles administratives. Comme tous les autres boursiers de l'Entraide, je lui dois beaucoup.

J'avais passé l'été à Paris en vagabondant chez divers logeurs, en grande partie chez Pajol.

En automne je m'étais donc retrouvé interne à « H IV ». Les conditions y étaient beaucoup plus mauvaises qu'à Michelet. Nous étions une trentaine au dortoir. Les lavabos se trouvaient dans la tour moyenâgeuse, en face de l'église Saint- Etienne-du-Mont. Dans mes souvenirs, elle n'était pas chauffée. En dehors des heures de classe, nous passions notre temps à la salle d'étude, étroite et crasseuse. Les distractions étaient une espèce de pelote basque où on tapait une vieille balle de tennis avec la paume de la main contre les murs de la cour de récréation, le bridge et le *bams* (barbu).

Pendant le premier mois, les « hypotaupains » (élèves de Math. Sup.) avaient droit au bizutage par les « taupins » (ceux qui étaient déjà en Math. Spé.). Personne n'y trouvait rien à redire : c'était une tradition centenaire, une sorte de consécration à laquelle il fallait se soumettre. J'en avais une trouille bleue tout en éprouvant une fascination devant cette vraie tradition : en URSS les coutumes datant d'avant la Révolution étaient complètement éradiquées et la Pologne avait probablement changé trop souvent de système d'éducation pour que de tels usages s'établissent. Le bizutage en taupe était assez bon enfant. Tel n'était pas le cas de la « colo » – préparation à l'Ecole coloniale, formant le personnel d'administration des colonies – l'Empire français existait encore. Un élève de cette classe avait été traumatisé par un simulacre de blessures astucieusement imitées par un badigeonnage au mercurochrome. Son père avait pris la chose très au sérieux et avait porté plainte. Le proviseur avait interdit la continuation de ces « brimades ». Les élèves des prépas aux grandes écoles du lycée (en plus de la taupe et de la colo il y avait la « khâgne » – préparation à l'Ecole normale supérieure lettres) indignés, s'étaient mis en grève. L'affaire était montée jusqu'au ministre de l'Education, André Marie, qui avait approuvé la décision du proviseur. Cela avait fait grand bruit dans les journaux. Nous étions très fiers d'avoir les visites de la presse. Nous avions quand même « su finir la grève [30] ».

La discipline à Henri IV était aussi stricte qu'à Michelet. Il n'était pas question de sortir le soir. Heureusement, le dortoir des « khâgneux » se trouvait au rez-de-chaussée et ils avaient aménagé une sortie en sciant les barreaux d'une fenêtre.

Au contrôle de maths du premier trimestre j'étais premier. Notre professeur de maths, Itard, avait l'habitude d'analyser les possibilités et l'avenir de chaque élève devant toute la classe. Quand mon tour

[30] Expression célèbre de Jaques Duclos, leader du parti communiste, lors d'une grève générale dans les années cinquante.

Sur le Boul'mich avec Chelli et Gauthier, camarades de taupe.

Pelote basque au lycée Henri IV.

était venu, son diagnostic avait été : « vous réussiriez mieux si vous étiez un peu moins flemmard et, ne l'oubliez pas, vous vous faites vieux ». J'étais assez d'accord avec la première constatation, mais la deuxième avait été un vrai choc : avec le changement de pays et de langue je n'avais eu mon bac qu'à l'âge de 19 ans et, la sélection pour l'entrée en taupe aidant, mes camarades avaient tous un ou deux ans de moins que moi. Malgré cet avertissement, avec les conditions matérielles lugubres dont j'ai parlé plus haut, jointes à ma solitude à Paris, je me suis un peu relâché au cours de l'année et les résultats du dernier trimestre n'étaient pas à la hauteur du premier. Itard m'avait quand même fait passer en math.spé.

Mes parents m'avaient envoyé de l'argent afin que je puisse les rejoindre pour les grandes vacances. Je n'étais pas français et, avec mon titre de voyage d'apatride, j'avais besoin d'un visa israélien. Le départ en bateau étant prévu pour un lundi, le visa devait m'être délivré le vendredi précédent. Il se trouve que j'avais passé cette journée avec une jeune Suissesse sur les bords de la Marne et m'étais souvenu du problème du visa seulement le soir. Le consulat israélien était bien entendu fermé et le lendemain c'était le shabbat. J'étais désespéré car mon billet était déjà payé et je ne savais pas où passer les vacances si le voyage tombait à l'eau (on a vu plus haut que je ne pouvais pas compter sur l'internat du lycée). J'étais allé quand même au consulat et, à force d'insister, avais obtenu que le vice-consul vienne exprès le dimanche pour me donner mon viatique. Son commentaire avait été : « dans quel autre consulat auriez-vous pu obtenir une faveur pareille ? »

Le bateau s'appelait *Negbah*. J'étais fier de contempler le drapeau avec l'étoile de David qui flottait à l'arrière et de voir que tout l'équipage était juif. Roma et Fila Rinde étaient aussi du voyage. Nous avions des billets étudiants à tarif réduit et dormions en cale sur des lits de camp en toile des surplus américains. La chaleur y était atroce. En général, nous passions la nuit sur le pont. Je m'étais lié d'amitié avec deux garçons. L'un s'appelait Guy Béart. Il était en première année des Ponts et Chaussées et allait effectuer un stage en Israël. Il avait préparé le concours dans la taupe d'Henri IV – nous avions donc des points communs. J'avais une immense estime pour quelqu'un qui avait intégré une grande école. Nous passions nos nuits à trouver, de tête, les intégrales de différentes fonctions mathématiques. Quelquefois, il grattait de la guitare. L'autre était, au contraire, beaucoup plus jeune que moi et s'appelait Georges Perec. J'allais le retrouver en Israël car il était parent d'une amie de ma sœur. Je pense que ni l'un ni l'autre n'avaient jamais su qu'ils avaient passé une semaine ensemble sur un bateau. J'ai gardé des contacts avec les deux, bien après mon retour en France. Avec Guy, c'était à l'Institut Henri Poincaré où, par la suite, nous étions tous deux étudiants. J'ai perdu sa trace après qu'il est devenu connu. Plusieurs années plus tard, nous étions allés avec ma femme au récital qu'il donnait au Carré Sylvia Monfort. A l'entracte, nous l'avions visité dans sa loge. Il m'avait dit qu'il fallait absolument que l'on se revoie et avait demandé à l'un des nombreux jeunes gens qui tournaient autour de lui de me donner son adresse pour que je lui envoie une lettre. Je l'avais fait et n'avais jamais eu de nouvelles de sa part. Avec Georges c'était différent. J'allais souvent le voir au 18, rue de l'Assomption où il habitait chez sa tante. Je l'attendais au centre d'examens rue de l'Abbé de l'Epée quand il passa son bac. Quand il avait eu le prix Renaudot je lui avais envoyé une lettre de félicitations. Il y avait tout de suite répondu, puis était venu nous voir. En entrant, il avait fait la remarque :

- Tiens, chez vous c'est comme chez nous : il y a plein de fils électriques qui traînent par terre.

C'était aussi le cas chez le couple, héros de *Choses*, roman à l'origine de sa notoriété. Depuis, je prends grand soin de camoufler tous les câbles partout où j'habite. Dans son chef-d'œuvre *La Vie Mode d'Emploi*, la description des pièces de l'immeuble de la rue Simon-Crubellier se fait dans l'ordre défini par la « topologie du cavalier. » Or, à l'époque où nous nous voyions fréquemment, ma marotte était justement ce problème : comment faire passer un cavalier par toutes les cases de l'échiquier sans s'arrêter une seule fois sur la même. Je posais cette question à tous mes amis, vraisemblablement y compris à Georges. De là à penser que c'est moi qui lui ai suggéré cette idée...

Je lui avais demandé :

- Est-ce que quelque chose a changé dans ta vie depuis que tu as reçu ton prix ?

Longue réflexion :

- J'ai rencontré quelques bourgeois.

Negbah avait jeté l'ancre en face de Haïfa quand le soleil se levait. Le port était en travaux, nous n'avions pas pu accoster et avions été transportés à terre sur des petits bateaux à moteur. Je ne sais si l'émotion du pape Jean-Paul II était sincère quand il embrassait le sol d'un pays en y arrivant, mais si elle l'était, je peux la comprendre : c'était la mienne quand j'avais mis pied à terre. Je l'avais ressentie pendant tout mon séjour : voir des douaniers, des policiers, des mendiants, des taxis juifs me remplissait d'une grande fierté. J'avais hâte de finir mes études et de rejoindre ce pays.

Bien que, au début, ils aient été aidés financièrement par quelques membres de la famille, la situation de mes parents était très précaire. Contrairement à ce qui se passe aujourd'hui pour les immigrés russes, il n'y avait pratiquement pas d'aide matérielle pour les nouveaux venus. Après un séjour dans un camp de transit et quelques mois d'études d'hébreu dans un *oulpan* (cours d'hébreu organisés par l'Agence juive), ils étaient abandonnés à leur sort et devaient se débrouiller par eux-mêmes. Mes parents habitaient avec Amelka un minuscule studio, au rez-de-chaussée, en plein centre de Tel-Aviv, près du square Dizengof. Mon père avait trouvé du travail comme contrôleur à l'Agence juive. Il passait son temps à visiter les camps, les villages et les kibboutzim dans lesquels on installait les nouveaux arrivés. Ce travail était très dur : il se déplaçait dans les autobus Egged et, surtout pendant l'été, c'était exténuant. Il fallait qu'il comprenne la mentalité de gens aussi différents que des Marocains, des Yéménites, des Polonais… Il avait été aidé, malgré tout, par la connaissance de l'hébreu qu'il avait appris encore tout enfant au *kheder*, école que tous les enfants hassidiques fréquentaient à partir de l'âge de cinq ans. Il avait su changer sa prononciation ashkénaze, mais sa langue était, paraît-il, un peu trop littéraire. Ma mère, qui ne la connaissait pas du tout en arrivant, l'avait apprise dans un *oulpan* et faisait du porte-àporte en vendant des polices d'assurance. Elle était très gênée quand elle tombait, par hasard, sur des parents ou des connaissances. Ma sœur était dans une école d'infirmières. Elle m'avait étonné par la rapidité avec laquelle elle avait su s'intégrer en Israël : nous attendions un autobus et elle avait engueulé, sans aucun complexe, en hébreu, un groupe de jeunes qui voulait monter sans faire la queue.

J'ai redécouvert quelque chose que je n'avais plus connu depuis longtemps : la famille. Pendant des années mes parents et ma sœur furent les seuls proches que je connaissais. Et là, pratiquement dans chaque ville il y avait un Kirszenberg, un Prywes ou apparenté, en général arrivé avant la guerre. Il suffisait que je dise qui j'étais pour être invité à dormir et à manger. Shaïa Prywes (à ne pas confondre avec notre ancêtre), ingénieur à *Tahal* (compagnie d'adduction d'eau), m'avait emmené en Jeep à Eilat. Après Ber Sheba il avait sorti un revolver et l'avait mis devant le pare-brise – on pouvait toujours craindre une attaque des Arabes. Eilat était alors une petite bourgade sans hôtels ni restaurants – nous avions couché par terre dans des cabanes de chantier par 45-50°C. Mon père m'avait emmené au kibboutz Mishmar Haemek, près de Haïfa, chez Aron Zélig Szydlowski, un des premiers membres de ce kibboutz, maintenant instituteur. C'était le frère de Joseph Szydlowski, fondateur en France de Turboméca, que je n'avais jamais essayé de rencontrer de peur de paraître un parent pauvre voulant demander un service. En mettant au point l'arbre généalogique de la famille à l'occasion des présents souvenirs, je me suis souvenu de cette parenté et, sachant que lui-même et sa fille qui lui avait succédé étaient morts, j'ai réussi à contacter par fax son petit-fils. Il m'a fait remarquer poliment que nous ne faisions pas partie du même monde. La roue de la fortune tourne. Il fut un temps où il était de bon ton de nous être apparenté : le frère de Joseph – Aron Zélig ci-dessus, avait été ainsi nommé en mémoire de notre arrière-arrière-grand-père commun : Aron Zélig Kirszenberg.!

Ada Toder, mon ancienne camarade de Paris, qui était arrivée en Israël avec son père peu après mes parents, m'avait introduit à « l'Union des anciens étudiants polonais ». Comme elle était très belle et avait beaucoup de succès elle était ravie de cette compagnie. Moi, en revanche, j'étais beaucoup plus jeune que la plupart et n'avais pas grand-chose en commun avec eux : sans m'en rendre compte, je devenais français.

J'avais fait des efforts pour retrouver les anciens de Otwock. Beaucoup avaient échoué dans les kibboutzim. C'était conforme au vœu qu'ils avaient mûri en Pologne, mais j'avais eu l'impression qu'ils étaient tous désenchantés. Tous, sauf un – Mietek Weinreich. Il était secrétaire, c'est-à-dire dirigeant, du kibboutz Ravivim, à l'entrée du Neguev, et littéralement s'éclatait. J'avais passé quelques jours chez lui à travailler dans les champs. Pour mon départ, il m'avait fait cadeau d'une poule. C'était la période des restrictions. Il y avait des tickets de rationnement et le transport de victuailles était strictement interdit. J'avais peur, pendant le voyage, d'une perquisition de la police, mais tout s'était très bien passé et nous avions pu savourer, à la maison, un bouillon comme celui chez ma grand-mère, avant la guerre.

Pour le retour en France, j'avais dû prendre un autre bateau que le *Negbah*, beaucoup plus ancien et encore moins confortable. Nous étions déjà en septembre. Tout de suite après le départ de Haïfa, la pluie s'était mise à tomber et, bientôt, il y avait une tempête. Tout le monde avait le mal de mer, sauf moi : je mangeais tous les desserts que mes compagnons de voyage laissaient sur la table. Nous avions fait escale à Gênes. Pendant que je visitais la ville avec Roma et Fila, mes compagnons garçons étaient allés dans un bordel (établissements déjà interdits en France, mais pas en Italie). Ils n'étaient pas très fiers de leur escapade : ils s'étaient fait mettre dehors, à coups de pied, par une pensionnaire :

- Sales Français, vous n'avez pas honte d'exploiter chez vous les bonnes italiennes !

En effet, c'était encore le temps des bonnes transalpines, plus tard remplacées par les Espagnoles, celles-ci ayant cédé la place aux Portugaises avec un certain contingent d'Antillaises et d'Algériennes.

Cette traversée m'avait laissé l'impression d'une grande mélancolie. Etait-ce le fait d'avoir été de nouveau séparé de mes parents et la perspective d'entrer en math. spé. qui ne m'enchantait pas ?

1953 : A Tel-Aviv avec ma famille avant le retour en France. Cette photo me fait penser aux paroles de la lettre de mon père écrite de Altaïlag : « un jour on parlera de tout cela un verre à la main ».

Amelka militaire

J'avais retrouvé à Henri IV mes camarades d'hypotaupe et quelques anciens de taupe qui n'avaient réussi aucun concours et qui redoublaient ou triplaient. Le professeur de maths s'appelait Jardinier. C'était un excellent pédagogue, mais contrairement à Itard, il ne faisait aucunement attention à moi. J'avais même l'impression qu'il était étonné quand il me voyait : « qu'est-ce qu'il fait ici, celui-là ? ». J'avais passé l'année sans rien faire : je pouvais être assis pendant des heures à l'étude en regardant le plafond. Bien entendu les résultats s'en étaient fait sentir. Je ne m'étais présenté qu'à un seul concours : « Ecole de mécanique de Nancy » et n'avais même pas été reçu à l'écrit. A tout hasard, au début de l'année, je m'étais inscrit au certificat de mathématiques générales à la Sorbonne ; il ouvrait la voie à la poursuite d'études pour la licence de sciences. Avec les connaissances acquises en taupe, cet examen m'avait paru être une simple formalité. Ceci m'avait permis de m'inscrire à la faculté des sciences pour suivre, à la rentrée, les certificats[31] de « Physique générale » et « Mécanique rationnelle ». J'avais pu assurer aussi mon gîte au foyer de l'Entraide universitaire qui me donnait ma bourse.

Pour les grandes vacances j'étais invité chez Lionel Golodetz le fils de la tante de mon père, Vita – celle qui avait été déportée avec son mari à Komi et à qui nous envoyions des colis de Vilno. Encore avant la Révolution, ses oncles possédaient des champs de betteraves et des raffineries de sucre aux environs de Lwów. Ils avaient eu la bonne idée d'émigrer en Angleterre avant la guerre. Lionel et son frère Alexandre les avaient rejoints, juste avant que celle-ci n'éclate. Alexandre était reparti pour New York où il avait fondé une société de *trading* de cacao – c'est lui qui nous envoyait des colis à Slavgorod. Lionel, resté à Londres, travaillait dans la société Golodetz Inc. de ses oncles où il avait le titre de directeur. J'avais pris le train jusqu'à Calais, puis le ferry pour Douvres et de nouveau le train qui m'avait emmené à la gare Victoria.

C'était la période de la guerre d'Indochine. La France changeait tous les mois de gouvernement et la première action d'un nouveau président du Conseil était de demander de l'argent aux Etats-Unis.

[31] La réussite d'un examen pour un nombre déterminé de matières donnait droit à un certificat. Il fallait en obtenir quatre pour avoir le titre de licencié ès sciences.

L'affaire des piastres où les hommes politiques proches du pouvoir s'enrichissaient quand les soldats français mouraient au combat, ternissait l'image du pays. L'impression que j'avais eue de l'Angleterre était, au contraire, celle d'un pays stable et riche avec des traditions. Le penny portait l'effigie de la reine Victoria, l'encore jeune reine Elisabeth était unanimement respectée, dans les cinémas à la fin des séances on jouait *God save the Queen*. Les *horse-guards* avec leurs bonnet à poil, Hyde Park avec des orateurs, haranguant les badauds sur les sujets les plus extravagants, paraissaient venir d'un autre âge.

Les premiers jours j'avais habité chez Lionel. Il vivait avec sa femme Susie, son fils Steven et une au-pair *girl* danoise, du côté de Regents Park. Il m'avait offert le *vacation course of English for foreign students* de trois semaines à Polytechnic College, Regent Street. J'avais fait la connaissance de son oncle, fondateur de leur entreprise. Il avait eu son heure de gloire avant la guerre quand, lors d'une soirée donnée par le président de la ville de Varsovie[32], il avait littéralement enlevé la femme de son hôte, l'avait emmenée en Angleterre et épousée. Je ne pouvais qu'approuver, *a posteriori*, cet acte de bravoure car elle était tout à fait charmante.

J'avais refusé les avances de la au-pair *girl* danoise et étais parti pour une *hitch hiking journey* à travers la Grande-Bretagne, avec une Italienne, camarade du Polytechnic College. Son père était journaliste sportif. J'avais été stupéfait d'apprendre qu'il avait été membre du parti fasciste. Pour Franca cela était tout à fait normal : sans cela il n'aurait pas pu exercer son métier. J'avais pourtant connu ce phénomène en Pologne après la guerre pour les membres du PC (pas en Russie, car, à l'époque stalinienne, les portes du Parti n'étaient ouvertes qu'à des *happy few* car cela correspondait à un certain nombre d'avantages), mais le mot « fasciste » coïncidait pour moi avec « nazi » et les camps d'extermination. Nous avions été à Oxford et Cambridge, avions traversé le Lake District, visité York, les Highlands en Ecosse et avions poussé jusqu'à Ullapool (je n'avais

[32] Tout comme Paris en France Varsovie avait un statut particulier et son maire avait le titre de Président.

jamais rencontré un Britannique étant allé aussi loin dans son propre pays).

A Stradford-on-Avon nous avions vu le *Marchand de Venise* avec Michael Redgrave, au Shakespeare Memorial Theatre. J'en étais ressorti avec l'idée que Shakespeare avait été un des premiers à comprendre le problème de l'antisémitisme : Shylock est le seul personnage ayant un peu de consistance, tous les autres étant des pantins ne pensant qu'à la bagatelle ou à la manière de faire fortune sans rien faire. Il semble que j'aie eu tout faux car je n'ai jamais rencontré une exégèse semblable de cette pièce. Il est bien possible, néanmoins, que comprendre Shakespeare dans le texte ne soit, tout bonnement, pas donné à tout le monde !

Dans les Highlands, à « Gerr Loch », nous nous étions arrêtés au pied d'une falaise et nous nous étions endormis. Nous avions été réveillés par la mer qui commençait à monter. Ni Franca – une Méditerranéenne, ni moi qui ne connaissais que la mer Baltique – n'avions jamais vu, auparavant, la marée. Derrière nous, l'on ne voyait qu'un mur droit et lisse. Nous pensions que notre dernière heure avait sonné, mais finalement, avec toutes les peines du monde, nous avions réussi à nous hisser jusqu'en haut. Dans l'opération, j'avais déchiré mon pantalon. Au retour, nous nous étions arrêtés, quelques jours, chez une parente de Lolek Prywes qui était partie de Pologne en même temps que lui et avait abouti chez son frère, à Newcastle-upon-Tyne. J'avais pu ainsi acheter un nouveau pantalon chez Marks and Spencer.

En général nous dormions dans les auberges de jeunesse, sauf en Ecosse où nous étions très souvent hébergés par les gens qui nous avaient pris en stop – j'en avais déduit que l'idée répandue sur l'avarice des Ecossais est tout à fait fausse. La plupart des auto-stoppeurs que nous rencontrions, au bord de la route ou dans les A.J., étaient Allemands. J'avais trouvé les filles très agréables, mais les garçons, dès qu'ils étaient plus de trois, faisaient un bruit énorme comme s'ils étaient seuls.

Ce fut pendant ce voyage que je m'étais forgé une opinion sur le respect de la vie privée par les Britanniques : un dimanche, nous étions dans un village des Highlands en compagnie de quelques jeunes Ecossais quand deux touristes nordiques nous avaient demandé la direction du pub le plus proche. Nos compagnons la leur avaient indiquée et ils s'y étaient dirigés. J'avais posé alors la question :

- Pourquoi ne pas leur avoir dit que les pubs sont fermés le dimanche ?
- Mais ils ne nous l'avaient pas demandé !

En rentrant à Paris je m'étais tout de suite rendu au foyer de l'Entraide au 19, rue de la Victoire. Je devais y partager une chambre avec un autre étudiant, encore non désigné. Je me sentis revivre : pour la première fois depuis Vilno j'avais une chambre à moi, même si par la suite je devais avoir un cothurne.

Le département de physique occupait la partie droite du bâtiment de la Sorbonne. L'amphithéâtre était nettement trop petit : si on voulait assister à la séance de la solution des problèmes (la plus prisée car on y donnait celle des épreuves des examens précédents), il fallait réserver sa place plusieurs heures à l'avance. Les laboratoires étaient vétustes. Pourtant, je m'y étais senti beaucoup plus à l'aise qu'en taupe : j'étais maître de mon temps et je n'étais plus considéré comme un petit écolier devant suivre, à la lettre, les consignes des professeurs et de l'administration. Les cours de Mécanique rationnelle étaient donnés à l'Institut Henri Poincaré, rue Pierre Curie.

Quelques jours après mon arrivée au foyer, je fus accosté par un grand gaillard au visage taillé au couteau et au nez crochu : il m'avait vu à la fac. Il s'appelait Herbert Reiss, dit R-φ, et faisait les mêmes études que moi. Nous étions devenus inséparables. Sa famille avait fui l'Allemagne avant la guerre. Son père, ancien combattant de la guerre de 1914 du côté allemand, avait été assassiné à Auschwitz. Sa mère, Allemande « aryenne », convertie au judaïsme à l'occasion du mariage, vivait avec ses deux autres fils à Vaucresson. L'un, Robert, dit Mimi, était à HEC, l'autre, le plus jeune, David, dit Nène, ne faisait pas grand- chose – c'est pourtant lui qui avait eu, par la suite, la carrière la plus lucrative, dans le pétrole. Le quatrième frère, Albert, faisait des études à New York où il avait rejoint des parents après la Libération. Tous les quatre avaient été cachés pendant la guerre chez les frères des missions chrétiennes dans le Massif central.

R-φ était beaucoup plus « français » que moi. En fait, le titre de réfugié mis à part, il l'était tout à fait ; il avait vécu et avait été éduqué en France depuis sa plus tendre enfance. Il m'avait introduit auprès d'une partie des locataires du foyer – un assemblage hétéroclite de réfugiés espagnols et des Pays de l'Est, plus quelques Français de souche : je me souviens d'un Dupont et d'un Duboc. Il m'avait présenté un autre étudiant en physique Géné – Jean Thouvenin – habitant une chambre de bonne, place du Panthéon. Dorénavant nous travaillions tous les trois ensemble.

Un habitant du foyer, K., étudiant en architecture aux Beaux-Arts, était venu me voir, sur recommandation de R-φ, avec une demande sortant de l'ordinaire : il voulait que je me présente à sa place à l'oral de l'examen de physique-chimie. Dans mon esprit, les Beaux-Arts n'avaient rien à voir avec les établissements d'études « normaux » : c'était une bande de joyeux drilles passant leur temps à imaginer des distractions orgiaques et je ne pouvais même pas imaginer qu'ils dépendent, eux aussi, du ministère d'Education nationale. Je m'étais donc présenté, on ne m'avait demandé aucune pièce d'identité et K. avait été reçu à son examen. A la sortie j'avais rencontré Adrien, un camarade de Math-élém de Michelet. Devant son étonnement de me voir là, je lui avais raconté la raison de ma présence pensant toujours que ce genre de pratiques était monnaie courante aux Beaux-Arts. K. avait paru gêné. Ceci ne l'avait pas empêché de me demander encore un service de ce genre : cette fois-ci, il s'agissait de passer l'écrit de mathématiques. Je m'étais donc retrouvé dans une grande salle, divisée en loges – chacune occupée par un candidat. La rumeur s'étant répandue que je savais résoudre les problèmes, au bout de quelques minutes, tous s'étaient retrouvés dans ma loge à copier ce que j'avais écrit. Ceci m'avait confirmé le caractère non sérieux de cette école. A la sortie, j'avais rencontré de nouveau Adrien – c'était le seul à ne pas s'être inspiré de ma copie. Nous avions comparé nos résultats – c'étaient les mêmes. J'avais trouvé sa solution plus élégante. Par la suite, Adrien est devenu un architecte très connu, mais je n'ai jamais entendu parler de K.

Durant mon séjour au foyer, j'avais cohabité successivement avec une douzaine de cothurnes. Je me souviens, en particulier, de Boris Frankel. Beaucoup plus âgé que les autres, il faisait quelque chose de très mystérieux à l'Ecole des hautes études et se promenait, à l'intérieur du foyer, dans une robe de chambre en soie jaune. Il m'avait pris en amitié et voulait parfaire mon éducation artistique. Il avait effectivement beaucoup de relations dans le monde des arts – je me souviens d'une visite chez Sonia Delaunay qu'il tutoyait. Une nuit une sensation bizarre m'avait réveillé. Boris se tenait au-dessus de mon lit. Il avait enlevé ma couverture et examinait mes organes génitaux. Je m'étais levé en sursaut, l'avais traité de tous les noms et il était parti dans son lit la queue basse. J'avais cessé de lui adresser la parole et, chaque soir, je barricadais mon lit avec tous les meubles disponibles. Quelque temps après, il avait obtenu une chambre individuelle. A l'occasion de la révélation de l'appartenance de Lionel Jospin au mouvement trotskiste dans sa jeunesse j'avais appris que Boris avait été son mentor dans cette organisation.

A la faculté, si la majorité des étudiants était apolitique, deux groupes opposés étaient actifs : les communistes et les catholiques, dits « talas » du : von*t à la* messe. Je crois que ces derniers avaient pour mot d'ordre de convertir les juifs car j'étais très courtisé et invité, par exemple, à participer au pèlerinage de Chartres, invitation poliment déclinée.

Les communistes « ès qualité », c'est-à-dire ceux ayant la carte du Parti, étaient très peu nombreux : la cellule de la faculté n'en comptait qu'une dizaine, tous juifs, sauf un, Lucien Henry. Ils provenaient des milieux assez pauvres, en général ouvriers dans les petites entreprises du Sentier. Lucien était fils d'un ancien terrassier breton. Sa langue maternelle était le breton et il avait appris le français en arrivant en « France », encore tout petit. Ses parents tenaient maintenant un petit hôtel, rue Vercingétorix, dans le quatorzième. Si lui n'était pas juif, son amie, Erica, d'origine austro-bulgare, violemment anticommuniste, l'était. Tous les deux étaient devenus mes très bons amis et, par leur intermédiaire, j'avais été adopté par le milieu de gauche de la fac. C'était la seule solution possible car la droite représentait pour moi, à tort ou à raison, l'antisémitisme.

La principale distinction des communistes était qu'ils se considéraient comme une grande famille, attaquée par tous les autres. Ils avaient probablement raison, mais cela conduisait à une espèce de paranoïa. Quelqu'un de leur bord était désigné par « copain. »

Bien que peu nombreux, ils devaient avoir quand même une certaine influence. Je me souviens d'un thésard voulant démontrer dans son travail que les inégalités du physicien allemand Heisenberg stipulant qu'il est impossible de connaître simultanément la position et la vitesse d'un électron étaient fausses. La raison de cet acharnement était que si Heisenberg avait raison, le monde n'aurait pas été déterministe et ceci qui aurait fait s'écrouler la base même du marxisme. Tout le monde savait que cette tentative était ridicule, mais personne ne voulait le dire officiellement, et le jeune homme émargea pendant plusieurs années au CNRS sans produire la moindre preuve de ce qu'il voulait démontrer.

Si l'extrême droite n'avait pas d'action perceptible à la faculté des sciences, elle avait pignon sur rue au Quartier latin, en particulier à la faculté de droit où son chef était un dénommé Le Pen. On était invité, périodiquement, à des bagarres avec les « fachos » ; j'avais réussi à ne jamais y participer. Une fois pourtant j'avais failli le faire. C'était à l'occasion de l'élection de Guitton, philosophe officiel de Pétain pendant l'Occupation, à l'Académie française. On s'était rassemblés dans la cour de la Sorbonne, prêts à la bagarre, qui finalement n'avait pas eu lieu. Guitton avait eu, par la suite, une carrière tout à fait respectable : professeur je crois au Collège de France il avait été souvent reçu par François Mitterand. J'avais participé une seule fois à une manifestation : il s'agissait de protester contre l'augmentation du prix du ticket des restaurants universitaires. Mal m'en avait pris car j'avais été vite embarqué dans un « panier à salade » et m'étais retrouvé, avec des centaines d'autres, au commissariat de police, sous le Grand Palais, au Rond-point des Champs-Elysées. L'opinion publique et la presse, même celle de droite, étaient unanimes à soutenir les étudiants, aussi, au bout d'une heure, tout le monde avait été relâché. Tout le monde, sauf les étrangers dont je faisais partie avec mon titre de séjour de réfugié polonais. J'avais donc été retenu, avec quelques Nord-Africains, jusqu'à une heure très tardive. Plusieurs années après, quand j'avais commencé à travailler avec les Pays de l'Est, j'avais été convoqué à la préfecture de police. Un officier m'avait interrogé sur les raisons de mes voyages et m'avait posé la question :

- Faites-vous de la politique ?
- Non ;
- Et ça alors, dit-il en me montrant le rapport d'antan mentionnant « a dit passer par là par hasard » ?
- Mais la presse avait écrit que la préfecture s'était engagée à détruire toutes les traces écrites de cette manifestation !
- Oh ! vous savez, la presse…

Contrairement à ce qui s'était passé en taupe, les études à la faculté me passionnaient, je travaillais beaucoup et étais convaincu que j'allais réussir au moins un certificat à la fin de l'année. Pourtant, ni Herbert ni Jean ni moi n'en avons obtenu un seul. Pour Herbert et moi, ce fut une tragédie : l'Entraide allait nous couper les vivres, nous ne pourrions finir nos études et l'avenir devenait un trou noir. Nous étions allés ensemble voir Magné. Il nous avait admonestés vertement : en fait, il était aussi malheureux que nous. Il nous avait envoyés chez un professeur de l'Ecole normale supérieure, rue d'Ulm, pour que celui-ci fasse une estimation de nos connaissances. Une chose extraordinaire s'était produite : à chaque question, soit R-φ, soit moi avait la réponse. Cette manière d'examiner les gens par binômes n'était peut-être pas très catholique, mais le résultat avait été que Magné nous avait donné une nouvelle chance : nous aurions la bourse pour l'année suivante.

Pour les vacances j'étais parti avec Jean chez son père, cultivateur en Lorraine, pour participer à la moisson. Le père Thouvenin était un personnage sortant de l'ordinaire. D'origine très modeste, il était devenu, à la force du poignet, le plus important cultivateur de la région. Pendant la guerre, il avait été avec ses fils dans la Résistance et avait caché des Juifs. Son idée de génie avait été de tirer parti des terrains inexploitables à cause de la présence d'obus et autres matériels de guerre datant encore de 1914 et de les rendre cultivables. L'exploitation de ces terrains bénéficiait de la non-imposition pendant cinq ans. Il avait pu rassembler ainsi quatre champs d'environ cent hectares chacun. Ceci lui permettait d'avoir une vraie entreprise mécanisée avec les derniers modèles de moissonneuses-batteuses et de tracteurs. La moisson était faite par six personnes seulement : le père Thouvenin lui-même, ses fils Jean, Lucien et René, son gendre Gaston et moi. Je suis sûr que, dans notre sovkhoze Ovtsevod en Sibérie, ce travail aurait mobilisé au moins une centaine de personnes, avec un rendement de près de quatre fois inférieur – seize quintaux à l'hectare au lieu de soixante.

Le dimanche, les parents Thouvenin assistaient à la messe. Jean m'avait dit que c'était à partir du moment où ils étaient devenus riches.

La maison familiale était dans le petit village Fay-en-Haie. J'y avais ma chambre et étais traité comme un membre de la famille. La manière de vivre des Thouvenin n'avait rien à voir avec celle des paysans traditionnels. Ils produisaient du blé qu'ils vendaient à la coopérative agricole, mais pour tous les produits de consommation, ils s'approvisionnaient chez les commerçants, comme le reste de la population du village. La seule exception : les lapins dont un clapier existait au bout du jardin. La cuisine était considérée comme une chose très importante et madame Thouvenin y excellait. Un de ses plats favoris était justement le civet de lapin.

Les blés étaient coupés avec la moissonneuse-batteuse. Chaque fois que son réservoir à grains était plein, on le vidait sur un terrain au bout du champ dans des sacs de 100 kg que l'on entreposait là, en attente des camions de la coopérative. Le travail le plus dur physiquement consistait à les charger dans ces camions avec la méthode « du bâton ». On s'y prenait à deux : chacun tenait d'une main la gueule du sac et de l'autre un bout de ce bâton avec lequel on soulevait le sac par le « cul » et, en le renversant on le posait sur la plate-forme du camion. La manipulation de la moissonneuse exigeait une grande maîtrise : il s'agissait de la conduire et de commander le peigne de coupe de manière à laisser derrière soi un bord d'épis non coupés aussi droit que possible. Quand les blés étaient couchés ou mouillés, il fallait savoir les soulever avec ce peigne. J'avais fait un essai, mais au lieu d'une ligne droite, j'avais laissé derrière moi une magnifique dentelle. J'étais donc assigné à la manipulation et au chargement des sacs. A la fin de la journée, j'étais exténué. Heureusement, il y avait le déjeuner apporté par madame Thouvenin. C'était un régal. En plus des plats qu'elle mettait des heures à préparer, les meilleures bouteilles de la cave du père Thouvenin étaient destinées à la moisson. Les frères m'avaient fait descendre dans cette cave ; il avait fallu qu'ils se mettent à quatre pour me hisser de là !

Une partie de la récolte devait être stockée pour les semailles de l'année suivante. Il s'agissait de monter les sacs sur les épaules, sur une échelle branlante, en tenant d'une main la gueule du sac ouverte et, monté dans le grenier, de laisser couler le blé tout en maintenant le sac sur les épaules (si on avait laissé le sac tomber par terre, il aurait été impossible de le vider). Les frères avaient prétendu que la tâche était réservée au dernier arrivé. Pendant que je montais, ils se tenaient hilares en bas de l'échelle, ce qui rendait la chose encore plus difficile. Heureusement, comme l'avait dit dans le temps Naftali Prywes dans le cabinet du comte Radziwiłł : « je n'avais pas fait honte à ma famille ».

Le week-end il y avait toujours une visite, dans la région, chez les innombrables oncles, tantes ou cousins. C'étaient des ripailles à n'en plus finir. Le samedi soir on allait avec Jean, sur son scooter, dans les bals des villages environnants. L'on nous mettait un tampon sur la main en guise de billet d'entrée. J'avais impressionné tout le monde par mes talents de valseur.

Nous étions repartis à Paris sur le scooter de Jean. J'avais 20 000 francs anciens en poche et deux bouteilles d'eau-de-vie de mirabelle – spécialité de la Lorraine.

Jean avait échappé au service militaire : il avait trop d'albumine dans le sang. Ses reins devinrent, par la suite, complètement déficients. Pendant quelque temps il avait subi toutes les semaines de pénibles séances de dialyse. Finalement, son frère aîné, René, lui avait donné un de ses reins pour la greffe. Il avait vécu ainsi une dizaine d 'années, mais la greffe avait fini par être rejetée. R-φ, Mimi et moi, étions allés à son enterrement à Fay.

Plus tard, Emmanuel, le fils de Sylvie Drouin, avait eu le même problème et avait pu survivre aussi grâce à une greffe. Sa grand-mère Ghiza m'avait fait abonner à la revue de l'association des greffés. J'y avais trouvé un article sur Jean. Il aura été un des premiers greffés par le célèbre professeur Hamburger. La technique n'était pas encore au point.

J'étais rentré à Paris avec la ferme intention de rattraper l'année que je venais de perdre. Je m'étais donc inscrit à trois certificats à la fois : Physique générale, Mécanique rationnelle et Physique mécanique et expérimentale. Les travaux pratiques de ce dernier avaient lieu au laboratoire de Saint-Cyr. Nous y allions à quatre : Lucien Henri, R-φ, moi-même et Henri Martial, un garçon brillant, devenu par la suite PDG de Bouygues OffShore. Un miracle : au printemps, j'avais réussi les examens de Physique générale avec la mention bien et de Mécanique rationnelle puis, en automne, celui de Mécanique physique et expérimentale!

Avec mon diplôme de licence en poche j'étais allé voir le directeur de Supélec. Une nouvelle catastrophe : l'admission sur titre y était possible, mais pas automatique. Avec ma « mention bien » en Physique générale j'avais toutes les chances d'être admis mais... seulement pour l'année suivante. Ceci m'avait permis de passer l'année sans doute la plus agréable de ma vie. Je m'étais inscrit à deux certificats : Méthodes mathématiques de la physique et Physique nucléaire. Sûr d'être l'année suivante à Supélec, je suivais les cours en dilettante. J'admirais ceux de Laurent Schwartz, auteur de la théorie mathématique des distributions et étais subjugué par le décorum de l'Institut Pierre Curie, dirigé par Marie Joliot-Curie, qui y était aussi professeur ; on avait l'impression de côtoyer les pionniers des découvertes de la radioactivité. Les laboratoires avaient gardé leur petit air vieillot avec leur parquet, les armoires en bois avec portes vitrées où étaient gardés les instruments de mesure. A cinq heures, on prenait le thé avec toute l'équipe des professeurs, dont l'un, Teillac, devint par la suite, haut commissaire du CEA. J'étais assez actif à l'Union des étudiants juifs de France, où je m'occupais de la coopérative.

J'arrondissais mes fins de mois en faisant des petits boulots chez les fabricants du Sentier et en donnant des leçons particulières.

En été, j'avais fait un stage en Normandie, à la raffinerie de pétrole de la Mobil Oil, à Notre-Dame-de-Gravenchon. Je m'y étais lié d'amitié avec un étudiant à l'Ecole de physique et chimie de Lyon. J'avais failli tomber de ma chaise quand il m'avait raconté que, pendant la guerre, son père avait été dans la milice. Il y occupait un poste de simple gratte-papier, mais ce souvenir gênait beaucoup mon camarade. Il me parla de petits cercueils en bois qu'ils recevaient par la poste, juste avant la Libération À la fin du stage, j'étais allé à Etretat où la famille Drouin passait les vacances. Ceci m'avait permis de visiter avec eux le château de Cuverville, propriété de Madeleine Gide, héritée par le frère de Jacques Drouin où j'avais vu la véritable

« porte étroite » et laissé la marque de ma taille dans l'embrasure d'une porte, juste à côté de celle de « l'oncle André ».

Comme prévu, je fus admis sur titre à Supélec. J'y retrouvai François, ami d'un de mes anciens cothurnes du foyer de l' Entraide. Il y était entré sur concours. Comme c'était le seul que je connaissais, il était devenu mon « binôme » pour les travaux pratiques et pour les projets ; on était donc amenés à passer beaucoup de temps ensemble. Quelques semaines après la rentrée, Lucien Henri nous avait rejoints. Un ami de François, Jean-François, y était aussi, mais dans la section électronique.

Pajol m'avait demandé de venir le voir. Il était maintenant marié et sa femme attendait un enfant. Son appartement de la rue Durantin était devenu trop petit pour qu'il puisse continuer à y donner des leçons. Il me proposa de m'y installer contre un modeste loyer de 5000 francs (anciens) par mois. Bien entendu j'avais accepté et proposé à Jean-François de partager ce logement ainsi que toutes les charges. Je m'aperçus qu'il recevait, à notre adresse, le courrier de la cellule communiste du quartier. Je lui avais expliqué que j'étais réfugié politique et que ce genre de choses pourrait gâcher tout mon avenir – le courrier avait cessé d'arriver.

Le père de Jean-François, médecin à Niort, lui avait fait cadeau d'un scooter – nous nous en servions, indifféremment, l'un et l'autre. Il avait des amis connaissant parfaitement le labyrinthe des catacombes de Paris. Lors de l'une des visites de celles-ci, il avait rapporté un crâne humain. Nous l'avions mis dans la cheminée, en général fermée. La femme de ménage avait voulu la nettoyer – en l'ouvrant, elle s'était évanouie.

J'avais retrouvé le bizutage qui m'avait tellement impressionné en taupe. Ici il était beaucoup plus sophistiqué et avait l'appui de la direction. Assistaient à la cérémonie la marraine de notre promotion - Zizi Jeanmaire, ainsi que le parrain – un homme politique – Coudé du Foresto. On racontait que, accosté par une prostituée, il se serait écrié :

- Voyons madame, je suis Coudé du Foresto !
- T'en fais pas, on se débrouillera.

On était tous en slip et on passait sous des tables d'où pendaient des fils nous envoyant des décharges électriques dans les fesses. A la fin on se retrouvait sur une planche savonnée et on atterrissait dans un baquet d'eau chaude.

J'ai l'impression que les études à Supélec avaient essentiellement pour but d'apprendre aux gens à travailler. C'était vrai en particulier pour les projets. Nous les terminions, dans le restaurant de l'hôtel des parents de Lucien, la nuit précédant le jour où ils devaient être rendus.

Le programme était très technique, loin des théories générales qui me passionnaient à la fac.

Pendant les vacances je fis un stage à l'EDF avec d'autres étudiants de Supélec. Nous avions visité les centrales hydrauliques installées sur la Dordogne. L'une d'elles avait pour mission la régulation de la fréquence de l'ensemble du réseau électrique français. L'ingénieur qui nous accompagnait avait tourné une manette ; une aiguille sur un cadrant s'était mise à bouger : la fréquence de tout le réseau électrique de France était en train de baisser.

J'étais impressionné : il faisait retarder toutes les horloges électriques du pays juste pour nous en mettre plein la vue !

Ensuite, j'étais resté, pendant trois semaines, à la centrale de Saint-Lary. Mon sujet de stage était « la sécurité du personnel ». Des monteurs étaient en train d'y construire un téléférique qui allait faire de ce trou perdu une station de sports d'hiver à la mode.

Herbert m'avait envoyé une carte postale en alexandrins. Piqué au vif, j'avais répondu par :

Fort peu s'amusent
Les étudiants
A de la muse
Etre servants ;

Aussi R-φ
C'est moi Joseph,
Qui te le dis :
Tu es un chef.

D'ailleurs R-φ
Tu le sais bien ;
Je te le dis
Non pas pour rien :

Quand je te loue
Pour tes écrits,
Je m'attribue
Le même prix.

Herbert avait porté aux nues mes talents poétiques, tout en prodiguant quelques remarques sarcastiques quant à la pauvreté de certaines rimes, en particulier dans la dernière strophe.

Le stage suivant était en Israël, à la compagnie Tahal, où travaillait Shaïa Prywes. J'avais pour mission de faire un projet d'amélioration du système de commande d'un réservoir d'eau potable. Le plus difficile était de faire un schéma sur du papier-calque avec un crayon gras qu'il fallait tout le temps aiguiser. Ce fut pendant ce stage que j'avais compris définitivement que je n'avais décidément pas d'atomes crochus avec les sabras israéliens.

A Orly j'étais attendu par des amis. A la radio on entendait en permanence : « bip-bip-bip » : l'URSS venait de lancer dans l'espace le premier satellite (спутник - *spoutnik*) artificiel.

J'étais maintenant en deuxième et dernière année de Supélec. Les parents de la femme de François possédaient une magnifique maison dans un grand jardin ombragé. Nous y allions, quelquefois, préparer nos examens. Pour pouvoir travailler en paix François avait loué une chambre en ville. Sa femme était tout étonnée : « je pensais qu'il y avait une crise du logement ». Ceci m'avait rappelé l'histoire suivante qu'on se racontait, entre amis sûrs, à Slavgorod :

Un nouvel arrivant dans la ville passe son temps à se plaindre de la pénurie généralisée qui y règne. Il finit par se faire rappeler à l'ordre par un fonctionnaire du Parti :

- вы бы товарищ меньше по городу шлялись а больше газеты читали (Camarade, vous feriez bien de passer moins de temps à traîner en ville et à lire plus attentivement les journaux) »

La femme de François était une lectrice assidue de *l'Humanité.*

Les Platters étaient venus à Paris donner un récital à l'Olympia. Nous y étions allés. A la sortie, la femme de François avait fait tout un prêche sur la dégénérescence de l'art américain. En revanche, tout ce groupe était en extase devant les chants et danses folkloriques des Pays de l'Est. Je pense que c'est depuis ce temps que j'ai une aversion pour cette musique, aversion accentuée par mon travail ultérieur dans ces pays où il fallait que je fasse semblant de m'enthousiasmer quand, après une fatigante journée de travail, un chef du protocole nous annonçait avoir obtenu pour nous le privilège d'être invités le soir à ce type de spectacle.

J'avais envoyé une lettre de candidature spontanée à la société Bull et fus convoqué pour entretien avec le psychotechnicien maison.

- Quel type de poste recherchez-vous ?
- Je ne sais pas ; n'ayant encore jamais travaillé, je ne connais pas du tout l'industrie.
- Cela n'a pas d'importance, on va vous faire passer un test et on le saura tout de suite.

J'avais eu à répondre à un très long questionnaire où il fallait donner sa préférence à des dilemmes du genre :

« Préférez-vous passer votre dimanche à réparer votre vélo ou avec Brigitte Bardot à la campagne ? »

J'avais rempli consciencieusement la feuille. Elle avait été dépouillée par la secrétaire qui avait présenté les résultats sous la forme d'une courbe.

Après y avoir jeté un bref coup d'œil, le psychotechnicien avait eu une grimace.

- Avez-vous fait ce test sérieusement ?
- Oui.
- En êtes-vous sûr ?
- Absolument, pourquoi ?
- Ce n'est pas un test d'ingénieur.
- ???

Il m'avait montré alors la courbe avec, en abscisses, les domaines à considérer et, en ordonnées, l'intensité relative d'intérêt que je manifestais à leur égard. Je n'attachais, semble-t-il, aucune importance à la technique et à l'administration. En revanche, j'étais passionné pour le marketing et les relations humaines.

- Votre vocation est d'être commerçant.
- Monsieur, j'ai fait pendant des années des études pour devenir ingénieur et ce n'est pas maintenant que je vais changer d'avis !

J'étais sorti presque en claquant la porte.

Il y avait eu le putsch des colonels à Alger. De Gaulle s'était présenté comme le seul recours possible contre la prise de pouvoir par une junte militaire. Le Président de la République Coty allait lui céder son poste. C'était tout à fait illégal. J'avais participé à la grande manifestation, de la République à la Bastille, pour protester. Heureusement, celle-ci n'avait eu aucun effet sur le cours de l'Histoire et de Gaulle était venu au pouvoir. Il avait alors tout loisir pour devenir dictateur. Il n'en avait pas profité.

Après avoir obtenu le diplôme tant attendu de « ingénieur ESE », j'étais allé rejoindre en Espagne, sur la Costa Brava à Salou, un ami du foyer de l'Entraide Michel Zahachewski, et un de ses amis. Ils y étaient venus dans la 2CV de ce dernier. C'était l'époque de Franco, la Guardia civile était omniprésente, il y avait tous les stigmates d'un pays en voie de développement, mais la Costa Brava n'était pas encore défigurée par les marinas, dans les restaurants on servait la vraie cuisine locale et on pouvait marchander le prix du repas. Nous avions fait tout le tour d'Espagne en passant par Barcelone, Valence, Alicante et Grenade. Au retour, nous avions eu une panne, irréparable sur place, qui nous obligeait à rouler à quarante à l'heure. C'était d'autant plus pénible que nous traversions une contrée torride. Au loin, il y avait les Pyrénées avec, au-dessus, des nuages. Nous les avions finalement atteintes et, brusquement, après le désert, nous nous étions trouvés en pays de cocagne : de la verdure partout, de l'eau murmurant dans les ruisseaux, des troupeaux de vaches, des petits restaurants avec les spécialités du pays. Ce fut là où je me rendis vraiment compte de l'extraordinaire beauté et de la richesse de la France !

16. DEBUTS DE TRAVAIL

C'était l'époque des trente glorieuses et la recherche du premier emploi ne m'avait pas posé trop de problèmes. J'étais entré à l'EDF, au Centre de recherches hydrauliques de Chatou où j'avais retrouvé deux camarades de ma promotion. J'y étais responsable des pompes hydrauliques à métaux liquides destinées à la future centrale nucléaire à neutrons rapides devant utiliser le sodium comme liquide de refroidissement.

En choisissant ce poste, j'étais en accord avec ma conviction que la recherche doit être la suite normale des études d'ingénieur. J'étais resté à Chatou deux ans. Au début le travail était assez prenant : il fallait faire appel aux connaissances d'électromagnétisme et de mécanique des fluides, imaginer et faire réaliser par les agents techniques des outillages pour les expériences et conduire celles-ci. Les résultats étaient obtenus sous forme de réseaux de courbes qu'il fallait étudier en fonction de paramètres variables. Ce dépouillement était fait par un agent technique à l'aide d'une machine à calculer mécanique et il fallait attendre les résultats pendant plusieurs jours : ces calculs prendraient aujourd'hui quelques minutes à un PC.

J'étais arrivé, finalement, à la conclusion que le principe même des pompes que j'étudiais n'était pas adapté à l'utilisation que l'on voulait en faire et que mon travail conduisait à une impasse. D'autre part, en tant qu'étranger, je ne pouvais être titularisé à l'EDF et je n'avais donc aucun des avantages dont bénéficiaient mes camarades français. En plus mon salaire était inférieur à ceux qui étaient dans le privé. Aussi, sans même attendre une autre affectation, j'avais changé de société et j'étais entré au Centre de recherches de la CGE (Compagnie Générale d'Electricité, devenue après Alcatel Alsthom), à Marcoussis, à une trentaine de kilomètres de Paris par la nationale 20, à la section d'électricité automobile.

Pour mes vacances j'étais allé, avec ma première voiture, au Club Méditerranée à Palinuro, au sud de l'Italie. Au retour, j'avais passé deux semaines à Florence, ville où je suis retourné plusieurs fois depuis. Un détail m'avait frappé dans les divers tableaux de représentation de la Cène – le dernier repas du Christ avec ses apôtres, dont un grand nombre orne les églises de la ville : les treize personnages, tous juifs, sont montrés de face, blonds aux yeux bleus, comme si leurs ancêtres avaient été des Gaulois. Seule exception : Juda, aux cheveux foncés, est vu de profil, ce qui souligne ses traits sémites. J'avais constaté, par la suite, que ceci était vrai pour tous ces tableaux dans le monde, entre autres, le plus connu – celui de Leonardo da Vinci.

Ce fut à cette époque que j'avais lu *La Promesse de l'Aube* de Romain Gary et que je m'étais aperçu que l'on avait des points communs. Je lui avais écrit une lettre, pensant qu'il allait être fou de joie en apprenant mon existence. J'avais eu une longue réponse manuscrite, prouvant qu'il avait lu mon envoi, mais aucune allusion à une rencontre. J'étais déçu. Une de mes connaissances était alors manucure au salon de coiffure Dessange. Elle avait, parmi ses clientes, Jean Seberg, la femme de Gary. Je lui avais confié la mission :

- Fais comme tu veux, mais fais-toi inviter chez Jean Seberg et emmène-moi avec toi.

Une semaine après, elle m'annonçait :

- C'est fait, samedi nous y allons.

Rue du Bac, c'était un domestique asiatique qui ouvrit la porte. Gary, très vieille Pologne, avait salué mon amie d'un baisemain.

J'avais été surpris par le salon : aucun meuble à part une multitude de fauteuils que l'on pouvait déplacer à sa guise – un endroit pour recevoir où les gens pouvaient adapter la configuration des sièges en fonction de leurs affinités. Je me suis inspiré de cette idée, plus tard, dans mon appartement de Charenton.

La soirée fut très chaleureuse. A part nous il y avait un peintre polonais avec sa femme. La conversation se déroulait, en partie, en polonais. J'avais été frappé par l'extrême fragilité de Jean ; on aurait dit une statuette en cristal. De lui j'ai retenu :

- Vous savez, un peu de dégénérescence, c'est extrêmement agréable.

Et encore :

- Les contes pour enfants sont toujours pessimistes ; on ne devrait pas les laisser entre leurs mains.

Ceci m'avait rappelé la frayeur que m'inspiraient les contes de Grimm qu'Aniela me lisait dans mon enfance. J'étais entièrement d'accord avec Gary.

En parlant de *Lady L* il m'avait demandé :

- Vous l'avez lu en français ou en anglais ?
- En anglais.
- Lisez-le en français, vous allez voir, c'est encore mieux !

Dans sa bouche cela n'avait rien de prétentieux ; c'était une simple constatation.

Jean avait raconté un séjour chez Charles Chaplin en Suisse. Il passait son temps à raconter des histoires, à son avis drôles, mais qui, en fait, ne l'étaient pas du tout et tout le monde se croyait obligé d'en rire.

On avait beaucoup palabré sur les raisons de suicides de Gary et de sa femme. A mon avis, elles sont évidentes :

- Pour elle, c'est la fragilité que je viens d'évoquer qui l'avait rendue complètement paumée après leur séparation ;
- Quant à lui, il l'avait écrit dans *Au-delà de cette limite, le ticket n'est plus valable* ; il avait la hantise de devenir impuissant. Ah, si le Viagra avait été mis au point quelques années plus tôt !

J'avais passé deux ans à Marcoussis. Finalement, j'avais compris que la recherche ne m'intéressait vraiment pas et qu'il fallait que je me trouve une autre voie. Celle-ci fut l'ingénierie. Je fus embauché par la S.A. Heurtey.

17. HEURTEY

Cette société avait deux départements séparés : la métallurgie, qui réalisait des fours pour l'industrie sidérurgique et la pétrochimie, spécialisée dans l'engineering des installations chimiques et pétrochimiques. Elle était dirigée d'une main de fer par Paul Heurtey qui l'avait développée après la guerre à partir d'une affaire familiale. La France était en train de reconstruire son industrie et le filon de commandes avait l'air d'être sans fin. J'étais ingénieur au département Métallurgie. J'avais des contacts avec les clients et les sous-traitants, je voyageais beaucoup, le travail me plaisait. Et *last but not least,* mon salaire avait été multiplié par deux par rapport à Marcoussis. J'aimais surtout les mises en route. Toute l'équipe ayant participé au projet y prenait part. On travaillait jour et nuit et l'ambiance était enthousiaste. Je devais donner, sur-le-champ, les indications pour corriger les défauts de fonctionnement apparus après le montage. J'étais flatté par la confiance avec laquelle elles étaient acceptées par mes collègues et, encore plus, par les résultats qui confirmaient leur justesse.

J'avais été convoqué par le neveu de Paul Heurtey, Maurice Hayaux du Tilly, un ancien de Supélec : nous allions recevoir un groupe de sidérurgistes soviétiques et, comme mon dossier précisait que je connaissais le russe, j'allais accompagner la délégation durant son séjour. Nous avions voyagé, pendant une semaine, à travers toute la France sidérurgique. Les contacts avec l'URSS étaient encore très rares. Paul Heurtey en avait profité pour faire la promotion de sa société auprès de nos clients français. A la fin, le vice-ministre qui présidait la délégation nous avait invités en Russie. Paul Heurtey m'avait annoncé que je ferais partie du voyage.

Celui-ci avait eu lieu en octobre 1963. Y prenaient part les directeurs de la plupart des groupes sidérurgiques français. De chez nous, il y avait Paul Heurtey, Maurice Hayaux du Tilly, le directeur général du département Métallurgie et deux ingénieurs en chef. Nous avions voyagé en première classe avec une correspondance à Amsterdam.

Le consulat soviétique m'avait délivré le visa sur mon titre de voyage de réfugié. Malgré toutes les assurances que l'on m'avait données à Paris, j'avais l'estomac dans les talons quand l'avion s'était posé sur la piste de l'aéroport de Cheremetievo: et si les Russes me refoulaient ou, pis, me gardaient pour toujours ? Mon appréhension s'était encore amplifiée quand un soldat, en uniforme kaki, avait ramassé, dans l'avion, les passeports de tous les passagers. Nous avions fait, à pied, les quelques dizaines de mètres qui nous séparaient de l'aérogare – un tout petit immeuble qui existe, encore aujourd'hui, à côté du long bâtiment sans grâce de Cheremetievo 1. Une représentante du comité d'état de la recherche, le KNIR, nous attendait au salon *Intourist*, réservé aux voyageurs étrangers. Elle s'appelait Zlata Ivanovna Lapteva. J'avais eu à faire à elle pendant tout mon travail ultérieur en URSS. Elle avait la même activité encore en 2000. Nous attendions nos passeports. Finalement, un autre militaire les avait apportés, les avait mis en tas sur la table et s'était mis à aboyer, en les écorchant, les noms des détenteurs. Je poussai un ouf de soulagement quand je reçus mon viatique comme tout le monde.

Je n'avais jamais été à Moscou, mais j'avais tout de suite reconnu la Russie de mon enfance grâce aux odeurs : celle de l'essence mal raffinée des voitures, de la colle dans les bureaux de poste, du désinfectant dans les lieux publics, des choux dans les hôtels, du tabac, de la transpiration (l'usage des déodorants n'était pas encore répandu et cela, malheureusement, pas seulement chez les hommes).

Nous étions logés à l'hôtel *Leningradskaïa* – un des sept gratte-ciel de l'époque kitsch stalinienne. N'ayant jamais habité à l'hôtel du temps de Slavgorod, j'avais fait connaissance avec la sacro-sainte *diejournaïa* – gardienne d'étage distribuant les clefs des chambres, ayant la main haute sur les femmes de ménage, contrôlant les entrées/sorties, interdisant les visites après 23 heures et faisant, tous les matins, un rapport au milicien de service sur les absences nocturnes éventuelles des locataires. Malgré l'attente interminable devant les ascenseurs, la robinetterie défectueuse des salles de bains, le travail très superficiel des femmes de ménage, l'odeur de cuisine dans les étages, l'impression d'être surveillé à chaque instant, j'avais une étrange sensation de sécurité grâce à l'épaisseur des murs, aux doubles fenêtres, aux haut-parleurs dans les chambres marmonnant d'une voix lénifiante des nouvelles « positives ». Ce sentiment, je l'avais toujours éprouvé par la suite quand, après la cohue de l'aéroport, l'attente devant la réception avec l'angoisse que l'Intourist n'honore pas l'engagement de l'agence de voyages pour l'attribution de la chambre, je me trouvais finalement dans celle-ci, isolé du monde occidental dans lequel à chaque instant les médias annonçaient une catastrophe : un tremblement de terre, une grève, un crash d'avion ; ici rien de tel ; la vie s'écoulait doucement et il semblait qu'il en serait ainsi jusqu'à la fin des temps...Pourtant, en 1991, donc postérieurement à l'éclatement de l'URSS, après une absence de trois ans pour des raisons que je raconterai plus loin, lors d'une visite à un couple de vieux amis russes, la maîtresse de maison s'était exclamée admirative :

- Joseph, vous avez été le seul à avoir prédit ce qui est arrivé !

Je m'étais souvenu, effectivement, d'une conversation au cours de laquelle, par goût du paradoxe, j'avais développé la théorie de Machiavel disant que le seul moyen d'abattre un pouvoir absolu était de s'attaquer à sa tête. J'avais ajouté que, dans le cas de l'URSS, cela ne pouvait arriver que de l'intérieur. Bien entendu, je ne croyais, alors, pas un mot de ce que je disais !

Nous avions visité, pendant notre séjour, plusieurs instituts de recherche et usines sidérurgiques, à Moscou, Donetsk, Krivoï Rog, Kharkov. Cette industrie étant l'enfant chéri du régime, les installations étaient en général bien tenues et d'un niveau acceptable, mais nous étions surpris par l'abondance de la main-d'œuvre. Je jouais le rôle de guide-interprète, interface avec les autorités. J'avais récupéré assez vite suffisamment de russe pour faire l'interprétation, sinon parfaitement, du moins beaucoup mieux que les traducteurs que l'on mettait à notre disposition dans les usines.

Nous avions fait la connaissance des *Bieriozkas*, magasins en devises réservés aux étrangers où l'on pouvait se procurer caviar, fourrures, boîtes en papier mâché peintes à la main, *matriochkas,* bijoux en ambre... Mon directeur général y avait fait provision de plusieurs boîtes de deux kilos de caviar.

De retour en France, c'était moi qui fus responsable du rapport du voyage : j'avais collecté, auprès des participants, leurs impressions sur les différents sites visités et rédigé une préface « généralités ». J'avais reçu une note du caissier me demandant de traduire les justificatifs en russe pour la note de frais du D.G. : il s'agissait du caviar. J'avais réussi à trouver des termes très généraux pour ne pas compromettre mon D.G. et, par voie de conséquence, ma carrière au sein du groupe.

J'avais rencontré Paul Heurtey dans l'ascenseur. Il m'avait demandé :

- Voulez -vous être responsable de cette partie du monde ?
- Oui.

Le lendemain une note de service me mutait au service Exportation.

18. MARIAGE AVEC SUSIE ET NAISSANCE DE MES ENFANTS

Chez un lointain parent, j'avais fait la connaissance d'une jeune Anglaise d'origine tchèque. Ses parents avaient émigré des Sudètes en 1938 quand elle avait deux ans. Son père, médecin, ayant exercé dans le Pays de Galles, venait de mourir. Ses grands-parents, restés à Teplice Sanov, avaient été exterminés par les Allemands. Nous nous étions plu. Elle était venue habiter avec moi rue Durantin. Nous nous étions mariés en 1964. Peu après, Marc naissait à l'hôpital Foch à Suresnes, dont le gynécologue en chef, Lévi, était un ami des Kamiński. Je ne pourrai jamais exprimer toute l'intensité de mon émotion. J'avais l'impression que, dorénavant, ma vie serait divisée en deux périodes : avant que je ne sois devenu père et après.

Susie avait de l'asthme et était depuis plusieurs années sous cortisone. Elle me l'avait dit avant le mariage, mais je n'y avais pas attaché beaucoup d'importance. La médecine considérait alors ce traitement comme la panacée et on n'avait pas assez de recul pour en saisir tous les effets secondaires néfastes. J'avais été terrifié quand j'avais assisté pour la première fois à sa crise : elle avait l'air de suffoquer. Le médecin qui la suivait avait essayé, sans résultat, de la sevrer de la cortisone. Après quelques tests, il avait conclu que la cause ne pouvait être que psychologique. Susie avait pris comme une insulte ma suggestion de consulter un psychanalyste. Nous étions allés voir, à l'hôpital Beaujon, le professeur Turiaf, grand spécialiste de cette maladie. J'avais senti qu'il était très ému à la fin de la consultation. Il avait expliqué à Susie les règles de vie qu'elle devrait avoir dorénavant. Quelques années après, le médecin traitant de Susie lui avait montré la lettre de Turiaf où celui-ci lui annonçait qu'elle n'avait plus que deux ans à vivre. Cette prophétie ne s'était heureusement pas concrétisée : elle a vécu encore pendant trente ans, mais comme on le verra par la suite, sa maladie a eu une influence néfaste sur son caractère et sur notre couple.

Elle avait trouvé du travail dans une association philanthropique américaine *Save the Children Federation* en tant qu'interface entre les donateurs américains et les bénéficiaires bretons : elle établissait les rapports sur la manière dont l'argent des premiers était utilisé et sur les résultats obtenus par les seconds.

Paul Heurtey, qui commençait à prendre de l'âge, avait décidé de se trouver un successeur en la personne de Pierre Taranger, un des hauts responsables du CEA. Celui-ci dirigeait, dorénavant, la société aux côtés de Paul.

Le département Pétrochimie avait reçu un appel d'offres pour une usine d'engrais complexes pour l'URSS et suivait ce projet via deux sociétés de représentation à la fois. L'une, Sorice, était présidée par un polytechnicien, Piccard, juif et communiste comme la plupart de ses collaborateurs. L'autre, Ricom, appartenait à un dénommé de Michel, bien introduit dans les milieux gaullistes – un de ses collaborateurs était le général Pouyade, ancien commandant de l'escadrille Normandie-Niémen pendant la guerre. Bien entendu de Michel et Piccard se détestaient. C'était dans ce contexte délicat que je m'étais occupé d'aider ma société à obtenir le contrat auprès de la centrale d'achats : Techmashimport.

Nous étions plusieurs à faire partie de l'expédition lors du premier voyage au titre de cette affaire, entre autres : mon chef, directeur Exportation du groupe et sa secrétaire, en même temps sa petite amie. Comme il était aussi directeur commercial de Sofrecid, autre création de Paul Heurtey, le billet de celle-ci était pris au titre de cette dernière. Il n'avait pas remarqué que tout le monde était au courant de ce stratagème et que cela faisait les gorges chaudes de toute la société.

Grâce à l'entremise de de Michel, nous avions été reçus, au déjeuner, par l'ambassadeur de France, Déjean. De Gaulle en parle dans ses mémoires comme de celui qui avait organisé sa diplomatie à Londres. C'était un petit bonhomme, rondouillard et sympathique, tout à fait différent de ses successeurs, tous sortis du moule ENA, grands, minces, portant le costume trois-pièces et jonglant avec l'imparfait du subjonctif, que j'avais connus par la suite. Il m'avait surpris par un discours en russe à l'attention des hôtes soviétiques. Sa femme était une grande fervente des ballets classiques russes, dont elle faisait la promotion en France.

Nous devions rester plus d'une semaine à Moscou et nous en avions profité pour passer le week-end à Léningrad. Nous étions logés dans le meilleur hôtel de la ville *Astoria*, en face de la cathédrale Saint Isaac.

En arrivant, j'avais ramassé les passeports de tout le monde pour les donner à la réception. Mon chef m'avait donné le sien, accolé à celui de sa secrétaire. Néanmoins, la jeune femme avait eu sa chambre à un autre étage que son patron. Il avait fait des pieds et des mains pour lui en faire attribuer une à côté de la sienne et, à mon grand étonnement, avait réussi. Plusieurs années après, quand ni lui ni moi n'étions plus chez Heurtey, j'avais eu, un soir, un coup de fil d'une dame qui s'était présentée comme sa femme. Elle était en instance de divorce et me demandait de témoigner en sa faveur. Quand je lui avais dit que je ne saurais pas quoi dire, elle m'avait suggéré cette histoire de chambre à Astoria. J'avais refusé poliment de lui rendre ce service car je n'avais rien contre son mari. Le lendemain, c'était lui qui m'invitait à déjeuner. Durant deux heures il tourna autour du pot. Finalement, pour ne pas le faire languir, je lui avais raconté ma conversation avec son épouse et il était parti soulagé.

C'était après le 20ème congrès où Khrouchtchev avait prononcé son fameux discours dévoilant les crimes commis pendant la période « du culte de la personnalité », c'est-à-dire sous Staline. Il y avait eu la campagne de réhabilitation des *zeks* politiques. La *loi du 100e kilomètre* fut abolie et de nombreux « réhabilités » rentrèrent à Moscou. Tout le monde était maintenant au courant de ce qui s'était passé. Pourtant, les anciennes habitudes avaient la vie dure. Le KGB était toujours omniprésent. Les interprètes-hôtesses que nous engagions pour les expositions devaient faire un rapport à cet organisme sur chacun des étrangers présents au stand. Comme, entre-temps, des rapports d'amitié s'établissaient, elles nous le montraient avant de le transmettre. L'annotation la plus anodine était « s'intéresse surtout aux jeunes femmes ». Il était évident, néanmoins, qu'en cas de besoin, elles pouvaient être convoquées et ne pourraient alors résister aux interrogatoires des spécialistes qui leur extorqueraient tout ce qu'ils voulaient savoir sur le compte de chacun de nous. Tout était fait pour cloisonner les autochtones des étrangers. Dans les aéroports, il y avait des salles d'attente Intourist, inaccessibles aux Soviétiques. L'explication officielle était que c'était pour éviter de nous infliger les infrastructures assez primitives dont devait se satisfaire le *vulgum pecus sovieticus*. Si nous nouions des rapports avec des voisins de table dans les restaurants, ceux-ci étaient discrètement rappelés à l'ordre par les représentants du KGB, présents dans la salle. On n'était d'ailleurs pas sûr que le voisin en question ne soit pas, aussi, « un honorable correspondant ».

J'avais déposé une demande de naturalisation. Taranger, qui connaissait ma situation de réfugié, m'avait appelé dans son bureau et m'avait présenté à son visiteur, directeur du personnel du CEA. Il lui avait recommandé de suivre ma demande au ministère de l'Intérieur. Par ailleurs, une cousine de madame Drouin, Irène Lax, femme du fondateur des Trucages Lax qui avaient le monopole, dans ce domaine, dans l'industrie cinématographique française, m'avait recommandé à un inspecteur de la préfecture de Police que les Lax avaient connu dans la Résistance. Il faisait partie du service responsable des enquêtes sur les candidats à la naturalisation. Quelque temps après, j'avais reçu un coup de fil de sa part :

- Je vous félicite d'être devenu français.
- ???
- Le décret est paru dans le *Journal Officiel*, vous pouvez acheter le dernier numéro.
- Je vous remercie beaucoup. Pour vous exprimer ma reconnaissance, je voudrais acheter un petit cadeau à vos enfants. Qu'est-ce qui leur ferait plaisir ?
- Un tourne-disque.
- Combien cela peut coûter à votre avis ?
- Environ 700 francs.
- Cela ne vous ennuie pas que je vous envoie un chèque, comme cela vous pourrez le choisir vous-même ?
- Pas du tout, ce sera très bien.

Je ne sais toujours pas à qui je dois ma naturalisation ; peut-être à personne car, en fait, rien ne s'opposait, je crois, à ce que l'on me l'accorde.

Susie s'était plainte d'avoir mal à l'estomac.

- Es-tu sûre de ne pas être enceinte ?
- Absolument.
- Va quand même voir Lévi.

Elle était enceinte de trois mois. Un soir, nous étions au cinéma Panthéon rue de la Sorbonne, quand son ventre s'était fait de nouveau sentir.

- Es-tu sûre de ne pas être en train d'accoucher ?
- Absolument, j'ai tout simplement mal à l'estomac.
- A tout hasard, allons à l'hôpital.

Je l'avais emmenée directement à Foch. Mon diagnostic s'était, bien entendu, avéré exact. Je l'y avais laissée, étais rentré à la maison et étais de retour à l'hôpital à 5 heures du matin, juste au moment où on venait de couper le cordon ombilical de Jérôme. Susie avait l'air heureuse.

Avec deux enfants, l'appartement de la rue Durantin commençait à être vraiment trop petit. J'avais pu obtenir, chez Heurtey, un appartement de fonction à Asnières, rue Bernard Jugault.

Comme me l'avait dit Paul Heurtey, j'étais responsable non seulement de l'URSS, mais de tous les Pays de l'Est. Le hasard des appels d'offres avait fait que, tout en suivant les affaires en URSS, je m'étais surtout occupé de la Pologne et de la Roumanie.

Avant d'aller pour la première fois en Pologne, j'avais informé de mon arrivée mon ami de Reytan, Maciek Dubois. Il m'attendait à l'aéroport avec sa « Fiat Polski. » Il avait fait des études de droit et était avocat. Fils d'un dirigeant de l'aile gauche du parti socialiste polonais prônant, avant la guerre, la coopération avec les communistes, déporté par les Allemands et mort en camp de concentration, Maciek avait l'avantage d'être *persona grata* pour le régime dont il connaissait personnellement les dignitaires, tout en étant accepté par les non-communistes. Tout naturellement, il devint, par la suite, bâtonnier de l'ordre des avocats de Pologne. Il habitait avec sa femme et son fils le même appartement que j'avais connu avant de quitter Varsovie. Le soir, il avait invité deux autres copains du lycée. Pour eux comme pour moi, la rencontre fut inespérée et nous étions restés ensemble jusque tard dans la nuit.

J'avais retrouvé aussi mon ami de la maison d'enfants Edek. Il était diplômé de l'école du ministère des Affaires étrangères où il était maintenant fonctionnaire. Entre-temps il avait été en poste en France à Lille (je l'avais rencontré plusieurs fois à cette époque), où il s'était marié avec une fille d'émigrés polonais « ethniques » du Nord. Il s'était acheté une voiture d'occasion et, après l'avoir vendue de retour en Pologne, avait pu se procurer un petit logement dans la banlieue de Varsovie.

Malgré toutes ces connaissances, je ne me sentais pas chez moi dans ce pays. J'étais un étranger avec pour seule caractéristique particulière la connaissance de la langue. J'avais toujours l'impression, probablement juste, que tous mes interlocuteurs me classaient comme Juif dès qu'ils entendaient mon nom. Heureusement, ceci n'avait aucune conséquence.

Quand j'avais déposé la demande de visa pour le voyage suivant, le consul avait demandé à me voir. Il m'avait expliqué que, pour les Polonais, j'avais toujours la nationalité polonaise. Pour la bonne règle et pour ne pas avoir d'embêtements par la suite, je devais faire une demande de résiliation de nationalité auprès du Conseil d'Etat polonais. Je le fis et, quelques temps après, reçus, de l'ambassade, la notification de la décision de m'accorder la permission de changer de nationalité.

En 1967, il y avait eu la guerre de Six jours entre Israël et ses voisins arabes. Le corps des officiers polonais avait pris parti pour Israël : « ce sont nos Juifs qui mettent une raclée aux Arabes ». C'était tout à fait contraire à la ligne du Parti. Sous l'impulsion du chef de la sécurité, le général Moczar, une violente action antisémite fut déclenchée. Dans toutes les entreprises s'organisaient des meetings fustigeant les « éléments sionistes » qui voulaient détruire les acquis de la République populaire. Les Juifs étaient chassés, sans ménagement, de tous les postes de quelque responsabilité et incités à quitter le pays pour Israël, pour bien montrer l'obédience qu'ils avaient toujours cachée vis-à-vis de ce pays. Comme beaucoup n'avouaient pas leur origine, une véritable organisation de style nazi avait été mise en place pour débusquer ces ennemis du peuple. Lors d'une de mes visites, au moment du départ, le policier au contrôle des passeports était très nerveux. Quand j'avais présenté mes documents, il les avait pris et s'était éclipsé dans le local derrière sa guérite. En revenant il me les avait rendus, mais au contrôle des douanes, ma valise avait été mise à part et le douanier l'avait auscultée sous tous les angles, bien entendu sans rien y trouver d'illégal.

Edek, qui pourtant ne faisait pas partie des nantis du régime, avait perdu son poste au ministère des Affaires étrangères. Les Polonais voulaient bien le laisser partir à condition que ce soit pour Israël, bien que sa femme Danielle et son fils eussent la nationalité française. L'affaire était montée jusqu'à Gierek, le secrétaire général du Parti, ancien mineur dans le Pas-de-Calais et ami de certaines connaissances de Danielle. Ceci avait permis à mon ami de venir finalement en France. Pendant les premiers temps, j'avais essayé de l'aider en l'accompagnant dans les divers organismes juifs. J'étais frappé par son attitude typique « Pays de l'Est » lors des entretiens : au lieu de sourire d'une manière avenante, comme il sied à un demandeur, il gardait un visage renfrogné et obtus comme si chacun de ses mots pouvait se retourner contre lui. Finalement, il avait obtenu un poste dans le premier supermarché créé par Auchan dans le Nord, y avait gravi un certain nombre d'échelons et, grâce à la politique d'intéressement du personnel de cette entreprise, avait pu se constituer un joli pécule qui lui avait permis aujourd'hui de prendre une retraite sans trop de soucis financiers.

Assez paradoxalement, je me sentais mieux en Roumanie, pays avec lequel je n'avais jamais eu de liens, donc d'implication. J'aimais bien l'esprit traditionnellement retors de mes interlocuteurs et je trouvais amusantes les heures passées à discuter les moindres détails des contrats. En 1967, j'avais pu inclure dans un de ceux-ci la grève générale en France comme cause de la mise en jeu de la force majeure (je jure que je n'avais pas prévu Mai 68 !), ce qui était absolument contraire au dogme des pays socialistes : ces événements avaient pour cause l'exploitation de la classe ouvrière par les capitalistes et il n'y avait aucune raison pour que les pays qui avaient su abolir celle-ci dussent en pâtir.

Début mai 68, j'avais reçu de la part de notre ambassade, à Bucarest, l'invitation suivante :

Le Général de Gaulle
Président de la République française
prie monsieur Kirszenberg
de bien vouloir assister à la réception à l'ambassade le 15 mai 1968, à 18 heures.

RSVP : Ambassade de France, 15, str. Bizerica Amzei, Bucarest.

Je n'avais pu, bien entendu, rater une telle occasion ! Tous les invités attendaient de Gaulle dans le jardin de l'ambassade. Il avait fait son apparition très en retard : il avait été retenu dans le bureau de l'ambassadeur.

Une chose curieuse avait attiré mon attention : il avait été très vite entouré par un essaim de jolies filles. Je m'étais approché pour voir de quoi il s'agissait. C'étaient les fiancées des Français qui voulaient rejoindre leurs bien-aimés et demandaient une intervention auprès des autorités roumaines. Chacune tenait à la main une enveloppe. De Gaulle, royal, se retournait vers sa femme (surnommée tante Yvonne par le *Canard Enchaîné*, qui trottinait, derrière, dans sa légendaire robe bleue à pois blancs :

- Yvonne, voici une jeune fille qui a une missive à vous transmettre.

Disciplinée, celle-ci disait quelques mots de réconfort à la jeune personne et prenait sa lettre.

Pendant la présentation des invités par le conseiller économique, certains s'étaient munis d'appareils photo et demandaient aux autres collègues de mémoriser ce *shake-hand* exceptionnel. Il allait sûrement figurer, en bonne place, sur le mur de leur bureau. J'avoue que je regrette de ne pas avoir eu moi-même cette idée, ne serai- ce que pour inclure la photo dans les présents souvenirs.

Le Général ne voyait pratiquement plus rien. Ceci ne l'empêchait pas d'écouter attentivement ce qu'on lui disait. A mon :

- Ma société vend ici des fours sidérurgiques.

Sa réponse avait été :

- J'espère que ce ne sont pas des fours.

Bucarest était, ces jours-là, le théâtre de manifestations d'étudiants. De Gaulle en avait parlé dans son discours, en ajoutant : « nous avons aussi quelques problèmes de ce genre ». Se rendait-il compte que ceux-ci allaient bientôt changer la face de la France ?
Le lendemain, j'avais des rendez-vous et je voulais repartir le jour suivant ; les aéroports de Paris étaient en grève. J'avais pris un avion pour Bruxelles. J'avais passé la nuit chez une lointaine cousine. J'avais pu rejoindre Paris en train.

J'avais assisté à la progression de la paralysie de toute activité à Paris. Tant que les transports en commun fonctionnaient, j'allais au bureau, rue Guérsant, dans le 17e. Je ne me souviens pas que la société ait été en grève, mais comme bientôt on ne pouvait plus y accéder, c'était pareil.
Une réunion du personnel fut organisée dans une salle du quartier. A mon grand étonnement, ce fut Blanchet lui-même, le directeur général du département Pétrochimie, qui prit la parole. Pour lui, le grand soir était arrivé. Il avait parlé du pouvoir aux travailleurs, de la fin de leur exploitation par les patrons… Je n'en croyais pas mes oreilles.
Comme tous les ans, la Foire de Paris ouvrit ses portes. Notre client potentiel soviétique, Stankoimport, y avait un stand. J'avais traversé tout Paris, à pied, pour lui rendre visite. Les braves Russes n'y comprenaient rien et étaient complètement terrorisés. Au retour, j'étais entré au théâtre de l'Odéon, occupé par les étudiants. Tour à tour, les gens montaient sur scène et se battaient la poitrine en transmettant au public les messages dont il était, en général, très difficile de comprendre la signification. C'était très fumeux. Un Noir avait dit qu'il fallait s'arrêter de s'occuper de l'Occident pour pouvoir se consacrer entièrement aux pays en voie de développement. C'en était trop ; une fille B.C.B.G. à mes côtés s'était écriée : « comment, vous voulez tuer le médecin qui vous soigne ! »
J'avais eu à interviewer un étudiant qui postulait à un poste dans la société. Il portait blazer et cravate club et affichait un profond mépris

pour ces feignants sur les barricades. Mon attitude était ambiguë. D'un côté j'avais mes responsabilités de père de famille et, si la situation perdurait, je ne savais pas comment je pourrais y faire face, mais d'un autre côté, je me disais que ce jeune homme passait à côté d'une unique chance dans sa vie de s'éclater à fond.

Nous avions eu un nouveau directeur Exportation (celui de l'hôtel *Astoria* avait été limogé depuis longtemps). Sa principale qualité était d'être le fils du plus puissant maître des forges de la région de la Sambre. Il avait des conciliabules avec le directeur des relations extérieures, très vieille France, grand coureur de jupon. Ils me regardaient de travers et leur conversation s'arrêtait à mon approche. J'avais surpris, néanmoins, une bribe de phrase où il était question de « juiverie internationale ». Pour eux, il n'y avait pas de doute : Cohn Bendit était à la solde de celle-ci.

J'étais en train d'écouter les nouvelles au transistor en surveillant mes enfants jouant dans le bac à sable du parc devant la mairie d'Asnières, quand j'avais entendu le discours de de Gaulle : « il ne démissionnerait pas ». Il y avait eu la manifestation sur les Champs-Elysées et la fête fut finie.

En juin, j'étais présent avec ma secrétaire Lydia Ermakoff à la foire de Poznań en Pologne. Il était très difficile de trouver des chambres à l'hôtel, aussi avais-je loué une petite bicoque de camping, au bord d'un lac. Elle était entourée de champs de blé parsemés de coquelicots – c'était la Pologne de mes vacances d'avant la guerre. Tout le personnel Heurtey de passage avait pu y loger. Le matin, avant d'aller à la foire où la chaleur était exténuante, nous prenions un bain dans le lac. Le soir, toute la colonie française se réunissait chez moi. On faisait des grillades, quelqu'un jouait de la guitare, on prenait un bain de minuit. A la foire, les Polonais nous demandaient incrédules :

- C'est vrai que c'était le bordel en France ?

J'étais venu à Poznań par avion de Varsovie et Lydia en voiture qu'elle avait louée à Berlin Ouest. Pour le retour, c'était elle qui était partie en avion en me laissant la voiture dans laquelle j'étais reparti pour l'Allemagne. Avant la frontière, je m'étais arrêté dans un café.

J'avais demandé au garçon un thé avec des pâtisseries. Sa réponse avait été :

- Je ne vous le conseille pas.
- Pourquoi ?
- Parce que les gâteaux ne sont pas frais.
- Alors pourquoi ne les jetez-vous pas et n'en achetez-vous pas de nouveaux ?
- On ne peut pas le faire tant qu'on n'a pas vendu les anciens.

La Pologne était donc bien devenue socialiste.

A la frontière le douanier polonais m'avait dit :

- Alors, comme cela, d'après le tampon sur votre passeport, vous êtes entré en Pologne par avion et vous repartez en voiture qui n'est pas louée à votre nom ?

Cela m'avait coûté une bouteille de vodka.

A la sortie de la RDA, c'était encore pire. Le Vopo[33] m'avait prié d'ouvrir le coffre (la hantise de la RDA était que les gens puissent s'enfuir du pays). C'était une Opel, voiture que je n'avais jamais conduite, et je ne savais pas où se trouvait le déverrouillage. Le Vopo avait pensé que je me fichais de lui et m'avait fait sortir de la file. J'avais poireauté pendant une heure. Finalement, un Allemand m'avait montré comment on ouvrait le capot et j'avais pu repartir. Le contraste avec l'officier de Berlin Ouest, qui m'avait juste fait un signe de la main : « passez », était saisissant.

Pour les vacances nous étions partis en Israël. Le pays était dans l'euphorie après la guerre des Six jours. Il semblait qu'Israël s'était assuré la paix pour l'éternité. Les Palestiniens dans les territoires « libérés » avaient l'air d'être très contents de leur sort en trouvant du travail en Israël et en gagnant de l'argent grâce au tourisme.

---

[33] Vopo : *Volkspolizei* – Police du peuple.

Mes parents avaient loué un appartement à Tsvat, ville qui se trouve sur les hauteurs, au nord du lac Tibériade, presque à la frontière avec le Liban, seul endroit dans ce pays où, en été, la température est supportable. J'avais loué une voiture. Nous passions nos journées dans les piscines des environs avec les enfants. Avec Susie nous avions fait une excursion sur le Golan. Mon père nous avait emmenés à Jérusalem. J'avais visité la vieille ville avec le mari de Irène Lewkowicz – la survivante du ghetto de Varsovie dont j'avais parlé plus haut. Il m'avait proposé de faire un raid en voiture dans le Sinaï. J'avais eu tort de ne pas accepter. Je ne crois pas qu'une telle occasion se représente de mon vivant.

J'avais essayé de faire d'une pierre deux coups et faire un peu de prospection pour ma société. Au retour à Paris, mon directeur m'avait fait remarquer qu'il n'était pas question d'avoir des affaires avec Israël à cause du boycott arabe. Il avait sûrement raison sauf que, à ma connaissance, Heurtey n'avait jamais eu de contrats dans les pays du Moyen-Orient.

Le travail chez Heurtey reprit. Pourtant ça allait mal. Les grands chefs voulaient mettre ces difficultés sur le compte des événements de mai. Cela n'avait pas de sens. Le département Pétrochimie n'avait aucun procédé qui lui était propre et ne pouvait lutter, en France, contre Technip qui avait l'appui de l'Etat et pouvait s'appuyer sur l'Institut français du pétrole. A l'étranger, il y avait une concurrence féroce de tous les grands engineerings. Les besoins de la sidérurgie française étaient déjà saturés avec les équipements que Heurtey pouvait fournir. Le projet d'engrais pour l'URSS prenait donc une extrême importance pour la survie même de la société. Taranger s'y était impliqué personnellement et je faisais souvent des voyages avec lui. Mais c'était sans tenir compte de Blanchet. Après son attitude en mai, il savait que ses jours dans la société étaient comptés. La parade consistait à compromettre Taranger. Ainsi, au moment où les Russes nous demandèrent une dernière réduction de prix pour signer le contrat, Blanchet avait démontré que le prix devait, au contraire, être relevé d'une manière considérable. C'était Taranger qui devait l'annoncer aux Russes. Il le fit lors d'un ultime voyage où je l'accompagnais. Techmachimport n'avait jamais vu une chose pareille et avait signé, très vite, le contrat avec un concurrent. Théoriquement,

Taranger était ainsi compromis aussi bien envers les Russes qu'envers Paul Heurtey, car c'était lui qui n'avait pas su imposer au client le nouveau prix. C'était justement le but de Blanchet. La ficelle était quand même trop grosse. Il avait été limogé quelques semaines plus tard.

Ce n'est pas pour autant que les affaires s'amélioraient. Un plan social fut annoncé au comité d'entreprise. Taranger m'appela dans son bureau et me déclara que j'en faisais partie. J'étais tombé des nues. Je lui parlai de mes succès en Pologne et en Roumanie, dressai la liste des contrats en discussion, en Russie, pour la métallurgie dont j'étais sûr qu'ils allaient aboutir. Rien n'y avait fait. J'avais compris qu'il en avait assez des Russes et, comme c'était moi qui les symbolisais à ses yeux, il fallait se débarrasser de ma personne.

J'étais allé prendre congé de Paul Heurtey. Il paraissait gêné. Il m'avait dit :

- Je crois que votre départ est une erreur, je vais en parler à Taranger.

Je ne sais pas s'il l'avait fait, en tout cas il n'y avait eu aucun changement en ce qui concerne mon licenciement.

J'étais très malheureux. Je pensais être bien intégré chez Heurtey et j'avais du mal à admettre mon rejet. Le soir, je regardais mes enfants dans leur lit en me demandant comment j'allais les nourrir. Heureusement, au bout de trois semaines, j'avais trouvé un poste à la société Auxilec à Colombes avec, en plus, un salaire plus élevé.

Je crois que mon passage chez Heurtey avait été très utile : j'étais, dorénavant, connu dans le milieu de l'exportation vers les Pays de l'Est et j'avais acquis une assurance dans les discussions à haut niveau avec les clients. Par ailleurs, j'avais pu côtoyer de près les grands patrons français et j'avais compris que, quand leur intérêt personnel était en jeu, celui de l'entreprise qu'ils dirigeaient passait au second plan. De toute manière, au fil des ans, Heurtey s'était rétrécie comme une peau de chagrin et je ne pense pas que ma vie aurait pu y être intéressante. Quant à Taranger, quelque temps après mon départ, lui aussi avait quitté la société. Heureusement pour lui, un avion, ayant à son bord cinq des plus importants patrons du CEA, s'était écrasé et il avait été le seul à pouvoir remplacer une des victimes au pied levé. Il est revenu ainsi à ses premières amours.

Entre-temps, mon père avait fait valider, en Israël, son diplôme de juriste. Ce n'était pas du tout une formalité. Le droit israélien est basé sur le principe de jurisprudence, hérité du mandat anglais, tandis que la Pologne, où il avait étudié, vivait sous le Code Napoléon. Ainsi, un jugement concernant le différend entre un Juif pieux polonais avec des papillotes contre un Yéménite à peau cuivrée, pouvait commencer par : « étant donné qu'en l'an 1385, le lord de Aschcroft... » Mon père avait réussi cette performance alors qu'il avait déjà, de loin, dépassé la cinquantaine, tout en travaillant. Il avait donc pu commencer une nouvelle carrière d'avocat et la situation matérielle de mes parents s'était améliorée. Ma mère continuait à travailler. Elle était employée à l'Agence Juive, organisme responsable de l'immigration, où ses connaissances linguistiques (polonais, russe, allemand, yiddish, français, anglais) étaient très précieuses. Contrairement à ce qu'on aurait pu imaginer, c'était le yiddish qui était son point fort : les hassidim de Mea Shearim mis à part, rares sont les gens, en Israël, sachant lire et écrire dans cette langue !

Heurtey nous avait repris l'appartement de la rue Bernard Jugault. Avec un petit apport envoyé par mes parents, nous avions acheté un minuscule trois-pièces au sixième étage sans ascenseur, donnant sur la voie de chemin de fer, rue Pasteur, près de la gare d'Asnières. Le chauffage était au fioul qu'il fallait monter de la cave.

19. AUXILEC

Auxilec était une société d'une centaine de personnes environ, spécialisée dans la conception et la fabrication des générateurs électriques pour avions de combat. Elle venait d'être achetée par son ancien concurrent anglais, Joseph Lucas, lui-même absorbé par English Electric. Son unique client était Dassault. Le PDG voulait sortir de cette monoculture. Mon rôle était justement de commercialiser les équipements civils que la société mettait au point à partir de son expérience militaire ainsi que les fours à micro-ondes industriels pour le préchauffage de matières plastiques, fabriqués par English Electric.

L'immense avantage de ce nouvel emploi était que je n'avais plus à voyager et rentrais à la maison comme un métronome, tous les soirs, à six heures trente, je pouvais donc profiter de mes enfants. Ils avaient, alors, cinq et trois ans.

Pour les grandes vacances nous étions partis avec Trudy, la mère de Susie, au Pays de Galles à Swanage, où une de ses amies avait une maisonnette, très sympathique, avec un jardin.

Nous étions en train de faire avec Trudy et les enfants une promenade au-dessus des rochers surplombant la mer, quand brusquement, après un faux pas, elle était tombée sur les pierres. Son visage était en sang. Nous étions catastrophés.

Trudy était très choquée : elle était veuve, assez jeune et jolie, et pensait que, avec un visage défiguré, elle n'aurait plus aucune chance de refaire sa vie. Après plusieurs mois, les chirurgiens avaient pu, heureusement, effacer presque complètement les traces de l'accident.

Au retour chez Auxilec, je m'étais surtout occupé de la promotion des produits de notre actionnaire majoritaire - English Electric. Le souvenir le plus vivace que je garde de mon passage dans cette société est justement celui de mes contacts avec les Anglais. Jusque-là, j'avais en souvenir l'Angleterre dans toute sa splendeur, découverte lors de mon premier voyage. Cette fois-ci cette impression avait radicalement changé. Les équipements anglais n'étaient pas du tout compétitifs par rapport à leurs homologues français, les promesses étaient valables au moment où elles étaient faites, mais dans l'esprit « pragmatique » anglo-saxon, pouvaient ne pas être tenues si ceux qui les avaient faites modifiaient entre-temps leur point de vue. La convivialité des rapports humains cachait, en fait, une grande hypocrisie. Dans leur for intérieur, l'attitude des Anglais vis-à- vis des Français était, au mieux, condescendante : « nous sommes bien conscients de notre supériorité, mais dans notre magnanimité, nous voulons bien vous accepter parmi nous malgré votre esprit généralisateur voulant tout faire rentrer dans un système, ne serait-ce que pour vous montrer comment il faut travailler ». Je crois qu'entre eux et nous (le lecteur me pardonnera de m'ériger ainsi en « Français prototype ») il y a une insurmontable différence de mentalité. J'ai trouvé que cet avis est partagé par tous ceux qui ont eu à travailler avec ce pays, à l'exception de quelques-uns ayant repris à leur compte la manière de penser anglaise, ce qui les avait amenés, à leur tour, à dédaigner les Français. *Ugh*[34] ! j'ai dit, quitte à passer pour un affreux raciste et xénophobe.

J'étais resté à Auxilec deux ou trois ans. J'avais obtenu certains succès car mon chiffre d'affaires annuel était monté de zéro à quelques millions de francs de l'époque. Néanmoins, j'étais arrivé à la conclusion que je n'y avais aucun avenir car la voie royale y serait toujours celle de l'aviation et je n'avais aucune chance de la pénétrer à cause de mon origine « Pays de l'Est ».

[34] Interjection des chefs indiens marquant la fin d'un discours.

20. CII HONEYWELL BULL

J'avais répondu à une annonce de la CII – Compagnie Internationale pour l'Informatique, créée, sous l'injonction de de Gaulle, dans le but d'affranchir la France de la dépendance aux Américains dans le domaine des ordinateurs. La société cherchait un spécialiste des Pays de l'Est. Je faisais l'affaire. J'avais demandé, quand même, à passer des tests pour être sûr que malgré mon âge, 41 ans, j'étais encore en mesure de m'adapter à un nouveau métier dans un domaine qui m'était complètement inconnu. Une jeune psychotechnicienne m'avait rassuré sur ce point en me prévenant néanmoins :

- Vous entrez parmi vos égaux, des commerçants. Faites attention, ils n'auront de cesse de vous jauger, de chercher vos points faibles et gare à vous s'ils en trouvent.

Pendant les trois premiers mois, j'étais en formation en compagnie d'une trentaine de nouvelles recrues. La CII était en pleine expansion. Le financement sur deniers publics ne posait aucun problème et un grand nombre de jeunes, frais émoulus de différentes grandes écoles, venaient d'être embauchés. Je n'avais ressenti aucune gêne à me trouver parmi eux. Lors des « études de cas », mon expérience de quelques années dans l'industrie se faisait sentir et assez naturellement je prenais le leadership du groupe. Après cela, je fus attaché à la direction Exportation vers les Pays de l'Est.

La gamme d'ordinateurs fabriquée par CII s'appelait « IRIS ». L'ambition de cette société était de supplanter IBM et sa série 360 puis 370, au moins sur le marché français et, si possible, sur le marché international. Une telle occasion s'était présentée en Roumanie. Le dictateur Ceaucescu avait su obtenir une position particulière pour son pays au sein du pacte de Varsovie, un peu comme la France au sein de l'Alliance Atlantique : tout en imposant un communisme pur et dur, il avait acquis une indépendance économique et politique. Ainsi, par exemple, après la guerre des Six jours entre les pays arabes et Israël, la Roumanie, contrairement à ses voisins, avait été le seul pays de l'Est à ne pas rompre les relations diplomatiques avec ce dernier.

Le camp socialiste avait un retard énorme par rapport à l'Occident dans le domaine informatique. Staline n'y avait pas cru ou, peut-être, avait empêché son développement craignant de ne pas pouvoir contrôler les futurs utilisateurs d'ordinateurs. Sous le règne de Brejnev, les pays du Comecon avaient décidé de développer leur propre gamme, la série ES (Единая Система – Système Unique), compatible avec IBM 360. L'URSS fabriquerait la totalité des modèles de la gamme et chacun des pays satellites un seul. Le retard dans la conception et la fabrication de composants fiables, les lourdeurs administratives, peu propices au développement des produits de haute technologie réclamant une aptitude d'adaptation très rapide, firent que ce projet ne fut jamais un grand succès. La Roumanie n'avait pas voulu en faire partie. Elle avait misé sur la France en achetant à la CII la licence de l'IRIS 50. Elle le construisait sous le nom de FELIX 256.

J'avais été nommé chef de secteur pour ce pays.

Conformément au dogme, introduit par Lénine, du monopole d'Etat pour le commerce extérieur, toutes les importations des équipements informatiques passaient par la centrale d'achat Electronum. A sa tête, il y avait le président Matea, ancien conseiller commercial à Paris, le DG Traïlescu et le conseiller, en fait l'éminence grise surveillant tout le monde, Ionescu. La procédure de discussion des contrats était réglée comme du papier à musique et ressemblait à une corrida dont j'étais le taureau. Cela commençait par des palabres sans fin avec des instituts et des employés subalternes qui jouaient le rôle de picadors. On essayait de m'arracher le maximum de concessions. Les questions contractuelles étaient du ressort de Ionescu. Comme je savais que la vraie discussion des prix allait avoir lieu avec Traïlescu, il fallait que j'arrive à un dosage délicat : céder quand même quelque chose à ce niveau, pour ne pas vexer mes interlocuteurs, tout en réservant l'essentiel pour le DG. Celui-ci, réputé excellent joueur d'échecs, était un négociateur redoutable. Il avait en tête l'ensemble des négociations précédentes et savait exploiter toutes les failles de mon raisonnement. Un jour, excédé, je lui lançai :

- Mais enfin, monsieur Traïlescu, vous ne voulez tout de même pas que je vous donne tout cela gratis ?
- Pardon, mais qui payera le transport et l'emballage ?

J'avais reçu un coup de fil de Ionescu me demandant de lui envoyer un Télex d'invitation à Paris : il voulait discuter avec moi quelques points contractuels. C'était une procédure de routine. Deux jours après, il était à Paris et nous avions eu quelques réunions de travail. Le lendemain, Traïlescu m'appelait de Bucarest :

- Où est Ionescu ?
- Je ne sais pas, je ne l'ai pas revu depuis hier.
- Monsieur Kirszenberg, il n'est pas retourné chez nous, je l'ai perdu !

Le conseiller d'Industrialimport, celui qui, en fait, contrôlait en sous-main tous ses dirigeants, avait « choisi la liberté ». J'avais trouvé cela assez drôle et, peut-être, n'avais-je pu m'empêcher de sourire lors de mon entrevue suivante avec Traïlescu.

Mon directeur m'avait convoqué. Très gêné, il m'avait annoncé que les Roumains me tenaient pour responsable de la fuite de Ionescu car c'était moi qui lui avais envoyé le Télex d'invitation. Ils demandaient que je sois remplacé. Pour faire bonne figure, la CII avait d'abord refusé, mais quelque temps après, j'avais été affecté à l'URSS.

Comme on l'a vu plus haut, dans ce pays, l'informatique était en plein marasme. Pour compliquer encore plus les choses, sous l'impulsion américaine, les Occidentaux avaient mis en place un comité appelé COCOM, qui définissait avec rigueur les limites des caractéristiques des produits de haute technologie au-delà desquelles ils étaient interdits d'exportation vers les pays socialistes et, surtout, vers l'URSS. Le but avoué était d'empêcher que ces équipements puissent être utilisés dans l'industrie militaire, mais peut-être plus prosaïquement, de mettre à genoux l'économie du Bloc de l'Est. Comme par hasard, c'étaient ces matériels haut de gamme que les Russes voulaient acquérir en priorité, faisant semblant ne pas être au courant des règles COCOM. Ils faisaient donc la surenchère, en prétendant que nos concurrents n'avaient rien contre pour leur vendre ces matériels. On jouait ainsi, en permanence, au poker « menteur ».

L'histoire de la CII avait été assez mouvementée. C'était un gouffre pour les finances publiques. La lutte avec le mastodonte IBM était vraiment inégale. Pour essayer d'y faire face, le gouvernement avait décidé de fusionner les deux constructeurs français : CII et Honeywell Bull (après mon entrevue avec le psychotechnicien de Bull cette société avait été achetée par l'Américain Honeywell). Nous étions dorénavant CII Honeywell BULL.

Honeywell BULL avait eu avec le britannique ICL un monopole de fait de la vente d'ordinateurs à l'URSS, aussi notre équipe CII s'était-elle dissoute au sein de la direction URSS de notre partenaire. La série IRIS avait été remplacée par le nouveau cheval de bataille, la série 66 de Honeywell.

La prophétie de la psychotechnicienne que j'avais rencontrée à l'embauche s'était avérée exacte. J'avais eu toutes les peines du monde à me percer un trou dans la cellule URSS de la CII. En revanche, j'étais devenu le meilleur ami du nouveau directeur, venu de Honeywell Bull, qui confiait à mon groupe les propositions les plus importantes, en particulier celle pour les jeux Olympiques de 1980 à Moscou, laquelle avait été, pendant plus d'un an, le projet phare de la société. Nous étions en concurrence avec IBM qui avait équipé les jeux précédents à Montréal. Les Soviétiques venaient d'envahir l'Afghanistan et les pays occidentaux avaient décidé de boycotter les Jeux. En tablant sur la sévérité des Américains à l'égard de l'URSS, nous avions essayé d'utiliser la bienveillance de l'administration française à notre égard pour contourner les règles du COCOM et proposer un système plus puissant que celui d'IBM. Les Russes étaient tellement subjugués par ce symbole de la haute technologie américaine qu'ils avaient fini par choisir la solution de ce concurrent.

Nous avions maintenant un bureau avec une secrétaire. Les séjours à Moscou duraient, en moyenne, une dizaine de jours et j'avais tout le loisir d'observer de plus près la vie du pays.

Deux changements majeurs dans la vie des Soviétiques correspondent à l'ère Khrouchtchev et au début de celle de Brejnev: l'apparition des voitures Lada et le programme de construction d'appartements.

Jusque-là, à de rares exceptions près, il n'y avait pas de voitures particulières. Il y avait bien des « Volga », mais elles étaient exclusivement réservées aux entreprises et seuls les grands boss en avaient l'usage. Ils avaient à leur disposition des chauffeurs, malléables et corvéables à merci ne conduisant jamais eux-mêmes. Il n'y avait donc, dans le pays, aucune culture automobiliste. Les gens avaient découvert brusquement la liberté que procure la « bagnole ». Le prix d'une Lada correspondait à plusieurs années d'un salaire moyen, mais on préférait se serrer sur tout le reste pour réaliser, enfin, ce rêve jusqu'ici inaccessible. La production ne suffisait pas à la demande, les délais de livraison se comptaient en années, un système de bons avait donc été institué, ce qui avait conduit à l'apparition d'un marché parallèle : certains, en particulier les « Caucasiens », spécialisés dans le marché noir, donc très riches, étaient prêts à les acheter à n'importe quel prix.

Un trait particulier de l'ère stalinienne, hérité de la Révolution où l'on avait réquisitionné les appartements des « bourgeois » pour y loger les « prolétaires », était la « комуналка » (*komounalka* - l'appartement communautaire). Plusieurs familles y vivaient, se partageant la cuisine, les toilettes et la salle de bains. Ceci permettait, aussi, une « surveillance croisée » de la population. De nombreux *zeks* s'étaient retrouvés au Goulag uniquement parce que leur voisin avait jeté son dévolu sur leur chambre. Les alignements des maisons à cinq étages, dites « хрущёвка » (*khrouchtchovka),* avaient transformé les paysages urbains. Il n'y avait pas d'ascenseurs, tous les appartements étaient semblables, les chambres minuscules (la norme était de neuf mètres carrés par personne), les fenêtres petites, l'insonorisation inexistante, la qualité des matériaux médiocre, les transports en commun exténuants, mais ceux qui y accédaient étaient heureux en découvrant le droit à la vie privée[35]. Un peu plus tard, s'y étaient rajoutés des immeubles à neuf étages, plus modernes, mais gare aux ascenseurs tombés en panne ! Il suffisait de demander à votre interlocuteur combien d'étages avait son immeuble et combien de pièces avait son appartement pour connaître avec précision la disposition des chambres, la place et la surface des commodités, etc.

Le fin du fin était, quand même, d'avoir à soi tout seul un appartement dit « stalinien », donc datant des années cinquante, dans une maison en briques (les *khrouchtchovkas* et les maisons de neuf

---

[35] La durée de vie prévue pour ces constructions devait être de 20 ans. Elles existent encore et, malgré leur état vétuste, ne sont pas près d'être détruites.

étages étaient en éléments préfabriqués). Les plus astucieux y arrivaient par une suite d'opérations du genre :

- Echanger un studio et une pièce dans une *komounalka* au centre - ville contre un deux-pièces en banlieue.
- A condition que le mari ait continué à être enregistré comme habitant l'appartement de sa mère, échanger celui-ci et les deux-pièces ci-dessus contre un trois-pièces au centre ville.
- Obtenir auprès de la mairie un bon pour une pièce dans une *khrouchtchovka* en banlieue et échanger le tout contre un trois-pièces au centre-ville dans une maison stalinienne, etc.

Les contacts avec les autochtones étaient dorénavant possibles, bien que non encouragés. C'était un contraste par rapport à la période stalinienne. Le général Pouyade nous avait raconté que, pendant la guerre, un passant le prenant pour un Russe, lui ayant demandé du feu, avait été immédiatement entouré par quelques jeunes hommes en civil et emmené dans une direction inconnue.

Les prix dans les magasins d'Etat étaient bon marché, le seul problème étant que les marchandises qui y correspondaient étaient, en général, absentes des rayons. Pour y avoir droit lors d'un arrivage éventuel il fallait graisser la patte au vendeur ou, en cas d'achat important, au directeur lui-même. Par exemple, si quelqu'un vous montrait avec fierté un ensemble de chambre à coucher roumain qu'il venait d'acquérir, il était tout à fait normal de poser la question :

- De combien l'avez-vous surpayé ?

La réponse, suivant le cas, était :

- 20, 30 ou 40%.

En fait, ce pot-de-vin était tout à fait justifié. Il permettait au directeur du magasin d'« arroser » à son tour ses propres fournisseurs – sans cela, compte tenu de la pénurie des produits, il n'aurait reçu que des rossignols invendables. Cette cascade de-pots-de vin, institutionnalisée de haut en bas de l'échelle, était donc la goutte d'huile qui permettait au système de fonctionner. Elle jouait le rôle d'initiative privée dans les économies libérales. C'était un secret de Polichinelle et les autorités fermaient les yeux. Elles pouvaient, pourtant, s'en servir, à chaque instant, afin d'écarter les personnages tombés en disgrâce, par exemple lors des luttes intestines au sommet de la hiérarchie gouvernementale car le code pénal soviétique punissait très sévèrement ces agissements. C'était ce qui était arrivé à la fin de l'ère Brejnev. Le plus grave est que cette idée que tout s'achète a gangrené pour longtemps la mentalité de l' *homo sovieticus* et, après l'éclatement de l'URSS, a grandement facilité la mainmise des institutions mafieuses sur l'économie.

Certaines marchandises, telles que les matériaux de construction, étaient carrément inaccessibles au commun des mortels. Au marché noir, elles pouvaient valoir plusieurs fois le prix officiel : « госцена » (*gostsena*). Les hauts dignitaires, appelés ironiquement : « слуги народа » (serviteurs du peuple), avaient la possibilité d'avoir tout cela à la *gostsena* ce qui, comme au bon vieux temps à Slavgorod, montrait que ce n'était pas le salaire qui donnait de l'importance à un emploi, mais les avantages que celui-ci procurait. Les marchandises de provenance occidentale, surtout les vêtements féminins, valaient leur pesant d'or. Un choix restreint en existait dans les *bieriozka,* dont j'ai déjà parlé. Pour y accéder, il fallait connaître un étranger qui puisse vous y introduire. Les emplois les plus considérés étaient donc ceux où on avait accès aux précieuses devises lourdes, en particulier ceux qui donnaient la possibilité de voyager en Occident : barmen dans un hôtel, pilotes ou hôtesses de l'air sur vols internationaux, courriers diplomatiques qui avaient, en plus, l'avantage de ne pas être soumis au contrôle à la douane… Une de mes amies avait fait un voyage en groupe en Bulgarie. Dans ce groupe il y avait un barman d'un bar en devises (валютный бар). Toutes les filles avaient pour lui les yeux de Chimène.

Il y avait aussi une *bieriozka* alimentaire où l'on trouvait des produits inaccessibles au Moscovite lambda. En visite chez une de mes connaissances habitant la banlieue Peredelkino, lieu de résidence d'écrivains et d'artistes en vue, j'avais vu avec étonnement, sur la table, les mêmes « ливерная колбаса » (saucisson de foie) et « окорок » (jambon fumé) que dans notre *bieriozka* en devises. L'explication en était que la femme de mon ami était la petite-fille du président du Conseil des ministres, Rijkov, et avait droit, à ce titre, au magasin du Kremlin, réservé aux « serviteurs du peuple » et à leurs familles. La différence avec la *bieriozka* était que les produits y étaient payables en roubles. Il existait, paraît-il, toute une série de ce type de magasins « fermés », réservés aux différentes catégories de privilégiés : le KGB, les officiers supérieurs, les employés du Ministère du commerce extérieur…

L'argent soviétique, le rouble, n'était donc pas considéré comme une vraie devise non seulement par les étrangers mais aussi par les Soviétiques eux-mêmes. Conformément à l'adage populaire : « la mauvaise monnaie chasse la bonne », les heureux possesseurs de dollars, de francs ou de marks, ne les dépensaient qu'en dernier ressort en essayant de se débarrasser, d'abord, des roubles. Ceci n'était pourtant pas chose facile car dans les magasins d'état il n'y avait pas grand chose à acheter et si, par chance, il y avait un arrivage ponctuel de parfums français ou de chaussures tchécoslovaques, le bouche à oreille faisait qu'une longue file d'attente se formait, presque instantanément, devant le magasin. Bien entendu, ceci avait conduit comme dans les autres pays socialistes à l'apparition d'un cours « parallèle » où le dollar valait quatre à cinq roubles au lieu de soixante-quinze kopecks au cours officiel !

En montrant le Goum, la célèbre galerie commerciale sur la Place Rouge, occupée aujourd'hui par les Galeries Lafayette et autres Adidas, à un de mes collègues de Paris, j'avais vu une longue queue devant un comptoir. Je demandai au dernier de celle-ci :

- Что дают? (Qu'est-ce qu'on donne ?)
- Je ne sais pas.

J'expliquai à mon ami que beaucoup de choses n'avaient pas changé dans ce pays depuis la guerre : quand on voit une file d'attente on s'y met sans se poser de questions !

Les produits soviétiques n'étaient pas du tout adaptés aux besoins. Les performances des usines étaient évaluées non pas en fonction de la qualité ou du chiffre d'affaires puisque toute la production était d'office absorbée par les magasins d'Etat sans s'occuper s'il y avait des acheteurs, mais par la quantité et le poids total de ce qui était expédié. J'avais eu besoin d'un plongeur électrique pour pouvoir faire bouillir de l'eau dans un verre dans ma chambre d'hôtel. Dans un magasin on m'avait dirigé vers des grosses boites en carton. Elles contenaient des plongeurs de trente centimètres de diamètre. La fabrication de ceux-ci, destinée probablement au chauffage des seaux d'eau, était beaucoup plus rentable : un seul de ces appareils valait « au poids » une centaine de plongeurs normaux.[36]

Tout était fait pour que les gens soient convaincus que tous les biens dont ils disposaient leur étaient procurés par l'Etat, grâce à la vigilance et à la bienveillance du parti communiste. On a vu ceci pour les appartements et pour les voitures, distribués via le système des bons. De même pour le travail : à la fin des études il n'y avait pas de problème de recherche d'emploi : tous les étudiants recevaient automatiquement une affectation. Le corollaire était que celle-ci pouvait être dans une contrée lointaine et ne pas du tout correspondre à leurs projets personnels. Là encore, les relations des parents étaient très importantes pour que leurs enfants ne se retrouvent pas au-delà du cercle polaire. Le poids d'un directeur d'entreprise était évalué en fonction du nombre d'employés : la première question qu'on nous posait était non pas : « quels sont vos résultats ? », mais : « combien êtes-vous ? » Ceci avait conduit à une pléthore de personnel et à une productivité minimale, mais supprimait le chômage. En échange de ce relatif bien-être, les citoyens devaient une obéissance aveugle à l'Etat. En recevant, à Paris, un directeur d'une centrale d'achat, je lui avais dit :

- Ce n'est pas l'homme qui doit être au service de l'Etat, mais l'Etat au service de l'homme.

Sa réponse instantanée avait été :

- Je vous conseille de ne jamais dire des choses pareilles quand vous serez chez nous !

Puisque les bienfaits prodigués par l'Etat l'étaient par l'intermédiaire des dirigeants « serviteurs du peuple », ceux-ci se considéraient

[36] J'avais appris, depuis, que ces plongeurs avaient une utilité : partout, en Russie, l'eau chaude, fournie par la ville, est coupée, au moins pendant un mois par an, pour la maintenance et ces plongeurs servent, alors, à chauffer le bain.

comme des êtres supérieurs au reste de la population. Encore à l'époque de Krouchtchev, en prenant un Tupolev d'Aéroflot pour Moscou, j'étais monté le premier dans l'avion de manière à pouvoir occuper une place au premier rang (l'attribution informatisée des places à l'enregistrement n'existait pas encore). J'avais été obligé de me satisfaire du deuxième car l'hôtesse m'avait dit que le premier était réservé aux passagers de marque que l'on attendait. Ils étaient arrivés avec du retard. C'était le rédacteur en chef des Izvestia – Adjoubéï, avec son épouse Rada, fille de Khrouchtchev. Ils s'étaient assis devant moi. Quand l'hôtesse avait commencé à distribuer les journaux (uniquement soviétiques), Adjoubéï lui avait pris d'office tout le paquet. La pauvre fille n'avait pu dissimuler la mimique : « et les autres ? » Adjoubéï avait fait un geste méprisant de main : « aucune importance ». Les passagers étaient donc restés sans nouvelles du pays pendant tout le trajet.

Une des innovations de Gorbatchev à son arrivée au pouvoir avait été la suppression des grands portraits des membres du comité central que l'on portait lors des défilés du premier mai et de la fête nationale du sept novembre. Cette innovation avait rencontré une vive opposition de la part de ces gérontes : tout le symbole de leur réussite sociale s'écroulait.

Le musée Pouchkine de Moscou possède une des plus importantes collections au monde d'impressionnistes. Ceci est le fruit du flair et du goût de deux marchands russes, Chtchoukine et Morozov, qui ont fait de nombreuses acquisitions de toiles de ces peintres tout à fait à leurs débuts. J'avais pu entendre les explications des guides aux groupes de touristes soviétiques :

- Regardez cette toile, on voit que l'artiste avait un certain talent, quel dommage qu'il se soit fourvoyé dans cet art bourgeois décadent !

Les peintres non conformistes avaient organisé, en hiver, une exposition non autorisée. Elle avait été sauvagement détruite par le KGB. Devant la réaction de l'étranger, le gouvernement, en fait le Comité central, avait décidé d'en permettre une autre sur le site de l'exposition permanente « VDNKh - Выставка Достижений

Народного Хозяйства » (Exposition des réalisations de l'économie nationale). J'y étais allé. Comme par hasard, le pavillon qui lui avait été dédié était diamétralement opposé à l'entrée. Malgré cela, nonobstant un froid intense et une heure de queue pour pouvoir pénétrer à l'intérieur, les gens avaient soif de voir, enfin, ce qui avait été interdit pendant des décennies.

Néanmoins, à condition de ne pas être un grand amateur de cet « art décadent » ou de vouloir à tout prix s'habiller à la mode occidentale, de se nourrir de produits rudimentaires (choux, pommes de terre, quelquefois saucisson…), de ne pas se sentir frustré par l'impossibilité de voyager, de ne pas ambitionner d'avoir un appartement « stalinien », mais d'attendre sagement que l'on vous attribue un logement dans une « *khrouchtchovka* » à la périphérie, bref en rentrant dans le moule du parfait citoyen, on pouvait vivre et c'était ce que faisait 99% de la population.

La grisaille de cette existence était cependant compensée par des relations sociales simples et directes. On pouvait venir chez les gens sans les prévenir par téléphone une semaine à l'avance. En déplacement dans une autre ville, l'on frappait à la porte d'un ami de vos amis et l'on était accueilli pour la nuit (l'on risquait de se retrouver en toute simplicité dans le lit conjugal, entre le mari et la femme). Les pâtés des maisons entouraient un espace vert avec des jeux pour enfants, un terrain de volley-ball, des tables avec bancs en bois où l'on pouvait manger en été, voire faire une partie de cartes avec les voisins… L'enseignement, y compris supérieur, ainsi que l'assistance médicale étaient gratuits. Au prix, comme on l'a vu, d'une pléthore de personnel, l'idée même du chômage n'était pas compréhensible à l'homme de la rue.

Je dois néanmoins nuancer la notion de la gratuité de l'assistance médicale. Pour avoir un médecin à domicile il fallait lui donner, en sous-main, au minimum cinq roubles, ce qui n'était pas à la portée de tout le monde, le salaire moyen étant de l'ordre de 150 roubles par mois. D'autre part, c'était une médecine de masse qui ignorait les cas sortant de l'ordinaire. J'avais pu arranger, aux frais de ma société, une opération des reins pour la fille d'un de nos clients soviétiques. En URSS, cette intervention avait une suite mortelle dans soixante-dix pour cent des cas ; en France il y avait quatre-vingt-quinze pour cent de réussite. Les « serviteurs du peuple » n'avaient d'ailleurs pas, non plus, confiance dans la médecine de leur pays : quand, plus tard, Larissa Gorbatchev était tombée gravement malade, c'était en Allemagne qu'elle avait été hospitalisée grâce à l'intervention du chancelier Kohl, de même, c'était aux chirurgiens occidentaux que l'on avait fait appel pour l'opération du cœur de Eltsine.

En 1978, en lisant la *Pravda* dans ma chambre d'hôtel, j'avais lu un petit entrefilet, en dernière page, annonçant l'élection à Rome du nouveau pape Jean-Paul II. Les Soviétiques et, peut-être pas seulement eux, ne se rendaient pas compte que cet événement était un de ceux qui allaient sonner le glas de l'ère communiste.

21. COMSIP ENTREPRISE

CII Honeywell Bull allait de plus en plus mal. Un encouragement financier pour départs volontaires fut mis en place. Je décidai d'en profiter et, par l'intermédiaire d'un chasseur de têtes, entrai à Comsip Entreprise. La vocation de celle-ci était la mise en place de la partie électrique et des automatismes dans les installations industrielles. Elle était donc, en général, sous-traitante des sociétés d'ingénierie, telles que Heurtey, où j'avais travaillé autrefois. J'étais responsable de la zone Pays de l'Est. Ma fonction essentielle était de donner à la société un accès à des projets en direct avec l'industrie soviétique : elle y avait déjà plusieurs références, mais uniquement via des ingénieries françaises (Technip, Creusot Loire, etc.), qui étaient les fournisseurs attitrés de l'URSS pour les usines chimiques et pétrochimiques, via la centrale d'achat Techmachimport.

Comsip avait un accord assez particulier avec cette centrale : celle-ci s'engageait à nous recommander à ses fournisseurs français et, en contrepartie, pour chaque contrat que nous obtenions en URSS, nous devions lui réserver une commission, C'était moi qui gérais les sommes ainsi accumulées. De temps en temps, le délégué de Techmachimport à Paris m'appelait pour me dire qu'il fallait acheter et expédier à Moscou une photocopieuse ou un ensemble de machines à écrire « à boule » IBM ou bien, lors d'une visite à Paris de ministres soviétiques, de laisser à l'hôtel, à leur intention, des vidéocassettes. Ces commissions n'étaient donc pas un pot-de-vin classique car elles ne conduisaient pas à l'enrichissement personnel de quiconque, il n'empêche qu'elles n'avaient aucune base légale. Nos amis russes les justifiaient en nous disant que c'était le seul moyen de contourner les méandres bureaucratiques soviétiques pour donner un peu de souplesse au fonctionnement de leur organisme.

En 1999, donc bien après la disparition de l'URSS, un scandale, parmi d'autres, avait éclaboussé le président russe Eltsine : la société suisse en charge de la modernisation du Kremlin avait mis à sa disposition une carte de crédit. Je pense que dans l'esprit de l'entourage du Président cela correspondait au même désir de mettre un peu d'huile dans les rouages. Ces gens n'avaient cependant pas compris que ce qui n'avait été auparavant qu'illégal était désormais interdit.

En juin 1979, je devais faire une visite à Varsovie. J'étais arrivé à l'aéroport deux heures avant le « pèlerinage » en Pologne de Jean-Paul II. La route entre l'aéroport et la ville avait été préparée à ce grand événement. C'était un spectacle surréaliste pour quiconque connaissait les pays socialistes : une haie de milliers de personnes attendait le Saint Père, avec des drapeaux, des banderoles aux couleurs pontificales, le tout commandé, d'une manière autoritaire, par des curés en soutane !

22. CGE

Comsip était en permanence sur le fil du rasoir. J'avais réussi à survivre à plusieurs « charrettes » (licenciements collectifs). Finalement elle avait été absorbée par son concurrent CGEE (aujourd'hui CEGELEC), filiale du groupe CGE, devenu plus tard Alcatel Alsthom. Ceci m'avait permis d'entrer à CGE Alsthom International (CAI), réseau d'exportation de ce groupe. J'étais responsable de l'Europe à l'exception de quelques pays comme la Grande-Bretagne, l'Italie et l'Espagne. La principale caractéristique de ce poste était que tous mes prédécesseurs, sans exception, avaient fini par être limogés, bien avant l'âge normal de la retraite.

CAI avait le statut de société, filiale de CGE. Elle était présidée par un personnage sortant de l'ordinaire : du Boucheron. Cet énarque, en apparence despote, mais tremblant, à son tour, devant le tout-puissant Ambroise Roux, le légendaire PDG de la CGE, avait su mettre en place une organisation où personne n'empiétait sur les compétences d'autrui, cas extrêmement rare en France. Après une engueulade homérique où il s'était finalement aperçu que, en fait, il m'accusait d'avoir inventé quelque chose d'original et qui, en plus, avait l'avantage de le mettre en valeur, il finit par m'avoir à la bonne.

Je garde un excellent souvenir de ces quelques années passées rue la Boétie, près du siège de la CGE. Le quartier était sympathique. A midi j'allais me promener sur les Champs-Elysées. J'avais pu visiter tous les pays scandinaves ainsi que l'Allemagne, l'Autriche, la Grèce et la Turquie et je continuais à voir les Pays de l'Est. J'avais l'avantage de ne jamais y être seul car j'étais partout accueilli par nos agents ou nos représentants. Avant d'aller en Grèce, j'avais potassé pendant deux mois la méthode Assimil et j'avais pu impressionner les Grecs en lisant, devant eux, les articles dans les journaux et en les traduisant. Néanmoins, à ma grande horreur, je m'étais aperçu que, après une réforme de l'orthographe dans ce pays, les accents sur les lettres avaient été supprimés, or j'avais passé des heures à les apprendre par cœur. Je n'avais même pas eu l'idée de demander des dommages et intérêts à Assimil !

Après 1981, la gauche venue au pouvoir avait tenu ses promesses électorales et la CGE fut nationalisée. Le président Ambroise Roux, n'ayant pas voulu cautionner cette décision, avait démissionné. Le gouvernement avait nommé à sa place Brunet, auparavant directeur du département économique au Quai d'Orsay et ancien ambassadeur de France en Allemagne. Il était convoqué, toutes les semaines, au ministère de l'Industrie pour rendre compte de son action à des jeunes énarques. Leur mot d'ordre avait été : « si on a nationalisé c'est pour gouverner ». Le résultat avait été que le groupe était entré dans une période d'un total immobilisme, la principale préoccupation de Brunet étant de ne pas indisposer ces jeunes gens. Ce n'était qu'après 1986, quand le groupe fut de nouveau privatisé, que le nouveau président Pébereau avait réussi à le hisser au rang des premiers au monde dans son domaine.

A son poste au Quai d'Orsay, Brunet avait négocié les accords économiques avec l'URSS et y avait des relations privilégiées. Il m'avait demandé d'organiser pour lui une visite à Moscou. Madame Brunet et du Boucheron étaient aussi du voyage. Je logeais avec ce dernier à l'hôtel, mais Brunet et sa femme étaient hôtes de l'ambassadeur dans sa résidence – une charmante demeure rococo, construite au siècle précédent par un riche marchand moscovite pour sa maîtresse. Les visites de Brunet aux différents ministères s'étaient très bien passées. En revanche, encore bien après leur départ, il n'était question dans les chaumières de Moscou que de la zizanie semée par madame Brunet. Ses relations avec la femme de l'ambassadeur étaient devenues un cauchemar pour le responsable du protocole : l'une était ambassadrice en titre, l'autre ancienne ambassadrice, femme du PDG de l'un des plus importants groupes industriels français, exigeante et capricieuse, habituée à tenir la première place. Les questions telles que qui devait accompagner madame Brunet lors des visites de la ville – l'ambassadrice elle-même ou bien la femme d'un autre diplomate – relevaient de l'affaire d'Etat.

Mon travail présentait quelquefois des avantages tout à fait inattendus. Nous préparions une offre aux Soviétiques pour des équipements destinés au gazoduc « Ourengoï – Ouzhgorod ». On devait la faire en coopération avec la société Nuvopignone dont l'usine se trouvait à Florence. C'est ainsi que je m'étais trouvé dans cette ville en plein mois de février. Les rues étaient en travaux comme à Paris en août. Une pluie fine et pénétrante obligeait les gens à s'emmitoufler dans les imperméables. Dans les *pizzerie* de la Piazza della Signoria on ne rencontrait que des Florentins. On entrait aux Uffizi sans faire la queue comme dans un vulgaire musée de province en France. Sur l'autoroute Florence-Milan, les signaux *banchi di nebbia sull'autostrada* m'obligeaient, souvent, à ralentir.

Une autre fois je dus visiter les chantiers navals de Rijeka, en Yougoslavie. On était en octobre. Le moyen le plus commode pour y arriver était de prendre l'avion pour Venise et de faire le reste du chemin en voiture, en passant par Trieste. Là encore, j'avais vu Venise sous un jour inhabituel : les ruelles étaient vides ; il était difficile de s'imaginer la foule qui les remplissait en juillet et en août !

Notre délégué à Moscou avait voulu rentrer en France. On me proposa de prendre sa place. J'acceptai et nous échangeâmes nos postes.

Il n'était pas question pour Susie de me suivre, aussi, avant que je ne déménage à Moscou, avions-nous acheté un appartement à Courbevoie, cette fois avec tout le confort, toujours à côté de la gare d'Asnières. Compte tenu de l'état de nos rapports, ni elle ni moi n'étions mécontents de cet arrangement.

23. PREMIERE EXPATRIATION A MOSCOU

Je n'avais aucun besoin de chercher un appartement. Mon prédécesseur avait obtenu auprès de l'UPDK (УПДК - Управление Дипломатическо Корпуса – Direction du corps diplomatique) l'attribution à notre société d'un appartement de cinq pièces dans une maison réservée aux diplomates, dans un quartier rénové, tout près de l'ambassade de France, avec vue sur une statue de Lénine récemment érigée. Il avait dépensé, aux frais de la société, quatre cent mille francs pour l'aménager aux standards occidentaux. Du Boucheron avait failli s'étrangler en l'apprenant, mais le fait est que j'habitais maintenant l'un des plus luxueux appartements de Moscou. J'avais à ma disposition une R25 gris métallisé avec chauffeur. Bref, aux normes soviétiques, j'étais une espèce de maharadjah.

Les employés russes de mon bureau étaient aussi fournis par UPDK. Mes billets de train ou d'avion étaient pris, de même, par cet organisme. La plaque minéralogique jaune de ma voiture, avec son numéro commençant par 0007M, indiquait que j'étais français, faisant partie d'une représentation commerciale. Pour me déplacer au-delà de quarante kilomètres de Moscou je devais déposer une demande, au moins une semaine à l'avance, à l'organisme qui m'accréditait. Sinon, j'étais arrêté à ce quarantième kilomètre par la police qui me demandait de faire demi-tour. Cela m'était arrivé un certain nombre de fois. On connaissait, ainsi, le moindre de mes mouvements. Comme mon téléphone était sûrement sur écoute, j'étais comme un acteur tout nu sur une scène.

Mes rapports avec mon personnel étaient ambigus. Leur salaire était nettement supérieur à ce qu'ils auraient pu avoir dans un organisme soviétique : les conditions de travail à l'occidentale, le repas de midi fait avec des produits de la *bieriozka* alimentaire faisaient qu'ils tenaient beaucoup à leur situation. Ils touchaient leur treizième mois en devises et en disposaient pour s'acheter des produits inaccessibles au commun des Moscovites. Ils étaient entièrement dépendants de moi – j'avais le droit de les licencier sans aucun préavis et sans évoquer une quelconque raison. L'envers de la médaille était que je ne savais jamais si l'un d'eux (ou lequel) était chargé de faire les rapports sur mon compte au KGB.

Tout ceci n'était cependant qu'une question d'habitude ; comme tous les autres étrangers, bientôt, je n'y pensais même plus.

J'avais trouvé là, je pense, le poste me convenant le mieux de toute ma carrière. Trois mille kilomètres me séparaient de mes supérieurs hiérarchiques qui, ne comprenant rien à l'URSS, étaient bien obligés de se fier à moi pour toutes les décisions concernant ce pays. Le corollaire était que l'on me tenait pour responsable des résultats consécutifs à ces décisions. Par chance, pendant toute la période de trois ans où j'avais occupé ce poste, tous les projets que nous avions suivis avaient été gagnés. Ceci était porté à mon crédit. Dans l'organisation de la CGE, les frais de fonctionnement des délégations à l'étranger étaient financés par des commissions sur contrats, payées par leurs signataires, filiales du groupe. Durant mon séjour à Moscou, les commissions avaient couvert non seulement les frais pour cette période, mais, en plus, ceux de trois années consécutives supplémentaires.

Un contrat est resté gravé dans ma mémoire. La société SAFT suivait un projet de vente d'équipement de fabrication de piles électriques. J'avais été convoqué par le président de cette société, Christian Chazot, devenu plus tard D.G.. d'Eurotunnel Il m'avait montré une coupure de journal dans laquelle la société japonaise Matsushita, notre concurrent pour ce projet, explicitait en détail sa stratégie, complètement opposée à la nôtre.

- Qu'en pensez-vous Joseph ?
- Je n'en pense rien.
- Ne trouvez-vous pas que nous faisons fausse route ?
- Non.
- En êtes-vous sûr ?
- Absolument.
- Bon, c'est à vous de voir.

J'avais senti le couperet de la guillotine sur mon cou en imaginant le cas où nous perdrions le contrat. Finalement, nous l'avions signé et, le lendemain, le cours des actions SAFT doublait à la bourse de Paris.

Une semaine plus tard, je recevais un coup de fil d'un monsieur Tanamura, représentant à Moscou de Matsushita. Il voulait me voir.

- J'ai appris que vous avez conclu l'affaire avec le ministère de l'Electrotechnique.
- Oui.
- Le contrat est-il vraiment signé ?
- Non seulement il est signé, mais nous avons déjà touché un acompte !

Il avait fini par être convaincu, mais en partant, il m'avait dit :

- Je crois ce que vous m'avez dit et, pourtant, je n'arrive pas à imaginer que cela puisse être vrai.

J'ai appris récemment que le coup de massue qui, en son temps, avait fait laisser tomber HEURTEY par la Banque de Paris et des Pays-Bas, son principal actionnaire, était la perte d'un important contrat en URSS contre les Japonais, contrat que j'avais initialisé. Qui sait, si j'étais resté dans cette société, sa décrépitude aurait, peut-être, été décalée de quelques années .

Mes fils étaient venus me voir. Nous étions allés à Leningrad où nous avons logé à l'hôtel *Europe*. Depuis, celui-ci a été transformé en palace du genre *Hilton*. J'avoue regretter mon ancien « Европа ».

L'été suivant, nous avions visité le Caucase avec la Géorgie et l'Arménie ainsi que l'Ouzbékistan. Dans ce dernier pays je fus surpris par la glorification de l'empereur Tamerlan. Dans les livres d'histoire à l'école Gogol à Slavgorod, ce personnage était présenté comme assoiffé de sang, ayant pavé la cour de son palais avec les crânes de ses adversaires. Ici, au contraire, c'était un fin lettré, protecteur des sciences et des arts.

En Arménie, j'avais constaté une sympathie vis-à-vis d'Israël, tout à fait contraire à « la ligne » officielle. Les Arméniens, victimes du génocide par les Turcs, se sentaient solidaires des Juifs.

En 1986, donc un an après mon arrivée, j'avais été prévenu de la visite d'Edouard Balladur. C'était sa traversée du désert et Ambroise Roux, encore du temps où il était à la tête de la CGE, l'avait nommé président d'une des filiales du groupe. Le motif officiel de cette visite était de rencontrer quelques clients de sa société. J'avais donc passé deux jours à l'accompagner dans les différentes centrales d'achat. Mon propre président, du Boucheron, avait manifesté aussi son désir de venir. J'étais convenu avec l'ambassadeur Raimond que celui-ci organiserait un dîner en leur honneur. La secrétaire de ce dernier m'avait posé une question en apparence anodine : pour le plan de table il fallait connaître la hiérarchie entre Balladur et du Boucheron. J'étais incapable de répondre aussi avais-je téléphoné à ce dernier. Je pensais me faire enguirlander pour l'avoir dérangé pour de telles futilités. A mon grand étonnement, il m'avait encensé : j'avais fait preuve de grandes qualités diplomatiques en me rendant compte de l'importance du problème. La réponse était : « théoriquement c'était lui, du Boucheron, qui était plus important hiérarchiquement, mais compte tenu de la notoriété de Balladur, c'était lui qui devait avoir la place d'honneur à la table de l'ambassadeur ». J'y assistais aussi, en bout de table, à côté du conseiller économique avec qui on se racontait des histoires croustillantes.

Quelques mois après, la droite gagna les élections législatives en France, Balladur devint Premier ministre et prit Raimond comme ministre des Affaires étrangères. Je pense que la visite à Moscou y fut pour quelque chose.

Lors de mon deuxième mandat à Moscou, Balladur était venu en visite officielle, cette fois-ci en tant que chef du gouvernement. A la réception à l'ambassade en son honneur, au moment des présentations, je me permis de lui rappeler l'épisode ci-dessus en pensant lui faire plaisir. Il avait pris un air hautain et avait fait semblant ne pas m'entendre.

Ceci me fait penser que pendant ma carrière j'ai eu la possibilité de côtoyer d'autres grands de ce monde.

Je n'ai pas été impressionné par Edith Cresson. Elle était venue à Moscou accompagnée du directeur de la DREE (Direction des Relations Economiques Extérieures) David. A l'époque, les Soviétiques essayaient d'obtenir des crédits à des conditions avantageuses, plus favorables que celles qui étaient accordées par un consensus entre les pays de la CEE. Cresson nous avait assurés que, malgré celui-ci, nous pouvions compter sur le gouvernement pour donner satisfaction aux Russes. Dès qu'elle s'était absentée, David, très énervé, l'avait désavouée : elle ne se rendait pas compte de ce qu'elle disait ; il n'était pas question de ne pas obéir à ce qui avait été décidé entre les Européens !

J'avais été aussi déçu par Michel Noir. Il n'était pas encore éclaboussé par les « affaires » et passait pour un gaulliste de gauche, ce qui me le rendait, *a priori*, sympathique. Il y avait une exposition à laquelle j'avais un stand. Il y était venu (il est difficile à un ministre d'éviter le stand de l'une des plus grandes sociétés françaises), toutefois, sans grand enthousiasme : en ma présence il s'était adressé à ses collaborateurs : « quand est-ce qu'on se tire ? ». En revanche, sa femme à côté de laquelle j'étais assis au dîner à l'ambassade (le lecteur pourrait penser que ces dîners étaient mon occupation principale, mais ce n'était pas le cas), était une Belfortaine pleine de verve, sympathique et spirituelle.

J'avais eu beaucoup d'estime pour Juppé. Il avait un discours très cohérent, mettait beaucoup de passion à ce qu'il disait et savait gagner la confiance de l'auditoire.

J'avais participé, avec d'autres représentants de l'industrie, à un voyage que Michel Jobert avait fait à Budapest. Dans son introduction, lors de la table ronde avec les Hongrois, il avait commencé par dire qu'il aimerait que ce soient les représentants des Petites et Moyennes Entreprises qui s'expriment en priorité. En tant que délégué de l'un des plus puissants groupes industriels de France, j'étais embarrassé. J'avais pris la parole en précisant que ma société était un assemblage d'une multitude de sociétés dont beaucoup étaient des PME. Comme le sujet soulevé par les Hongrois était de leur faciliter l'entrée sur le marché français, j'avais dit que nous étions tout prêts à les aider, mais ne pouvions faire le travail à leur place. Il fallait qu'ils fassent comme nous : prennent leur bâton de pèlerin, prospectent assidûment des industriels français, fassent eux-mêmes la promotion de leurs produits. Quant à nous, tout ce que nous pouvions faire, c'était de leur ouvrir les portes. J'avais ainsi sorti une épine du pied à Jobert qui s'attendait à une levée de boucliers de la part de ses hôtes. Sa conclusion commençait par : « comme l'a dit le représentant de cette PME, la CGE….».

J'avais trouvé Elisabeth Guigou formidable. Nous avions participé ensemble à un séminaire, organisé par le PDG de la CGE Brunet. Cet ancien ambassadeur avait du flair en invitant cette encore toute jeune

fonctionnaire à Bruxelles. Elle connaissait à fond ses dossiers et avait réponse à toutes les questions qu'on lui posait. Toutes, sauf la mienne qui concernait les Pays de l'Est, où elle n'était pas compétente. Et, en plus, elle était très jolie !
Avec son costume gris, sa voix monocorde, son langage technique derrière lequel il cachait, probablement, une certaine timidité, Bérégovoy avait été ennuyeux.

Lors de l'accompagnement à Belfort d'une délégation coréenne, venue en France dans le cadre des discussions au sujet de la construction du TGV Séoul-Pusan, nous avions été reçus par Chevènement, maire de cette ville. Il avait fait un discours en anglais – je dois avoir une piètre opinion des hommes politiques français car ceci me surprend toujours.

J'avais connu l'Union soviétique stalinienne pendant la guerre. Mes premiers voyages avaient eu lieu sous Khrouchtchev, puis j'y étais venu sous Brejnev, Andropov et Tchernenko. Je m'étais établi à Moscou, quelques mois après l'élection de Mikhaïl Sergueevitch Gorbatchev comme secrétaire général du parti communiste. Ainsi, l'époque de Lénine et celle de la transition entre Staline et Khrouchtchev mises à part, j'avais été témoin de toute l'épopée soviétique.

Je l'avais déjà dit : les vrais changements avaient eu lieu sous Khrouchtchev. Ses successeurs, comme s'ils avaient peur d'ouvrir la boîte de Pandore, avaient calmé le jeu – l'essentiel était de ne pas avoir de remous. C'était la politique de Louis-Philippe, mais au lieu du « enrichissez-vous », il y avait : « faites ce que vous voulez à condition que je ne le voie pas ». Le KGB n'était plus aussi omniprésent, les gens continuaient à dilapider les biens de l'Etat pour leur usage personnel, les pots-de-vin étaient institutionnalisés, tout ceci au détriment du développement général du pays. Les brèches étaient colmatées avec des devises, obtenues grâce à la vente des matières premières, essentiellement du pétrole.

Il y avait, quand même, certaines bornes du dogme à ne pas dépasser. Les voyages à l'étranger continuaient à être strictement limités, les manifestations ou les publications non officielles restaient interdites, les photocopieurs et autres moyens de reproduction, très rares, étaient placés sous la surveillance des directeurs généraux des entreprises : il fallait obtenir de leur part la clé du local où se trouvait cet appareil pour faire la moindre photocopie. La hantise des autorités était le *Samizdat*, (traduction approximative: « auto-édition ») où des centaines de bénévoles clandestins recopiaient, à la machine à écrire, les œuvres interdites pour les diffuser, en sous-main, parmi les amis.

Les Juifs étaient particulièrement concernés par ces différentes restrictions. Le « passeport intérieur » (carte d'identité), ainsi que le questionnaire qu'il fallait remplir pour obtenir un emploi, devenir membre du Parti, entrer dans l'armée etc. mentionnaient au paragraphe 5 (*пятый пункт*) la « nationalité », notion différente de « citoyenneté ». Parmi celles-ci il y avait la juive. Sauf exception, les Juifs n'avaient pas accès aux postes à responsabilité dans le Parti, ne pouvaient pas faire leur service militaire dans la marine, n'étaient pas admis au KGB, dans la diplomatie, aux organismes du commerce extérieur ou aux emplois dits « secrets » et, sauf cas très rares, n'obtenaient pas de visa de sortie pour voyager à l'étranger. Dans le langage soviétique ils étaient « не выездные » *(non « voyageables »)*.

L'émigration étant considérée comme trahison envers la patrie socialiste, les départs pour Israël n'étaient autorisés qu'au compte-gouttes. On parlait du « complot sioniste ». Il suffisait de remplacer ce qualificatif par « juif » pour obtenir des textes de pure tradition nazie. A la télévision, on pouvait voir des reportages de quelques rares cas où on avait permis aux déçus de ce pays de rentrer ; la vie en Israël y était représentée comme un supplice. Ceux qui osaient s'aventurer au départ étaient soumis aux pires tracasseries : perte d'emploi, écoutes téléphoniques, ostracisme de la part des voisins… Paradoxalement c'était pratiquement la seule possibilité de quitter l'URSS et de nombreux non-Juifs se procuraient des documents falsifiés prouvant une ascendance juive. Ces départs n'étaient pas toujours motivés par un idéal sioniste. Une fois sortis de l'URSSl, beaucoup n'avaient de cesse que de repartir pour les Etats-Unis ou le Canada.

Le coordinateur de la politique antisémite était Souslov ; membre du Comité Central. Lili Brik, égérie du poète Vladimir Maïakovski, sœur d'Elsa Triolet, en avait parlé quand elle avait réussi, malgré son état de « non voyageable », à venir en France sur invitation de son beau-frère Aragon. A la mort de Souslov, Roger Garaudy, alors coqueluche de la « gauche caviar » en tant que « celui qui avait osé quitter le

Parti », avait publié un article, en première page du *Monde* où il faisait l'éloge de ce vieil apparatchik. La fin sibylline en était une phrase du genre : « la dernière fois que nous nous sommes vus, nous avons parlé d'un certain problème que je ne veux pas évoquer ici. Camarade, nous nous sommes compris ! » Je m'étais tout de suite dit qu'il faisait allusion à leurs communs sentiments antisémites. L'évolution future de Garaudy, devenu ouvertement négationniste, m'avait confirmé dans cette idée. Je pense que le brave Garaudy n'avait pas dû être pris trop au sérieux par les intellectuels juifs du PC (et Dieu sait s'il y en avait !), d'où sa judéophobie.

Gorbatchev avait d'abord essayé de remodeler un peu le socialisme en le rendant plus convivial. Il avait imposé quelques changements cosmétiques qui, à grand renfort de propagande, devaient changer la face du pays. Le premier était la lutte contre l'alcoolisme. C'était la dernière chose à faire. Des distilleries de vodka furent fermées, des vignobles centenaires de Géorgie détruits. Or l'alcool était beaucoup plus qu'un moyen d'oublier les soucis quotidiens, c'était un mode de vie. Le prix des services du plombier, du peintre, du réparateur de la télévision, du déménageur, etc. était évalué en « пол литра », bouteilles d'un demi-litre de cette boisson, dont le prix, invariable depuis des décennies, était un billet de trois roubles « трёшка » (un curieux système de coupures d'argent comprenait des billets de trois, cinq, quinze, vingt-cinq et cinquante roubles). La nuit, les voitures de police ramassaient les ivrognes tombés raides morts dans la rue et les expédiaient vers les « отрезвитель » (*dessouloir*), où on leur rasait la tête, les douchait et les laissait repartir, le matin, contre une amende. Un chauve avait dépensé une fortune pour une chevelure postiche. Elle partit en quelques secondes sous les coups de ciseaux d'une *dessouleuse*. En hiver, le froid faisait de nombreuses victimes dans la rue : des ivrognes endormis la nuit en état d'ébriété. Il était fréquent de rencontrer, à côté d'un débit de boissons, un individu levant la main et montrant trois doigts : il cherchait deux autres compagnons pour, chacun mettant au pot commun un rouble, acheter et vider sur-le-champ ce demi-litre, symbole de fraternité. Cette unité de base devenue introuvable, tout un système de références s'était brusquement effondré.

Cette initiative était sûrement louable, mais à mon avis, ce fut beaucoup plus pour cette raison qu'à cause du chamboulement ultérieur de l'URSS que Gorbatchev doit, encore aujourd'hui, son impopularité auprès de la majorité de la population.

L'autre idée originale était de vouloir remédier à la mauvaise qualité légendaire des produits en introduisant le contrôle de qualité par l'administration : avant d'être mise à la disposition du public, toute la production devait être contrôlée par un fonctionnaire, indépendant de l'usine. Cette mesure n'avait conduit, bien entendu, à aucune amélioration car elle oubliait que la qualité est le résultat de tout un système de contrôles intermédiaires pendant la fabrication, qui n'avaient jamais été mis en place.

Pourtant, au bout de quelque temps, de timides signes de changement avaient commencé à apparaître.

Un courageux avait voulu ouvrir un restaurant privé. Pendant des mois, dans tous les médias il n'avait été question que des tracasseries qu'il rencontrait. Il avait tenu bon et le restaurant avait fini par ouvrir rue Kropotkinskaia. Il existe toujours, mais je ne sais pas si beaucoup de gens se rendent compte du symbole qu'il représente : on avait commencé alors à concevoir que l'initiative privée pourrait, dorénavant, avoir pignon sur rue.

A la télévision, il y avait eu des discussions sur le thème : « peut-on admettre qu'il y ait des millionnaires en Union soviétique ? » chose difficilement imaginable aujourd'hui quand les oligarques russes font partie des hommes les plus riches du monde !

Il y avait eu la visite de Margaret Thatcher. Elle avait été interviewée à la télévision par deux journalistes. La « Dame de Fer » les avait mis K.O. en cinq minutes. Par la suite, ils avaient essayé de justifier cette déconfiture : jusque-là ils n'avaient jamais réalisé de vraies interviews – tout se passait dans la langue de bois soviétique où l'essentiel était de ne pas faire de vagues, les questions et les réponses étant prévues à l'avance.

J'avais essayé, plusieurs fois, d'envoyer en France mon adjoint soviétique pour qu'il fasse connaissance avec les sociétés du groupe. UPDK, son employeur officiel, avait toujours refusé de lui faire délivrer un passeport. Le prétexte était d'une simplicité évangélique : « est-il vraiment nécessaire que vous y alliez ? » Comme il était évident que la terre ne cesserait pas de tourner si le voyage n'avait pas lieu, le projet tombait à l'eau de lui-même. Il était venu me voir pour m'annoncer que UPDK ne mettait plus de veto à cette idée. Il avait obtenu très vite son passeport, son visa de sortie et avait pu partir sur un vol Air France (avant, les citoyens soviétiques étaient tenus de voyager sur les avions d'Aéroflot).

Il y avait eu un changement fondamental au ministère du Commerce extérieur. J'avais déjà parlé du principe sacro-saint de Lénine concernant le monopole d'Etat dans ce domaine. Tout un système très lourd de centrales d'achat avec des spécialistes des finances, du transport, des assurances, etc. avait été mis en place. Ceux qui y travaillaient gardaient jalousement leurs privilèges d'avoir des contacts avec les étrangers, pouvoir partir en mission en Occident, voire, comble de félicité, y être expatriés, économiser de précieuses devises et s'acheter, au retour, un appartement coopératif. Et là, d'un seul coup, vingt entreprises avaient reçu l'autorisation de ne plus passer par ces organismes dans leurs rapports avec l'étranger !

Le choc le plus brutal qui fit, je pense, prendre conscience aux dirigeants les plus lucides que le système ne pouvait plus continuer sur les mêmes bases, fut la catastrophe de Tchernobyl. On avait vu, un matin, un Gorbatchev hagard annoncer, à la télévision, qu'une centrale nucléaire soviétique venait d'exploser. Les gens avaient frémi d'effroi en pensant au projet du ministère d'Energie d'entourer Moscou de centrales atomiques pour assurer l'approvisionnement en électricité et en chauffage de la capitale. Je m'étais souvenu de la visite que j'avais faite, quelques années auparavant, de la centrale de Gravelines, avec une délégation soviétique conduite par un ministre. A la question :

- Comment résolvez-vous les questions de sécurité de vos centrales nucléaires?

La réponse péremptoire avait été :

- Nous faisons entièrement confiance à notre Comité de sécurité nucléaire.

A la CGE aussi il y avait eu des changements. CGE Alsthom International avait été supprimée. Son réseau de délégations, d'agents et de représentants avait été repris par Alsthom, sous forme de filiale : « Alsthom International. » Alcatel la branche « télécommunications » du groupe, avait dorénavant son réseau à elle, basé sur celui de l'américain ITT qu'elle venait d'absorber, se hissant ainsi, d'un seul coup, à une des premières places dans ce domaine au monde. J'étais donc devenu employé d'Alsthom.

La nouvelle politique était que le rôle d'une délégation n'était pas d'engranger des bénéfices, mais d'apporter des affaires, c'est-à-dire du travail pour les usines. Or les contrats que j'avais obtenus concernaient, en général, non pas Alsthom, mais d'autres sociétés du groupe CGE. L'explication en était le célèbre mot d'ordre de Lénine : *« Le socialisme, c'est le pouvoir aux Soviets plus l'électrification de tout le pays.»* Ainsi, L'URSS avait mis en place une puissante industrie électromécanique lui assurant l'autonomie dans les domaines où Alsthom était spécialisée : centrales électriques, matériel ferroviaire roulant. J'avais réussi à convaincre mes nouveaux patrons de cet état de choses, mais ce n'était pas cela qui pouvait changer les faits et mon prestige n'était plus aussi grand que du temps de du Boucheron.

Un Français, de passage à la délégation, m'avait dit qu'il passait périodiquement une visite médicale, avec analyse de sang pour savoir, entre autres, s'il était porteur du virus de sida. Je m'étais posé la question : « et moi alors, qui me dit que je ne l'ai pas ? » Quels que soient les arguments que je pouvais invoquer pour me dire que je n'avais rien à craindre, la seule réponse à une telle question était de faire un test. Je ne savais pas du tout comment l'effectuer à Moscou. C'était devenu une obsession. Je m'en étais ouvert à mon meilleur ami russe, Micha. Il m'avait présenté un personnage qui m'avait emmené dans un institut où on m'avait fait une prise de sang. Au bout de quelques jours il m'avait annoncé le résultat : négatif. Ce fut un immense soulagement !

Les murs blancs de mon immense appartement avaient nettement besoin d'être décorés. J'avais décidé de me procurer des tableaux de peintres russes. Une fois de plus, m'étais-je adressé à Micha. Il m'avait emmené chez un de ses amis, Edik Steinberg, peintre contestataire, ayant eu des ennuis avec le KGB. La pureté de ses tableaux, dans la lignée de Kandinsky, m'avait tout de suite séduit. La composition que je voulais acheter valait neuf cents roubles, l'équivalent de douze cents dollars au cours officiel. J'avais demandé à Micha s'il ne pouvait pas m'aider à faire un change « au noir ». Il m'avait présenté un jeune homme qui m'avait procuré la somme nécessaire pour l'achat du tableau et j'avais conclu l'affaire avec Edik, pour une somme équivalant à environ 300$.

En février 1988, Micha m'avait appelé, il voulait me voir d'urgence et dans la rue. Le personnage m'ayant facilité le test du sida l'avait contacté : le jeune homme qui m'avait procuré l'argent pour l'achat du tableau avait été arrêté et l'affaire risquait de prendre une tournure désagréable. Quelques jours après, moi aussi j'avais été contacté par le même personnage. On devait absolument se voir. La rencontre avait eu lieu près de la station du métro Le Parc de la Culture. Il m'avait répété ce qu'il avait dit à Micha : il y aurait un procès, la presse s'en emparerait, cela ferait un grand scandale, et les conséquences, pour Micha et pour moi, seraient très graves. Pour parer à ce danger, il m'avait laissé un numéro de téléphone que je pouvais appeler, mais bien entendu, il ne me forçait pas à le faire. En rentrant au bureau, après quelques instants d'hésitation, j'avais composé le numéro. Dès que je m'étais présenté, une voix m'avait répondu : « il faut qu'on se voie. » Et c'est ainsi que, le lendemain soir, m'étais-je retrouvé dans une suite luxueuse au dernier étage de l'hôtel *Intourist*, rue Gorki.

En face de moi il y avait deux hommes. Celui que j'avais eu au téléphone, avec des traits asiatiques, et un autre, présentant tous les stigmates d'un chef. C'était ce dernier qui allait mener l'entretien. D'emblée, celui-ci s'annonçait très dur :

- Mon nom est Grigorii et voici Mikhaïl.
- Vous êtes du KGB ?
- Oui.
- Est-ce que vous vous rendez compte que ça sonne assez sinistre ?
- Mais non, vous vous faites des idées ; mais venons-en aux faits, vous vivez en Union soviétique et par conséquent devez respecter les règles qui y sont en vigueur.
- C'est ce que je fais.
- Non, vous avez changé de l'argent au noir.
- Voyons, vous savez bien que tous les étrangers le font, sans cela la vie à Moscou serait impossible.

- Là n'est pas le problème, votre complice a été arrêté, il y aura un procès, la presse sera impliquée, votre nom sera dans les journaux, il y a trois possibilités :

  - Nous écrivons à l'organisme qui vous accrédite que vous êtes *persona non grata*, celui-ci le communique à votre société, vous serez licencié, vous avez cinquante-six ans, vous êtes fichu ;

  - En variante, nous écrivons directement à votre société, elle vous licencie, vous avez cinquante-six ans, vous êtes fichu.

  - Vous êtes quelqu'un d'important (*sic*), vous savez beaucoup de choses ; si vous êtes d'accord pour coopérer avec nous, tout pourrait s'arranger.

Je ne sais pas ce qui m'avait pris, mais ma réaction fulgurante avait été :

- Ma société ne me mettra jamais à la porte, elle considérera que ceci est une provocation et elle aura raison, quant à vous vous pouvez me mettre en prison, me tuer, jamais je ne coopérerai pas avec vous !

Cette réplique avait eu un effet tout à fait inattendu. Mes interlocuteurs devinrent brusquement d'une extrême gentillesse. « Mikhaïl » avait appelé un serveur et, en quelques instants, la table s'était couverte d'une nappe blanche avec vodka, champagne, caviar, saumon, etc.

Nous avions passé plusieurs heures ensemble. Tout avait été mis sur le tapis. Ils connaissaient mon histoire, et pour cause. A un moment ils m'avaient sorti : « ça fait vingt ans qu'on essaye de vous avoir ». Je leur avais parlé des NKVDistes qui nous avaient déportés en Sibérie. La réponse avait été : « nous n'avons rien à faire avec ces gens-là ». La conversation s'était portée sur les Juifs. Les deux s'étaient avérés assez antisémites :

- Les Juifs trustent toutes les situations importantes.
- Qu'est-ce que vous voulez qu'ils fassent ; vous ne les acceptez pas chez vous ni dans d'autres postes officiels.
- Ils forcent leurs enfants à faire des études même si ceux-ci ne sont pas doués.
- Si tous les Russes faisaient comme cela, beaucoup de vos problèmes disparaîtraient d'eux-mêmes.

Je m'étais même fâché :

- Si vous continuez comme cela je cesse de discuter avec vous !

Malgré le caractère surréaliste de cette sortie, étant donné nos positions réciproques, ils avaient changé de sujet.

- Joseph, mais finalement, pourquoi tu ne veux pas travailler avec nous (au bout d'un certain temps nous avions fini par nous tutoyer) ; nous pourrions t'aider dans tes affaires.
- Parce que la France est mon pays d'adoption et il n'est pas question que je la trahisse (je n'avais pas relevé la dernière proposition).
- Est-ce que tu travailles pour vos « organes » (nom donné en Russie au KGB) à vous ?
- Non
- On t'a fait des propositions ?
- Oui (en effet j'avais été sollicité à plusieurs reprises aussi bien par la DST que par le SDEC, devenu DGSE, mais j'avais toujours décliné ces avances)
- Et alors ?
- J'ai toujours refusé.
- Est-ce qu'on peut refuser ?
- Oui, la preuve.

Et puis :

- Joseph, dis-nous franchement, as-tu vu de la corruption dans tes rapports avec les clients soviétiques ?

- Non, jamais, je pense que c'est grâce à vous ; les gens des centrales d'achat sont terrorisés à l'idée même de recevoir le moindre cadeau.

Leur visage s'était éclairé d'un grand sourire de satisfaction.

Grigoriï m'avait parlé des changements qui allaient intervenir en URSS :

- Bientôt on pourra voyager à l'étranger comme on veut ; bien entendu sauf les gens comme moi – je sais trop de choses.

Et à la fin :

- Joseph, finalement, qu'est-ce qu'on fait ?
- Ecoutez les gars, laissez tomber tout cela, votre histoire ne tient pas debout.
- Non, on ne peut pas laisser tomber. Voici la décision que je prends : tu peux quitter le pays quand tu veux, mais si tu reviens, cela veut dire que tu es d'accord pour coopérer avec nous.
- C'est tout décidé, je ne reviendrai pas.
- C'est à toi de voir.

J'avais gardé mon état d'esprit combatif jusqu'à ce que je rentrasse à la maison, mais cela n'avait pas duré . Et s'ils avaient raison : comment ma société prendrait tout cela ? Ma carrière me semblait brisée.

J'étais resté encore deux semaines à Moscou. J'étais au bord de la dépression nerveuse. En plus, dans chacun de mes interlocuteurs, je voyais un agent du KGB. Ceci n'excluait pas les Français. Au contraire. Je m'étais souvenu d'un film où un certain nombre de personnes importantes, invitées à un congrès, se faisaient remplacer le cerveau pendant leur sommeil par un dispositif électronique, les rendant ainsi esclaves d'une puissance criminelle. En montant dans l'avion du retour, une jeune femme qui avait su résister à ce viol, se posait la question au sujet de chacun de ses compagnons : « et lui, a-t-il été retourné ? » C'était exactement ma réaction vis-à-vis de nos compatriotes.

J'étais parti sans dire à mon personnel que l'on n'allait plus se revoir.

Pendant mon séjour à Moscou j'avais été très ami avec une jeune femme. J'avais appris par la suite que je n'étais pas seul. Son autre ami faisait partie du GRU – Direction des Renseignements de l'Armée – à couteaux tirés avec le KGB. Ainsi, il est fort probable que j'avais été victime de la concurrence entre ces deux organismes : j'étais tombé dans une histoire dont un John Le Carré aurait pu tirer un excellent roman.

La jeune femme habitait à Iasenevo, une banlieue près du grand périphérique entourant Moscou dans un rayon de 20 kilomètres. Derrière, il y avait un bois où je faisais mon jogging pendant les week-ends. Je courais jusqu'à un grand building moderne, entouré d'une puissante muraille, puis revenais. Le *Mitrokhin Archives*, écrit sur la base des souvenirs d'un transfuge du KGB, dit que c'était le siège du directorat N° 1 du KGB, en charge du contre espionnage. Il était difficile de faire plus pour se faire remarquer !

Récemment, un expert a pu voir tous les tableaux que j'avais rapportés de Moscou. Il s'avère que Edik Steinberg est très coté à Paris et aux Etats-Unis.

24. ALSTHOM

Le lendemain de mon retour, j'étais au bureau. J'avais raconté mon histoire à N., PDG d'Alsthom International et à C., directeur général.

N. était un HEC, fils d'ambassadeur, froid comme un serpent. Il connaissait les Pays de l'Est pour avoir perdu un très important contrat en Roumanie. Son principal point d'intérêt était la Chine, terre de prédilection de Desgeorges, PDG d'Alsthom. La société y avait construit la moitié du parc des centrales électriques importées de l'Occident. Desgeorges connaissait personnellement Li Penh, Premier ministre chinois. Il ne croyait pas à l'URSS en tant que client potentiel important (je ne pouvais pas lui donner tort puisque c'était aussi mon avis).

C. était un énarque, fou d'ambition, ayant pantouflé de l'administration avec un carnet d'adresses ministériel. Il était le principal *lobbyiste* d'Alsthom auprès de la DREE et des autres organismes officiels. Il rongeait son frein car N., qui devait bientôt être appelé à des fonctions plus importantes, le tenait pour l'instant sous sa coupe.

J'avais très vite senti que, si cela ne tenait qu'à ce dernier, il m'aurait volontiers mis à la porte : je venais là comme les cheveux sur la soupe, personne ne m'attendait et il n'y avait aucune place pour moi ; celle de responsable des Pays de l'Est étant occupée par l'ancien délégué en Yougoslavie. En revanche, C., que j'avais reçu jadis à Moscou, était plus compréhensif. Je crois, tout de même, qu'il était difficile de me licencier car cela aurait donné raison au KGB, ce qui se serait su.

J'avais eu deux séances, de deux heures chacune, de *debriefing* avec la DST. Ici, il y avait beaucoup moins de formes que chez leurs collègues de Moscou : au lieu d'une suite dans un grand hôtel avec caviar et champagne, l'entretien se passait au deuxième sous-sol, assez sinistre, de la rue Nélaton. Ils avaient constaté que tous les fils de mon épopée menaient à Micha et en avaient déduit qu'il était un agent du KGB. J'étais d'accord avec la première proposition, mais pas du tout avec la deuxième. J'estimais que mon ami avait été manipulé. Je le pense toujours. Ils m'avaient félicité pour mon sang froid : j'avais fait exactement ce qu'il fallait Dès le début j'avais fermé la porte à toute velléité de discussion au point de ne pas savoir ce que le

KGB voulait de moi. A la fin de la dernière séance, ils avaient appelé un collègue. C'était celui qui, dans le temps, me demandait de lui fournir des renseignements sur la Russie et que j'avais éconduit. Il m'avait demandé goguenard :

- Alors, vous pensez toujours que le danger KGB est une affabulation ?

Chez Alsthom, j'avais fait pendant quelques mois ce que fait tout un chacun lors d'une traversée du désert : je m'étais accroché à mon fauteuil. Cela avait été payant car j'avais fini par être nommé responsable de l'Afrique Noire anglophone de l'Est ainsi que du Moyen-Orient. Ceci m'avait permis de visiter les abords du lac Victoria : la Tanzanie, l'Ouganda et le Kenya. Dans ce dernier pays, je n'avais pu résister à faire une excursion dans la savane. Je ne m'attendais pas à ce que la réalité corresponde aussi bien à la littérature. Les troupeaux de zèbres et d'antilopes dévalant librement, l'hippopotame pataugeant dans la mare, les flamants roses remplissant tout un lac, les sangliers barrant le chemin à notre Toyota – c'est comme cela que l'on s'imagine le paradis !

Le cas du Moyen-Orient était plus compliqué. J'étais mal à l'aise aux réunions avec les ambassadeurs des pays arabes. Heureusement Alsthom n'avait pratiquement aucune activité dans ces pays et je n'avais pas à y voyager.

C. a dû comprendre tout cela car, bientôt, j'avais été muté dans la zone Asie, comme responsable de la Chine, de la Corée, de Hong Kong et de Taiwan. Consciencieusement, je m'étais mis à potasser l'Assimil de chinois toutefois sans me préoccuper des caractères : j'apprenais les mots grâce à la transcription phonétique en lettres latines. Justement, j'avais une stagiaire chinoise à qui j'avais donné pour mission de passer une heure par jour à converser avec moi en mandarin. Ceci avait été payant car, lors de mon premier voyage à Canton, j'avais raté mon avion pour Pékin et, n'ayant pas trouvé à l'aéroport un seul employé parlant une langue occidentale (eh bien oui, les Chinois parlent chinois !), j'étais arrivé à me faire comprendre et à me retrouver dans l'avion suivant.

J'avais constaté que dans tous les pays « en voie de développement » de ma zone, l'économie était soutenue par un groupe ethnique non autochtone, de culture plus ancienne que celle des gens du cru : en Asie du Sud-Est c'étaient les Chinois, en Afrique anglophone les Indiens ou les Pakistanais, en Afrique francophone les Syro-Libanais. Tout comme les Juifs, qui avaient joué ce rôle en Europe de l'Est avant la guerre, ils étaient périodiquement victimes de pogroms de la part des populations locales.

Ce fut pendant cette période qu'il y eut les événements de Tian Anmen. Nous avions plusieurs chantiers en Chine et je passais mon temps à localiser notre personnel pour tranquilliser les familles. Comme en mai 68 en France, mes sentiments étaient ambigus : je sympathisais avec les étudiants chinois, mais désirais que cela finisse. C'était ce qui était arrivé finalement. Aujourd'hui, en voyant ce qui se passe en Russie, je me pose la question : un pays ayant été autant imbibé par le socialisme peut-il se permettre d'abandonner, d'un seul coup, toute contrainte envers la population ?

A l'exception de la rémunération de Techmachimport par Comsip, qui d'ailleurs pouvait être justifiée, je n'avais jamais été impliqué dans des histoires des pots-de-vin, pudiquement appelés « commissions ». Je m'étais aperçu que la chose essentielle que demandait Alsthom International à ses chefs de délégation, agents ou représentants en Asie et en Afrique, était de trouver des « filières », c'est-à-dire ceux par l'intermédiaire de qui on pouvait graisser la patte à des décideurs. Le point de vue communément admis était :

- Tout le monde est achetable, c'est une question de prix.

Ceci m'avait rappelé un vieux souvenir. J'étais assis au bar d'un hôtel à Moscou. A côté de moi, il y avait deux jeunes péripatéticiennes. Entre un Noir. L'une dit à l'autre :

- Regarde-moi cette gueule, on me donnerait un million de dollars que je n'irais pas avec un type pareil !

Je me retournai :

- Mademoiselle, pour un million de dollars, même moi…

L'autre facette de l'activité de Alsthom International était le rapport avec les administrations, telles que la DREE, dispensatrice des crédits bonifiés, voire des dons. Comme le montant global de ceux-ci pour un pays donné n'était pas illimité, il fallait tout faire pour qu'Alsthom en obtienne la plus grosse part (en fait celle-ci était de l'ordre de 45% de tous les crédits à l'exportation des biens d'équipement par la France). Nous suivions une affaire en Ouganda qui devait être financée par un don du gouvernement français. L'argent disponible était déjà attribué à des contrats pour des PME, mais grâce au lobbying « efficace » d'Alsthom International, c'était notre contrat qui en avait finalement bénéficié. Je pense que les énarques qui nous gouvernent ne sont pas insensibles à l'idée qu'il faut ménager les grands groupes comme Alsthom : ils ont le bras long il vaut donc mieux ne pas faire de vagues et puis, qui sait si dans l'avenir, on ne voudra pas y pantoufler ?

Le responsable des Pays de l'Est avait été nommé délégué en Algérie. J'avais pu retrouver le poste que j'occupais avant mon détachement à Moscou. J'avais été tout content de revenir à mes anciens amours.

J'avais pu ainsi suivre de près la fin du socialisme dans ces pays :

- J'avais été à Prague au moment de la révolution de velours, à Varsovie quand Jaruzelski avait cédé le pouvoir aux partisans de Solidarność.

- Lors d'un vol inaugural Paris-Tirana d'Air France, j'avais eu le temps de voir l'Albanie encore socialiste. Pendant un dîner, pour meubler la conversation, j'avais demandé quelle était la religion la plus répandue dans le pays. Nos hôtes avaient fait semblant d'être tout étonnés par une question aussi saugrenue et je n'avais pas eu de réponse.

- Peu avant l'éclatement de la Yougoslavie j'étais au Kosovo à la centrale électrique qu'Alsthom venait d'y construire. J'avais pu ressentir une certaine condescendance de la part du personnel serbe de l'usine vis-à-vis des Kosovars, mais je n'avais pu deviner la haine qui existait entre ces deux communautés et les événements sanglants qu'elle allait susciter.

- Au moment de la guerre entre la Croatie et la Serbie, j'étais à Belgrade, en visite aux chemins de fer de Serbie. Nous avions été reçus au niveau ministériel et avions eu les honneurs de la télévision. Aux informations du soir, il s'était avéré que notre visite montrait que la Serbie n'était pas isolée et avait le soutien de la France dans sa lutte contre « l'envahisseur croate ». Je ne sais pas si la direction d'Alsthom était consciente de cette incidence diplomatique en nous envoyant en mission là bas. Le soir, nous dînions avec nos hôtes serbes sur les hauteurs de Belgrade. C'était l'été. L'air était chaud, la musique douce, la slivovitz coulait à flots ; il était difficile de croire que, à cent kilomètres de là, la guerre faisait rage !

Le cas le plus intéressant était celui de l'Allemagne de l'Est. Je participais, systématiquement, à la foire de Leipzig. Je logeais chez l'habitant. C'étaient, en général, des familles relativement aisées et leur mode de vie était plus semblable au nôtre qu'à celui des citoyens des autres pays socialistes. Alsthom m'ayant payé des cours particuliers d'allemand, je pouvais avoir des discussions avec les autochtones. Ils savaient tout ce qui se passait en RFA, car ils regardaient ses programmes de télévision. Or, ceux-ci étaient très critiques vis-à-vis de leur propre pays et, bien entendu, ceux de la RDA n'étaient pas en reste pour dénigrer ce qui se passait chez leur voisin. Paradoxalement, les gens, se méfiant de tout ce que colportaient les médias, idéalisaient la situation à l'Ouest. Pourtant, déjà en ce temps-là, ils n'aimaient pas leurs compatriotes de l'autre côté du mur – ils les trouvaient arrogants. Ils étaient très frustrés de ne pas avoir le droit de voyager en Occident et se rendre compte, de leurs propres yeux, de quoi avait l'air cette autre Allemagne.

Lors d'un cocktail à Berlin, j'avais sympathisé avec un Soviétique. Il s'était présenté comme le représentant de la centrale d'achat Licensintotg, responsable d'importation en URSS des licences et des technologies. Il était très affable. A un moment, j'avais senti qu'il me proposait de coopérer avec le KGB – décidément c'était chez eux une idée fixe. J'avais fait semblant ne pas comprendre. Il m'avait laissé sa carte de visite. Malheureusement je ne l'avais pas gardée. Quand Vladimir Poutine avait été désigné par Eltsine comme son successeur, j'avais reconnu en mon interlocuteur l'actuel Président de la Russie. Je n'avais donc pas été étonné quand la presse avait révélé qu'il avait été, en son temps, « résident » du KGB en RDA, chargé de la « pénétration » des sociétés occidentales. En revanche, sur le moment, j'avais été surpris par la manière cavalière dont cet as du KGB procédait à des recrutements. Ceci m'avait fait penser à l'histoire suivante :

« Ivan se plaint à Vassili des difficultés qu'il a à obtenir des faveurs auprès des jeunes filles. Vassili lui conseille d'y aller en douceur, commencer par parler art, littérature et, après, cela ira tout seul. Ivan engage donc, avec sa nouvelle future conquête, le dialogue suivant :

- Tu as lu Pouchkine ?
- Oui.
- Tu as lu Gogol ?
- Oui.
- Bon, assez flirté, enlève la culotte ! »

Espérons que, dans son nouveau job, le camarade Vladimir fera preuve d'un peu plus de subtilité ![37]

Le passage de Berlin-Ouest à Berlin-Est par le Check Point Charlie avait quelque chose de surréaliste : en quelques secondes, on sortait du monde occidental pour se retrouver dans le socialisme. Pour les autres pays, cela était moins sensible car il y avait le passage dans les airs. Une seule fois, en passant de Tchécoslovaquie en Autriche, en voiture, j'avais eu la même impression de traversée du miroir. Cette opération n'était quand même pas aussi facile pour tout le monde : le passage dans l'autre sens était un rêve pratiquement impossible à atteindre pour les seize millions d'Allemands de l'Est.

Les événements s'étaient succédé rapidement, mais avec une certaine gradation. Une fois, après la fin des pourparlers, mon interlocuteur de

[37] Lignes écrites en 2002

la centrale d'achat Industrieanlagenimport m'avait proposé de me raccompagner. En arrivant au Check Point Charlie, il m'avait dit : « je vais y aller avec vous ». Je n'en croyais pas mes yeux : il était passé avant moi, juste en montrant sa carte d'identité est-allemande, tandis que moi, « noble Occidental », j'étais obligé d'attendre que le Vopo de service appose son tampon sur mon passeport !

Puis il y avait eu la chute du mur. Arrivé quelques jours après à Berlin, j'étais tout étonné que le taxi prenne un autre chemin que d'habitude. J'en avais fait la remarque au chauffeur et m'étais fait rétorquer : « comment, vous ne savez pas qu'il n'y a plus de mur ? »

Mitterrand était allé en RDA. Il était accompagné par un aréopage de chefs d'entreprise, dont Desgeorges. Au retour, celui-ci nous avait réunis. Il fallait accentuer notre implantation en RDA, demander à être accrédités et ouvrir une délégation. C'était, bien entendu, une consigne de Mitterrand qui, pour une fois, n'avait pas compris ou, pire, voulait changer le sens de l'Histoire. J'avais suivi ce mot d'ordre en effectuant plusieurs voyages pour obtenir l'accréditation. L'accord officiel pour celle-ci nous était parvenu quelques jours avant la réunification des deux Allemagne !

Mitterrand n'était pas le seul à manquer de prévoyance. Un de mes clients est-allemands m'avait raconté que, quelques mois avant la chute du mur, une infirmière de ses amies s'était fait embaucher par un hôpital de la STASI. La motivation était purement économique : le montant de son salaire avait doublé du jour au lendemain. Très certainement cette promotion aura été de courte durée !

Tout comme les Soviétiques avec la Lada, les Allemands de l'Est avaient leur Trabant, une curieuse voiture à deux temps de performances très médiocres, n'ayant aucun équivalent au monde. Il y avait de très longues listes d'attente. Ceux dont le tour était arrivé juste avant la chute du mur s'étaient bien entendu précipités pour acquérir ce symbole d'autonomie. Quelques semaines plus tard ils s'étaient aperçus que leurs économies de plusieurs années venaient d'être dépensées en pure perte.

Alsthom n'ayant aucune implantation industrielle en Allemagne avait voulu s'y implanter pour obtenir une part du marché de ce pays et avait jeté son dévolu sur une usine de transformateurs dans l'ancien

Berlin-Est. J'avais donc effectué plusieurs missions chez Treuhand, l'organisme mis en place par les Allemands pour privatiser l'industrie de l'ancienne RDA. La direction de la division d'Alsthom concernée était convaincue que le problème ne pouvait être résolu que par l'intermédiaire d'une « filière » qu'il s'agissait de trouver afin de pouvoir « arroser » qui de droit. Finalement, malgré l'obstruction de nos concurrents ouest-allemands, l'usine avait été achetée, à ma connaissance, d'une manière tout à fait normale. Néanmoins, l'affaire des pots-de-vin pour l'acquisition de la raffinerie de Leuna par ELF, qui avait éclaboussé le parti du chancelier Kohl, prouve que mes dirigeants n'avaient peut-être pas tout à fait tort.

Le 19 août 1991 il y avait eu le putsch anti-Gorbatchev à Moscou. Quatre ministres, dont celui de l'Intérieur ; Krioutckov, avaient voulu faire marche arrière et rétablir le système socialiste pur et dur. Gorbatchev s'était retrouvé prisonnier avec sa famille dans la *datcha* sur la mer Noire où il était en vacances. C'était son ennemi juré Eltsine qui avait su tirer son épingle du jeu, en stoppant les putschistes et en faisant revenir Gorbatchev à Moscou.

J'avais eu la visite de plusieurs fonctionnaires soviétiques en poste à la représentation commerciale de l'URSS à Paris. Tous me proposaient leurs services pour devenir nos représentants à Moscou – chose inimaginable encore quelques mois auparavant. Quand les rats quittent le navire, c'est qu'il est en train de couler : la grande Union soviétique, le vrai vainqueur de l'Allemagne hitlérienne, l'épouvantail pendant plusieurs décennies de la première puissance du monde – les USA – était en train de prendre l'eau…

25. LA FIN DE MES PARENTS – ARRIVEE DE MES PETITS ENFANTS

Mon père avait toujours évoqué très librement le problème de sa mort. Son principal souci était d'assurer son existence à ma mère. Lors d'un séjour en Israël, au printemps 1989, je l'avais trouvé très affaibli physiquement. Il avait beaucoup grossi et se déplaçait avec difficulté. Pourtant, avec son éternel esprit fanfaron, il voulait constamment prouver qu'il allait très bien. Il avait insisté pour nous inviter tous : ma mère, ma sœur avec son mari et moi au restaurant. Il s'y était senti mal. Il avait fallu l'emmener à l'hôpital. Il était impossible de laisser ma mère, dont les capacités intellectuelles, contrairement à celles de mon père, commençaient à faiblir, seule avec lui. Nous avions prospecté avec ma sœur plusieurs maisons de retraite. J'avais gardé un souvenir lugubre de ses visites. J'avais été obligé de rentrer en France avant que ce problème soit réglé. Après un bref séjour à la maison où il était soigné en permanence par un infirmier, son état s'était de nouveau empiré et il était retourné à l'hôpital. Amelka m'avait téléphoné pour m'annoncer que la fin était proche. Nous étions arrivés avec mes fils à Tel-Aviv quand tout était terminé. Il paraît qu'il avait gardé jusqu'au dernier moment l'esprit parfaitement lucide. Se rendant bien compte de sa situation il paraissait heureux et continuait à plaisanter. Au cimetière, c'était moi qui avais récité le *kaddish* en lisant le texte sans le comprendre, comme les quatre questions au *seder* chez mon grand-père avant la guerre.

Lors de chacune des naissances de mes enfants, j'avais ressenti une coupure ; elle me projetait alors vers l'avenir. Cette fois-ci, j'avais un sentiment contraire : l'avenir était derrière moi : dorénavant j'étais le premier de la lignée. Je pensais avec tristesse aux questions que, par pudeur, nous n'avions jamais pu aborder avec mon père ; nous n'aurons plus jamais la possibilité de le faire.

Quelques années plus tard, c'était l'arrivée de mes petits-enfants. L'avenir existait donc quand même. J'ai vu mon fils et sa femme face aux mêmes problèmes et, probablement, commettant les mêmes erreurs que Susie et moi trente ans plus tôt. J'avais mis longtemps à m'habituer à la situation de grand-père. Ces deux bambins c'étaient bien mon sang et mes chromosomes et pourtant ils n'étaient pas à moi ! La situation présentait aussi des avantages : n'ayant pas de responsabilités à leur égard, je ne retenais que le côté agréable de « l'Art d'Être Grand-père. » Leur vie se déroule maintenant d'une manière tellement « normale » qu'il m'arrive de penser que je rêve !

Ma mère était restée seule dans son appartement. La mort de mon père l'avait profondément frappée. Elle n'avait plus sa tête à elle. Amelka avait pu heureusement l'établir dans une maison de retraite assez luxueuse. Lors de mes visites, espacées de un ou deux ans, je constatais les terribles ravages, peut-être plus vivement que ma sœur qui la voyait toutes les semaines. Au début, elle mangeait avec les autres pensionnaires, participait aux activités culturelles. Son raisonnement devenait de plus en plus incohérent, son état physique se dégradait. A la fin, elle était complètement inconsciente et on la manipulait dans son lit comme un objet inanimé. Pourtant, quand Amelka lui disait à l'oreille : « maman, Józek est là », elle semblait se réveiller : « ah, Józek ! », mais retombait aussitôt dans sa léthargie. En la regardant, j'avais de la peine à m'imaginer que j'avais devant moi la même femme qui avait survécu au Goulag et s'était battue comme une lionne pour assurer la subsistance de ses enfants. Elle est morte le 28 février 1999, le lendemain de son 91ème anniversaire.

26. DEUXIEME EXPATRIATION A MOSCOU

N. avait fini par avoir le très haut poste qu'il convoitait et C. avait eu les mains libres. Il voulait remplacer notre résident à Moscou et m'avait suggéré d'y retourner. J'avais toujours le numéro de téléphone de Mikhaïl. Je l'avais composé. Miracle, c'était effectivement lui qui se trouvait au bout du fil. Le fait d'obtenir si facilement de Paris une communication avec le KGB avait quelque chose d'hallucinant. D'autant plus que cette conversation était sûrement enregistrée à Moscou et, selon toute vraisemblance, écoutée par une demi-douzaine d'autres services secrets tels que la DGSE, la CIA, la DST, etc.

- Bonjour Mikhaïl, ici Joseph de Paris.
- Bonjour, comment ça va ?
- Bien, figurez-vous que ma direction aimerait que je retourne à Moscou.
- Et alors ?
- Je pense que la situation a changé depuis notre entretien ; est-ce que vous vous opposez à ce que je le fasse sans satisfaire aux conditions que vous m'aviez posées ?

Minute de silence, puis :

- Vous voulez vraiment venir ?
- Oui.
- Bon, c'est d'accord.
- Sans aucune condition ?
  Il se fâche :
- Puisque je vous l'ai dit !

Je demandai donc un visa. Il me fut refusé. Je retéléphonai à Mikhaïl. Il me demanda de le rappeler le lendemain. Je le fis et il m'annonça :

- C'est arrangé, il y a eu un malentendu avec les pouvoirs locaux.

La coordination n'avait jamais été le point fort des Soviétiques.

J'avais effectivement obtenu mon visa et étais reparti pour Moscou en décembre 1991. En arrivant à l'aéroport de Sheremetievo, je n'étais pourtant pas très tranquille. A juste titre : après avoir introduit les données de mon passeport dans le terminal qu'il avait devant lui, le militaire de service avait pris le combiné téléphonique. Un officier était arrivé et m'avait demandé d'attendre quelques instants. Je n'en menais pas large.

- De quoi s'agit-il ?

lui avais-je demandé innocemment.

- Oh rien, un petit détail à contrôler.

Au bout de dix minutes il était revenu avec mon passeport et m'avait fait repasser devant le guichet sans que je fasse la queue.

Mon chauffeur m'attendait de l'autre côté et, une demi-heure après, je m'étais retrouvé dans mon splendide appartement moscovite.

Je n'ai jamais eu depuis de problèmes de visa pour la Russie, mais je pense que les liaisons entre les bases de données des différents ministères russes auraient besoin d'un sérieux coup de chiffon.

C'était le début de l'ère Eltsine, le Premier ministre étant Gaïdar. Le contraste avec ce que j'avais quitté trois ans auparavant était saisissant. Les rayonnages des magasins étaient vides au sens propre du terme. Les vendeuses étaient là, adossées au mur, sans rien faire. L'ancien système était aboli, mais rien n'avait été fait pour le remplacer.

Pour remédier à cette situation, Gaïdar avait conquis Eltsine aux vertus du libéralisme. D'abord, tout un chacun avait eu la permission de vendre n'importe quoi, à n'importe qui, n'importe où. Les rues s'étaient transformées en bazar. La convertibilité interne du rouble ayant été mise en place, avec un taux rouble/dollar égal à l'ancien taux « noir » (on pouvait maintenant acheter et vendre les devises librement à l'intérieur du pays, mais les roubles en billets de banque ne pouvaient être exportés ou cotés à l'étranger), les importations qui, jusque-là, avaient été strictement réglementées, avaient très vite pris un essor sans précédent – les magasins s'étaient brusquement, remplis de produits étrangers. Si, auparavant, les gens ne pouvaient dépenser leur argent faute de produits à acheter, maintenant, il y avait l'embarras du choix, mais le coût n'était pas à la portée de tout le monde. Le prix interne des matières premières et des semi-produits étant nettement inférieur au cours mondial, un système de licences d'exportation avait été introduit afin d'éviter que le pays ne soit vidé de ses richesses. Ceux qui arrivaient à se procurer ces précieux documents devenaient milliardaires du jour au lendemain. Ceci avait eu pour résultat un épanouissement extraordinaire des pots-de-vin au profit des hauts fonctionnaires.

L'étape suivante avait été la privatisation des entreprises d'Etat. Tout citoyen soviétique avait eu droit à un voucher d'une valeur de dix mille roubles de l'époque avec lequel il pouvait acquérir des actions des sociétés ou des biens privatisés. Certains les avaient investis dans l'entreprise où ils travaillaient, d'autres dans les fonds de gestion qui avaient poussé comme des champignons après la pluie, d'autres enfin, profitant de ce que les vouchers n'étaient pas nominatifs, les avaient vendus à des petits malins qui en avaient profité pour s'approprier les entreprises les plus rentables.

L'inflation était à trois chiffres. Tous les paiements se faisaient en liquide, les chèques et les cartes de crédit étant inconnus. Pour payer une facture il m'avait fallu apporter un sac entier de billets de banque. On avait, donc, stoppé le fonctionnement de la planche à billets. L'inflation avait été ramenée à des limites plus raisonnables, mais devant le manque total de liquidités, une économie de troc s'était établie comme aux bons vieux temps de l'homme préhistorique.

Les magasins d'Etat étant conçus en dépit du bon sens et pas du tout adaptés au commerce privé, une multitude de kiosques avait fleuri dans les rues. Des organisations mafieuses en avaient tiré avantage pour mettre en place un système de racket : si on ne voulait pas voir son kiosque ou son magasin brûler, il fallait payer une dîme à une « крыша » (toit). Celle-ci vous laissait son numéro de téléphone. Dans le cas où une « organisation concurrente » vous contactait, il suffisait de lui indiquer ce numéro pour qu'elle vous laisse en paix. Il valait mieux se soumettre. Un de mes amis avait vu, brusquement, tous les kiosques d'une rue prendre feu simultanément. C'était, toutefois, un moindre mal. Dans les cas, considérés comme plus graves, on risquait de devenir objet d'un « contrat » et de se retrouver avec une balle dans la tête tirée par un tueur professionnel. J'avais connu personnellement trois personnes à qui cela était arrivé.

Ce contexte un peu particulier ne m'empêchait pas d'organiser ma vie. En août 1992, j'étais parti en vacances, avec deux amies russes, à Sotchi sur la mer Noire. Nous n'avions aucune réservation et, en arrivant à l'aéroport, avions décidé de tenter notre chance dans la ville de Gagra, à soixante kilomètres de là, en Abkhazie, province de la Géorgie — république devenue indépendante depuis l'éclatement de l'URSS. Nous y étions allés en taxi. Devant un pont, une plaque signalait sa date de construction (je crois 1937) ainsi que « pont construit par les détachements de l'armée du ministère de l'Intérieur ». Pour les initiés, c'était une manière discrète d'indiquer que le Goulag était passé par là. A Gagra, nous étions allés, à l'improviste, dans le meilleur établissement de la ville, destiné, du temps de l'URSS, aux membres du Comité central du Parti : la maison de repos « 17e Congrès. » Renseignement pris, il s'était avéré que ce congrès du PC était celui qui avait initialisé les purges de 1937. Une de mes compagnes connaissait l'ancien responsable des maisons de repos appartenant au Comité central. A son nom, le visage de l'administratrice à la réception s'était éclairé d'un sourire : « ah, vous connaissez Ivan Ivanovitch ! » et des chambres nous avaient été attribuées.

Je me suis rarement autant ennuyé pendant des vacances. Le système soviétique des maisons de repos, même pour les membres du Comité central, ne prévoyait aucune distraction. J'avais pu le vérifier dans d'autres établissements de ce genre autour de Moscou où il m'était arrivé de passer quelques week-ends. On n'avait droit qu'à une chambre et à une nourriture infecte à la cantine. Heureusement il y avait là un groupe de Polonais. Après avoir fait une collecte parmi les estivants, ils avaient invité un orchestre et organisé une soirée dansante.

Quelques jours après, c'était devenu plus mouvementé. Les Abkhazes, peuple conquis dans les temps immémoriaux par les Géorgiens, s'étaient révoltés contre ces « oppresseurs ». La nuit on entendait les rafales des mitraillettes. Nous avions réussi à partir précipitamment. Sur le chemin vers la frontière russe, nous avions été plusieurs fois arrêtés par des jeunes gens en treillis, armés de kalachnikovs. Après un échange de sourires entendus avec le chauffeur, lui aussi abkhaze, ils nous laissaient passer. Si, à l'aller, nous ne nous étions même pas aperçus que nous traversions une frontière, cette fois, elle était barrée et nos passeports avaient subi une pointilleuse vérification. Nous trouvant sur le sol russe, nous nous étions sentis en terre de liberté. Nos aventures n'étaient pas terminées pour autant. A l'aéroport de Sotchi, nous avions appris que la tour de contrôle allait se mettre en grève à quatorze heures. Il était dix heures et notre avion devait partir à treize heures, mais il n'était pas encore là. Il était arrivé à treize heures trente et, par attention spéciale, la grève avait été décalée pour que nous puissions partir à quatorze heures et dix minutes.

Pendant les mois qui avaient suivi, la guerre avait fait rage en Abkhazie. La télévision avait montré Gagra complètement détruite par les tirs d'artillerie. J'avais cru reconnaître, parmi les ruines, celles de notre maison de repos du 17e congrès.

J'avais eu la possibilité de visiter, heureusement dans des conditions plus pacifiques, d'autres anciennes Républiques socialistes, récemment affranchies.

Dans la capitale d'Ukraine – Kiev j'avais eu un sursaut en voyant la statue de Bogdan Khmelnitski. Cet *ataman*, considéré ici comme le héros national, avait été l'instigateur de l'extermination de toute la population juive d'Ukraine en 1640. Il est vrai que le bon roi Louis IX, qui non plus n'avait pas été très gentil vis-à-vis de nos coreligionnaires en France, avait été par la suite sanctifié !

J'avais été à Alma Ata, capitale du Kazakhstan, avec Mitterand. Il était accompagné par l'actrice Sophie Marceau. On sentait le pays tenu de main de fer par le président Nazarbaiev, ancien premier secrétaire du parti, comme dans un émirat arabe du Moyen-Orient. La télévision avait montré, en grande pompe, le mariage de son fils avec la fille de son homologue de Kirghizie. Ainsi, les alliances entre les nouveaux souverains se mettaient-elles en place. Dans les ministères, les ministres kazakhs « ethniques » étaient doublés par des vice-ministres russes « ethniques » qui faisaient le travail.

La même situation régnait en Ouzbékistan. Ici « l'émir » s'appelait Karimov, aussi ancien premier secrétaire.

Je devais visiter avec la délégation d'une société allemande, faisant partie d'Alsthom une station de pompage de gaz à Tcheboksary dans la république autonome Tchouvache, à 650 km au sud-est de Moscou. Le seul moyen pour y accéder était l'avion. Aéroflot n'assurant pas cette liaison, j'avais loué un Tupolev appartenant à l'armée de l'air. Dans le laisser-aller qui régnait alors, la hiérarchie militaire disposait pour son propre compte du matériel sous son commandement et le prix de cette location défiait toute concurrence. Avant le départ de Tchiboksary, nos hôtes nous avaient gratifiés de force bouteilles de vodka aussi, après une demi-heure de vol, tous les Allemands étaient-ils soûls. Un jeune ingénieur s'était approché de moi et, pleurant à chaudes larmes, avait balbutié :

- Herr Kirszenberg, ich bedauere was wir den Juden angetan haben (Monsieur Kirszenberg, je regrette ce que nous avons fait aux Juifs).

J'étais à la fois ému et gêné. J'avais essayé de le consoler en lui disant qu'il n'y était pour rien car il n'était même pas né au moment de la guerre. Le lendemain, à notre bureau de Moscou, tout le monde avait dessoûlé. Je ne sais pas si le jeune homme se souvenait encore de l'incident dans l'avion, en tout cas on n'en avait plus reparlé.

J'avais accueilli plusieurs amis de France. Quand ils venaient à Moscou, ils logeaient chez moi. Quand ils allaient uniquement à Leningrad, je me faisais le plaisir de les accompagner. Dans les musées on me prenait pour un Russe, mais on s'apercevait très vite que ce n'était pas le cas de mes invités. Ils étaient, alors, obligés de payer leurs billets au tarif « étranger », c'est-à-dire dix fois plus cher.

A Moscou, les relations entre le Président du pays Eltsine et le Parlement étaient exécrables. Ceci avait conduit, en 1993, à une révolte des parlementaires, retranchés à la « Maison Blanche », alors siège du Parlement, aujourd'hui celui du gouvernement. Pendant plusieurs jours, on entendit des tirs du côté de cet endroit et de celui de la tour de télévision d'Ostankino. Ailleurs dans la ville, y compris dans notre bureau, la vie continuait comme à l'ordinaire. Il avait fallu recourir à l'artillerie pour venir à bout de la résistance des parlementaires assiégés. CNN, installée à l'hôtel *Ukraïna*, en face de la « Maison Blanche », sur l'autre rive de la Moskova, avait transmis, en direct, la pénétration de l'obus dans le Parlement.

Pour les affaires d'Alsthom, la différence essentielle avec ce que j'avais vécu lors de mon premier séjour était que, cette fois-ci, les entreprises devaient débourser leur propre argent pour s'équiper et non pas celui qui leur était attribué, au cas par cas, par l'Etat. Or elles n'en avaient pas. Du temps du socialisme, les centrales d'achat n'entamaient les négociations que si elles étaient sûres d'obtenir le financement du gouvernement. Maintenant, n'importe qui pouvait nous consulter et il était extrêmement difficile de démêler le grain de l'ivraie : quels étaient les projets sérieux ? Tout cela faisait que les contrats ne rentraient pas. Début 1994, j'avais eu un appel de C. Il m'avait annoncé que la délégation de Moscou était nettement déficitaire. Il décidait de la mettre en sommeil pendant quelque temps. Mon poste était supprimé. Je devais rentrer à Paris.

27. DE NOUVEAU A PARIS

Dix minutes après mon arrivée dans les bureaux d'Alsthom, j'avais été convoqué par le chef du personnel. Il m'avait annoncé qu'un plan social venait d'être mis en place et que j'en faisais partie. Comme « j'avais rendu de grands services à la société », il me proposait une transaction : je devais signer une lettre certifiant que je n'avais aucune réclamation envers mes employeurs au sujet de mon licenciement, en échange de quoi je recevrais une indemnité équivalant à environ un an de mon salaire. C'était beaucoup plus que ce à quoi j'avais droit officiellement (à partir de soixante ans les indemnités de licenciement subissent un coefficient dégressif, pour devenir nulles à 65 ans – âge légal de la retraite). J'avais marchandé pour la forme, mais n'avais pu qu'accepter. Comme j'avais 63 ans et avais réuni le nombre suffisant de trimestres travaillés, du jour au lendemain j'étais devenu retraité.

Susie m'avait annoncé que, entre-temps, elle avait entrepris les démarches pour le divorce. Elle avait déjà obtenu, auprès du tribunal de Nanterre, l'obligation pour moi de quitter notre appartement. Elle m'avait proposé de nous séparer. J'ai accepté l'idée car je ne voyais vraiment pas la possibilité de continuer notre cohabitation.

Je n'avais rien contre la situation de retraité, mais j'étais vexé de ne pas avoir déterminé son moment moi-même. Aussi, avais-je décidé de retrouver, coûte que coûte, du travail. J'avais squatté mon ancien bureau chez Alsthom et pouvais ainsi disposer d'ordinateur, fax, photocopieur, téléphone, etc. J'avais dirigé mes recherches vers les organismes européens s'occupant de l'assistance à l'ancienne URSS.

J'étais arrivé à faire partie de l'équipe que la Caisse de dépôts et consignations (CDC) constituait pour répondre à un appel d'offres de la BERD – Banque européenne pour la reconstruction et le développement créée sur l'initiative de Mitterrand pour aider les anciens pays socialistes à s'intégrer dans l'économie de marché. Il s'agissait d'obtenir la gestion du Fonds Capital Risque pour la Sibérie de l'Ouest que cette banque allait mettre en place en parallèle avec neuf autres fonds analogues dans d'autres régions, gérés par d'autres sociétés. Si nous gagnions la compétition, je devais être le directeur (*Chief Executive Officer*) résidant à Novossibirsk. Dans l'esprit de la CDC j'étais la pièce maîtresse de notre proposition. La « Sibérie de l'Ouest » incluait les régions (*oblast*) de Tomsk, Kemerovo, Novossibirsk et… Altaïskiï Kraï (voir carte p.65).

Après plusieurs séances de *brain-storming* à Paris, toute l'équipe était allée présenter notre projet au luxueux siège de la BERD à Londres. J'insiste sur le mot « luxueux » car ce qualitatif a été un des prétextes de l'éviction de l'ancien conseiller de Mitterrand, Jacques Attali, de la présidence de cette banque.

Dans le style pragmatique, typiquement anglo-saxon, chaque membre de notre délégation avait été interviewé par un jury. Celui-ci avait semblé être impressionné par mon passé à Altaïskiï Kraï pendant la guerre. A la fin de la cérémonie, on nous avait indiqué que la conclusion concernant notre candidature nous serait donnée le 15 août et nous étions rentrés à Paris.

Le 15 août étant férié en France il n'y avait personne à la CDC pour téléphoner à Londres. J'avais donc décidé de le faire moi-même et cela pour m'entendre dire que nous avions été recalés. J'avais insisté :

- La CDC n'ayant pas été retenue, est-il possible que dans votre organisation, il y ait une autre place pour Joseph Kirszenberg ?
- Peut-être. Deux sociétés sont restées en lice. L'une d'elles nous conviendrait, mais la personne pressentie pour être son directeur local laisse à désirer. Si vous êtes d'accord, nous pouvons lui indiquer que, si elle vous choisit, nous ne nous y opposerons pas.
- Je suis d'accord.

Une telle indication de la part de la BERD équivalait, bien entendu, à un ordre d'accepter ma candidature. Aussi, le lendemain, avais-je eu un coup de fil d'un Anglais qui, avec un charmant accent « *oxonian* », m'avait demandé si j'accepterais de faire partie de l'équipe constituée par sa société Simco et par Foreign colonial – société de gestion de fonds, chef de file du consortium. Ainsi, quelques semaines plus tard, m'étais-je retrouvé dans le même bureau de la BERD, mais cette fois-ci, avec les Anglais. Le chef de projet de Foreign colonial était très satisfait du déroulement de la réunion. Effectivement, nous avions eu, dans l'après-midi même, la confirmation que notre proposition était retenue.

L'ancien conseiller économique auprès de l'ambassade de France à Moscou venait justement d'être muté à Londres. Il m'avait invité à déjeuner à son club. Bien que celui-ci ait eu compté parmi ses membres Gladstone, la cuisine était typiquement anglaise donc immangeable. Je lui avais raconté mon aventure. Il m'avait demandé :

- Avez vous lu *How to be an Alien* (Comment peut on être un étranger) de Georges Mikes ?

C'était un des premiers livres que j'avais lus en anglais. Cet écrivain, d'origine hongroise, y disséquait, avec beaucoup d'humour, les particularismes des Anglais.

- Oui.
- Vous souvenez-vous de la phrase : « The English never lie but they never tell the truth » (Les Anglais ne mentent jamais, mais ils ne disent jamais la vérité) ?
- Oui.
- Eh bien ! continuez à l'avoir en mémoire car ces gens sont vraiment très spéciaux !

Je lui avais dit que j'en étais bien conscient, mais que j'avais une longue expérience des Anglais aussi bien à titre privé que professionnel et pensais pouvoir me tirer d'affaire.

28. LA SIBERIE 50 ANS APRES

Deux mois plus tard, après une brève formation à Londres, je débarquais à Novossibirsk où devait être établi le bureau de notre fonds. Il n'y avait ni logement, ni local, ni personnel, ni équipement, ni autorisation des autorités locales pour ouvrir notre bureau. J'avais commencé à travailler dans ma chambre d'hôtel, aidé par une jeune Russe prénommée Larissa qui m'avait été recommandée par mon patron de SIMCO. Ma mission devait durer en principe quatre ans.

Je vais m'efforcer de décrire ce que j'ai ressenti de particulier en vivant pendant un an et demi dans cette Russie « profonde ».

Située sur l'un des grands fleuves sibériens, Ob (bien connu des cruciverbistes), avec une population de presque deux millions d'habitants (à ce titre elle a droit à un métro), Novossibirsk est considérée comme la troisième ville de Russie après Moscou et Saint Pétersbourg. Elle avait été créée par Nicolas II d'où son nom d'origine : Novonikolaïevsk. Ayant la chance de se trouver sur le transsibérien, elle a détrôné Tomsk de son rôle de capitale de la Sibérie :

« Sire, une nouvelle dépêche
D'où vient-elle ?
De Tomsk. »
Sont les premières lignes de *Michel Strogoff* de Jules Verne.

Khrouchtchev, voulant favoriser le développement de toute cette région, lui avait adjoint, en 1969, la ville satellite Akademgorodok où sont implantés un grand nombre d'instituts scientifiques de haut niveau ainsi que l'académie sibérienne des sciences. D'importantes usines du complexe militaro-industriel faisaient la gloire de cette ville, du temps du socialisme. A égale distance entre le Pacifique et la frontière occidentale avec l'Ukraine, elle revendique le titre de « centre de la Russie. » Un barrage sur l'Ob donne lieu à une immense retenue d'eau qui alimente une centrale hydroélectrique.

Pour les distractions ; deux théâtres, un opéra, deux salles de philharmonie, un orchestre symphonique, deux grands halls où peuvent se produire des ensembles artistiques de passage. Assez curieusement, la vedette du théâtre principal « Красный Факел » (*Le*

Flambeau Rouge) était une Américaine, se disant veuve de Bing Crosby. Elle jouait en anglais. Elle avait fait quelques dons au théâtre (en particulier un fax) et j'avais le soupçon que c'était le seul moyen que cette actrice sur le retour avait trouvé pour se maintenir sur les planches. Avec mon amie Ira, dont j'avais fait la connaissance peu après mon arrivée, nous essayions d'utiliser au maximum toutes ces possibilités.

Il manque dans ce tableau une touche d'intimité et de chaleur que l'on ressent, en France, grâce à des cafés et des restaurants accueillants, des immeubles aux murs d'aplomb et ravalés, des vitrines joliment décorées…

Pendant mes expatriations précédentes en Russie, je vivais séparé du reste de la population par mon statut « d'occidental ». Moscou était habituée aux étrangers et il y existait tout un ensemble de dispositifs qui, contre paiement, leur facilitaient la vie. On a vu que du temps de l'URSS c'était surtout l'UPDK. Après, une multitude d'organismes privés : cabinets d'avocats (surtout anglo-saxons), agences immobilières adaptées aux standings occidentaux, presse en anglais avec des pages d'annonces, grands magasins style Galeries Lafayette, ont pris le relais. Rien de tel à Novossibirsk. Il fallait s'adapter au style de vie des Russes, du moins de ceux n'ayant pas de problèmes d'argent.

J'avais loué un appartement. Pour le rendre habitable, il avait fallu investir vingt mille dollars. En particulier, les tuyaux d'amenée d'eau dans la salle de bains ont été masqués par une cloison en briques, revêtue de plaques de céramique. Il y avait eu une fuite d'eau dans l'immeuble : l'étage au-dessous du mien avait été inondé. Les tuyaux de ma salle de bains, puisque invisibles, avaient été accusés d'en être la cause. Il avait fallu défoncer ma jolie cloison pour démontrer mon innocence, mais pendant trois jours, je n'avais pas eu d'eau avec tout ce que cela suppose comme inconvénients, en particulier ne pas pouvoir aller aux toilettes.

Peu à peu le travail avait pu s'organiser. J'avais eu la chance de trouver des bureaux très confortables et nous avions pu nous y installer avec trois analystes financiers russes que j'avais trouvés sur place et qui allaient travailler sous la conduite d'un Néo-Zélandais arrivé peu après moi, une secrétaire et un chauffeur nous mettant à disposition sa vieille Volga.

ORGANISATION DU FONDS CAPITAL RISQUE POUR LA SIBERIE DE L'OUEST DE LA BERD

BERD

I

I

FOREIGN COLONIAL : détenteur du contrat de gestion du fonds

I

I

SIMCO responsable des opérations locales

I

I

Bureau de Novossibirsk
Directeur J. KIRSZENBERG

Il y avait peu de choses à Novossibirsk qui me rappelaient Slavgorod. C'était une grande ville avec des rues goudronnées, des immeubles à plusieurs étages avec tout-à-l'égout, chauffage urbain, eau chaude, gaz, électricité et téléphone. J'avais déjà mentionné le métro. On ne pouvait, cependant, effacer les stigmates classiques du socialisme :

- Les maisons mal entretenues ;
- Le chauffage et l'eau chaude, provenant d'une centrale, fréquemment coupés ;
- Les autobus antédiluviens dans un état lamentable ;
- Les puits de canalisation sur la chaussée souvent ouverts pour la maintenance, sans aucune barrière autour, même la nuit, ce qui était souvent la cause de graves accidents automobiles.

Cette dernière circonstance est à l'origine du toast suivant, prononcé lors des mariages, anniversaires et autres réunions, où chaque convive est tenu d'en prononcer un, sur ordre du *tamada*[38] :

« Un couple se promène la nuit dans la rue. Le jeune homme se décide, enfin, à déclarer sa flamme à la jeune femme. Il se tourne vers elle – personne. Eh bien! mes amis, levons ce verre à ce que les employés municipaux n'oublient plus de remettre en place, le soir, les couvercles des puits de canalisation !»

Les gens portaient des habits de style occidental, mais de qualité médiocre, provenant le plus souvent de Chine ou de Turquie. Ce n'était qu'en rencontrant les paysans de passage avec leurs bottes en feutre, vestes et pantalons piqués, fourrés de coton, des sacs à dos antédiluviens, que je revoyais les images de mon enfance. L'hôtel, que j'habitais au début, était le siège du consulat allemand : dans la région il y avait une grande colonie d'Allemands « ethniques ». Tout comme Israël pour les Juifs, l'Allemagne avait institué la loi du retour pour ses anciens ressortissants. Les matins, une longue queue de candidats à l'émigration se formait devant l'hôtel. Les gens n'avaient rien d'allemand ; en 300 ans ils avaient eu tout le temps de se russifier. C'étaient des paysans tels que je les avais connus jadis. Je me demandais comment ils allaient pouvoir s'adapter dans leur nouvelle-ancienne patrie !

Autre élément resté le même : le climat. En hiver, le mercure descendait souvent en dessous de -30°C et, en été, remontait à +30°C et, ce qui avait manqué à Slavgorod, des indicateurs de température, à plusieurs coins de rue, montraient l'importance que les habitants attachaient à cette question. Le côté sympathique et inattendu était que le présentateur qui annonçait le temps à la télévision était un Noir au nom portugais, échoué en Sibérie probablement du temps où l'Angola et le Mozambique étaient des bastions du communisme.

J'aurais peut-être trouvé que la nature n'avait pas varié, non plus, depuis 50 ans, mais je ne pouvais faire la comparaison car, au lieu de la steppe que j'avais connue à Slavgorod, autour de Novossibirsk et de

[38] Chef de la table dans la tradition de la Géorgie, tradition reprise dans toute la Russie.

Tomsk il y avait des forêts, autour de Kemerovo des mines de charbon et autour de Barnaoul des collines.

Le grand choc avait été la pollution. J'avais déjà parlé de celle régnant dans la région de Novokouznetsk. J'avais visité dans cette ville une cimenterie. Elle dégageait une énorme quantité de poussière. Pour y remédier, il aurait fallu installer des filtres dont le coût était de un million et demi de dollars. Les pénalités que l'usine payait pour les nuisances occasionnées étaient à peine de quelques milliers de dollars par an. Le calcul était vite fait et l'usine continuait à polluer.

A Bratsk nous avions visité une usine de production d'aluminium, alimentée par la centrale électrique hydraulique sur le fleuve Angara. De l'avion, on voyait des arbres complètement effeuillés, dans un rayon de dix kilomètres autour de la ville. La cause en était le fluor dégagé lors de l'électrolyse d'aluminium. La publicité de la société française Péchiney montre une usine analogue entourée d'herbages avec des vaches qui paissent devant le mur de l'usine…Plutôt que d'acquérir les équipements qui avaient permis à Péchiney d'atteindre ce résultat, l'usine préférait exporter l'aluminium à bas prix, non grevé par un tel investissement. Ceci faisait chuter le cours de ce métal sur le London Metal Exchange.

Nous avions voulu investir dans une usine de roulements à billes à Tomsk. Tout le terrain autour s'était avéré imprégné d'huile.

Pendant les week-ends, je faisais mon jogging le long de l'Ob, juste à la sortie de la ville. Au retour, je voyais celle-ci recouverte d'une grande coupole jaune.

J'avais été surpris par la disparition de la réputation d'épouvantail du sigle KGB. C'était devenu, au contraire, un label de qualité. Une de mes connaissances avait placé tout son argent dans une banque. Je lui avais demandé :

- Ne crains-tu pas qu'elle puisse s'écrouler comme cela arrive actuellement à beaucoup de ses confrères ?
- Oh non, il n'y a rien à craindre : son président est un ancien du KGB.

En effet, depuis des décennies, ses membres étaient parmi les mieux payés du pays. Le montant de leur retraite est, encore actuellement, plusieurs fois supérieur à celui des autres citoyens. Si on ajoute à cela le penchant naturel des hommes pour le pouvoir, il n'est pas étonnant que cet organisme ait pu effectuer, à son profit, l'écrémage des meilleurs cadres du pays et que, grâce à son réseau en toile d'araignée, soit en train d'accaparer les postes de dirigeants les plus importants publics ou privés.

Auparavant, j'avais à faire à de grosses entreprises soviétiques choyées par le régime : sidérurgie, centrales électriques, producteurs de gaz et de pétrole… Cette fois-ci, mes cibles étaient des petites entités, en général spécialisées dans les biens de consommation, complètement délaissées du temps de l'URSS. Le contraste était saisissant. L'équipement obsolète, le management incompétent, une totale absence de stratégie, le manque d'argent et de matières premières faisaient pitié. Celles qui avaient des chances de devenir rentables étaient souvent devenues propriété de leurs anciennes directions. C'était, même, la meilleure solution : l'établissement gagnait de l'argent, il y avait des investissements, les ouvriers étaient payés normalement. Dans le cas contraire, les directions s'arrangeaient, très souvent, pour s'approprier tous les bénéfices en laissant les pertes à l'entreprise dont elles avaient la charge en la faisant peu à peu péricliter. Deux exemples peuvent l'illustrer :

- La direction met en place une société dont elle est entièrement propriétaire, en lui déléguant toutes les opérations de vente et d'achat de l'usine. Cette dernière reste cantonnée dans la fonction de fabrication et vend ses produits à leur prix de revient, voire plus bas, à la société ci-dessus. Celle-ci encaisse ainsi toute la marge bénéficiaire et, ce qui n'est pas négligeable, les pots-de-vin sur les achats. Pendant ce temps, les ouvriers ne sont pas payés car l'usine travaille à perte. Bien entendu, il ne peut être question d'investissements.
- La direction loue « au noir » des ateliers avec leur outillage à des entreprises extérieures. Celles-ci utilisent le parc des machines, s'arrangent directement avec les ouvriers pour la paye, ce qui d'ailleurs arrange ces derniers car, au moins, ils sont payés. L'usine elle-même ne reçoit aucun bénéfice de cette opération, ne paye aucun impôt à l'Etat, l'équipement n'est pas renouvelé.

Dans certains cas, les nouveaux propriétaires pensant avoir acquis, à bon compte, un juteux patrimoine, s'apercevaient, brusquement, que celui-ci, ne jouissant plus du monopole comme du temps du socialisme, avait brusquement perdu toute sa clientèle et, complètement désorientés, ils se retrouvaient à la tête d'une coquille vide.

Les grandes entreprises privatisées ou non avaient gardé les stigmates du passé socialiste : pléthore de main-d'œuvre, mauvaise organisation, ateliers de fabrication de grande dimension impossibles à chauffer, des moyens de communication obsolètes, bureaux immenses du directeur général, secteur social (maisons d'habitation, maisons de repos, crèches, cliniques...) difficilement gérable.

Fort heureusement, il existait un certain nombre d'entreprises privées, fondées par des jeunes ambitieux et compétents. Pour survivre, elles étaient obligées d'appliquer une gestion rigoureuse car elles ne pouvaient compter que sur elles-mêmes : les locaux étaient utilisés avec un maximum d'économie, un sou était un sou, tout le monde savait manier l'informatique.

J'avais visité au moins deux cents entreprises dans mes quatre régions et avais des contacts permanents avec les administrations de ces dernières. Je pense donc avoir bien senti la situation de la Russie profonde. Elle n'avait rien à voir avec celle de Moscou. Sauf pour Kemerovo, région minière qui ne survivait que grâce aux subventions, les gens savaient bien qu'ils n'avaient rien à attendre de la capitale et que, par conséquent, ne lui devaient rien en retour. Les administrations et les entreprises luttaient pour survivre. Tous les moyens étaient bons pour cela. En particulier, le paiement des impôts ne se concevait qu'en cas d'extrême limite. Malgré l'omniprésence tatillonne de l'office fiscal, il y avait mille moyens pour y parvenir.

A la télévision locale, on organisait, pendant les soirées, des tables rondes où apparaissaient les différentes personnalités de la ville, que, en général, je connaissais pour les avoir côtoyées dans la journée. Pendant une de ces réunions, consacrée aux questions fiscales, un directeur de société, par ailleurs mon client potentiel, avait démontré qu'étant donné le taux d'imposition sur les sociétés, il était absolument impossible de s'en sortir sans « économiser sur les impôts ». Une entreprise, dans laquelle nous pensions pouvoir investir, avait établi une filiale servant à la commercialisation de ses produits, dans la république autonome d'Ingouchie qui avait reçu du gouvernement fédéral les avantages d'une zone franche. Ceci permettait de ramener l'impôt sur les bénéfices de 35% à 13%. Elle avait pu ainsi économiser un million de dollars. Juridiquement un tel avantage n'était permis que pendant un an. L'entreprise avait contourné cet obstacle en enregistrant sa filiale sous un autre nom, avec l'accord tacite des autorités ingouches, bien que ceci fût contraire à la loi fédérale. Nous n'avons jamais pu avoir l'assurance que ce reliquat d'impôts ne serait jamais réclamé. Avec une telle épée de Damoclès suspendue sur l'avenir de l'entreprise, il n'était pas question de conclure notre investissement. J'avais assisté à une réunion de l'Union des Industriels de Barnaoul. Le président avait eu la phrase : « vous savez très bien que, d'une manière ou d'une autre, nous sommes tous passibles de justice ». Bien entendu les autorités savaient tout cela. Comme au bon vieux temps du socialisme, elles fermaient les yeux, mais étaient en mesure de réunir très vite le *compromat* (matériel de compromission) nécessaire pour faire condamner ceux à l'encontre de qui elles avaient une dent.

La lutte pour la survie poussait chaque administration régionale à vouloir résoudre ses problèmes elle-même, sans aucune coopération et, en fait, en concurrence avec ses voisines. Nous avions voulu investir dans une fabrique de bouteilles à Novossibirsk, en tablant sur le marché potentiel de toute la Sibérie. L'administration de Tomsk avait soutenu un projet concurrent, tout à fait farfelu et non viable, devant satisfaire uniquement sa propre région.

J'avais pu me rendre compte de la différence entre les *oblast*, en particulier entre leurs administrations. Celle de Novossibirsk était la plus évoluée et la plus libérale, bien que son gouverneur ait été élu sur la liste communiste. Kemerovo, région minière, ne subsistait que grâce à des subsides. Ceux-ci étaient distribués aux mines, pratiquement toutes déficitaires, par l'administration qui était donc toute-puissante et régentait la région comme au temps de l'URSS. A Tomsk, le gouverneur essayait de s'immiscer partout d'une manière tatillonne, probablement pour essayer de maintenir un équilibre entre les riches sociétés pétrolières et les exploitations forestières sinistrées (les forêts occupaient 90% de la superficie de la région).. Enfin, dans

« mon » Altaïskiï Kraï, région agricole très pauvre, le gouverneur, complètement perdu, naviguait à vue.

Il y avait, malgré tout, un dénominateur commun : cette partie du pays, comme probablement toute la Russie profonde, n'avait rien à voir avec Moscou. Point de restaurants avec des bouteilles de vin à 500 dollars, d'immeubles de grand standing occidental entourés d'un mur et surveillés jour et nuit par une cohorte de gardiens, de magasins de grands luxe où le moindre chemisier pouvait coûter une année de salaire, d'ailleurs non payé, d'une institutrice de Novossibirsk... Ici, tous les stigmates du socialisme étaient encore présents.

J'avais souligné, plus haut, l'importance des usines du complexe militaro-industriel. Certaines avaient été l'unique source de subsistance de villes entières. Après la chute du socialisme et le brusque arrêt des commandes qui s'en était suivi, des populations entières s'étaient trouvées sans emploi. Beaucoup de gens avaient été laissés pour compte et le nombre de mendiants était considérable. Pourtant, la majorité continuait à vivre à peu près normalement, c'est-à-dire avoir un toit, manger, être chauffé en hiver. Comment ? Plusieurs raisons peuvent l'expliquer :

- L'économie soviétique a toujours été celle de la pénurie, l'habitude était donc prise de vivre assez chichement par rapport aux standards occidentaux ;
- Un système D avec une puissante économie parallèle injectait un pouvoir d'achat non négligeable ;
- Beaucoup de familles disposaient d'un lopin de terre en dehors de la ville où elles faisaient pousser des pommes de terre, tomates, pastèques, melons, etc., qui leur permettaient une certaine subsistance en autarcie.
- Les frais de loyer, de chauffage, d'eau et d'électricité, restés à peu près au niveau qu'ils avaient du temps de l'URSS, étaient relativement minimes.

Néanmoins, ceci pouvait fonctionner tant que les gens restaient en bonne santé. Les médicaments, importés en général de l'Occident, étant hors de prix, malheur à ceux qui tombaient malades ! Le propriétaire de mon appartement, hospitalisé, m'avait demandé plusieurs fois, un acompte sur le loyer pour le paiement de la nourriture à l'hôpital. Je ne sais pas ce que devenaient ceux qui n'avaient pas cette possibilité.

L'alcoolisme faisait des ravages. Il est d'usage, en Russie, de jauger la virilité des hommes en fonction de leurs capacités d'absorption de la vodka (point de vue pas du tout partagé par les femmes !) J'avais dû subir d'interminables séances de sauna, invité par mes clients potentiels. A côté, il y avait toujours une table couverte de *zakouski*, de cochonnailles et de nombreuses bouteilles. On alternait les séances de sudation avec les ripailles. D'innombrables toasts faisaient alors monter le taux d'alcoolémie des convives à plusieurs g/cm^3. Les bouteilles russes de vodka, destinées au marché interne, avaient ceci de particulier que l'on ne pouvait les revisser après ouverture – ouvertes, il fallait les vider jusqu'au bout !

Le lecteur se pose sûrement la question :

- Et la mafia dans tout cela ?

Il faut plutôt parler des institutions mafieuses. Une connaissance moscovite m'avait recommandé une société à Tomsk dont la raison d'être était le gardiennage et le recouvrement de dettes. Pour qui connaît les mœurs russes, il ne fait aucun doute que ces fonctions ne peuvent être assurées qu'avec des moyens aussi musclés qu'illégaux. J'avais été étonné d'apprendre que cette structure était chargée de la sécurité des bâtiments administratifs de la ville. Ils m'avaient présenté un industriel qui m'avait parlé d'un projet d'investissement. Le monsieur était très sympathique. Quelques semaines plus tard, j'avais appris, par la presse, qu'il venait d'être assassiné, victime d'un « contrat ». C'était l'une des trois de mes connaissances qui avaient subi ce sort. La deuxième était le président d'une banque. Il avait été un de mes adversaires dans un double au tennis. En quittant le court, mon partenaire m'avait montré sa voiture qui l'attendait avec un garde du corps assis à côté du chauffeur : « regarde, le métier du président ne présente pas que des avantages » – il faut toujours être sur le qui-vive . Deux semaines plus tard, j'avais appris que ce monsieur venait d'être abattu en sortant de chez lui en compagnie de son ange gardien. Une rafale de mitraillette et une grenade ne leur avaient laissé aucune chance. Le cas de la troisième victime était plus « normal » : c'était la directrice d'un casino à Saint-Pétersbourg, donc, *a priori*, liée à la mafia. Déjà après avoir quitté Novossibirsk, on m'avait informé qu'une de mes connaissances avait dû quitter précipitamment la ville avec son mari sans laisser de traces : celui-ci était sous la menace d'un « contrat ».

Le plus triste était que, en général, les victimes n'avaient même pas droit à la compassion de la population : « si cela leur est arrivé c'est que, d'une manière ou d'une autre, ils étaient liés à la mafia et ils n'ont eu que ce qu'ils méritaient » ; en quelque sorte : « il n'y a pas de fumée sans feu ».

Les sociétés d'extorsion de dettes, comme celle que je viens de décrire, avaient un autre rôle encore plus important que cette première fonction, laquelle n'était que le sommet de l'iceberg : les banques étaient incapables de déterminer la solvabilité de leurs clients potentiels aussi, surtout lorsqu'il s'agissait de petites entreprises, ne leur accordaient-elles des crédits que si une telle structure prenait sur elle la responsabilité du remboursement. Ainsi, tout un pan du système bancaire, c'est-à-dire de l'économie du pays, dépendait de telles organisations plus ou moins mafieuses. Un autre programme de la BERD, parallèle au nôtre, avait pour but de former le personnel bancaire à étudier la solvabilité des entreprises sur la foi de leurs documents comptables et mettait à la disposition des banques des montants destinés à des « microcrédits », de courte durée, de quelques dizaines de milliers de dollars, destinés aux petites entreprises. Au grand étonnement des banquiers, 99% de ces sommes avaient été remboursées dans les délais !

Les nouveaux propriétaires des entreprises privatisées s'étant vite aperçus que, vu la lenteur et la corruption de la justice, leurs employés n'avaient aucun recours contre leurs abus de pouvoir, étaient devenus, dans beaucoup de cas, des caricatures de capitalistes exploiteurs du peuple tels qu'ils étaient décrits auparavant dans la presse soviétique. J'avais été invité à l'anniversaire du directeur général d'une très grande entreprise de Barnaoul. Celle-ci était virtuellement en faillite, les ouvriers n'étaient pas payés depuis des mois et lui venait de s'acheter, avec un prêt de sa société, un magnifique appartement aux standards occidentaux et était en train de se faire construire une datcha avec sauna, piscine couverte, cheminée et, ce qui m'avait surtout frappé, un parquet en pleines planches, d'essences différentes. Autour de lui gravitait une foule de courtisans parasites espérant glaner quelques miettes au passage.

En visitant une usine à Tomsk, j'avais demandé au directeur :

- Depuis combien de temps vos ouvriers ne sont-ils pas payés ?
- Oh! pas longtemps, trois mois à peine .
- Alors pourquoi restent-ils ?
- Que voulez-vous qu'ils fassent d'autre ?

En arrivant à Novossibirsk j'avais l'espoir de trouver à Akademgorodok, pépinière de la science sibérienne, des projets basés sur des procédés originaux qui pourraient vite devenir de vraies pépites d'or. A mon grand regret, je m'étais aperçu très vite que, à quelques exceptions près où les instituts arrivaient à vendre les procédés à des sociétés occidentales, mes interlocuteurs arrivaient avec juste une idée, sans savoir si celle-ci était déjà exploitée en Occident, sans connaissance ni de la concurrence, ni du marché, ni surtout des moyens de marketing qu'il aurait fallu mettre en place pour rendre le projet viable.

Ces remarques assez pessimistes doivent être modérées, néanmoins, par le fait que l'héritage laissé par l'Union soviétique reste le haut niveau d'éducation d'une grande partie de la population. Les immigrés russes, à la base de l'industrie high-tech israélienne, pourraient faire la même chose en Russie si les conditions s'y prêtaient. J'étais agréablement surpris de constater que, malgré le peu de débouchés pour les nouveaux diplômés, les jeunes croyaient toujours que les études étaient un bon investissement pour l'avenir (mais y aura-t-il assez d'enseignants ? pour l'instant, ce métier équivaut à de l'apostolat !). Néanmoins, pour que les uns et les autres puissent donner le meilleur d'eux-mêmes et transformer le pays, il faut que :

- La bureaucratie kafkaïenne et sa conséquence la corruption, soient stoppées.
- Une législation cohérente soit promulguée et concrètement appliquée.

- Une administration démocratique et efficace, ayant un réel pouvoir pour gérer le pays dans son ensemble, soit mise en place.

Ceci suppose que les générations imprégnées par le régime socialiste disparaissent et ceci demandera, par conséquent, plusieurs décennies. Malheureusement, ceux qui seront ainsi sacrifiés ne seront pas les anciens apparatchiks, responsables de la situation actuelle, qui ont su en général tirer leur épingle du jeu et se rétablir, mais tous ceux qui ont travaillé pendant toute leur vie et se retrouvent sans moyens de subsistance pour leurs vieux jours.

Un autre problème est d'ordre psychologique. La majorité des Russes est convaincue que les principes de gouvernance du pays et de gestion de l'économie, communément admis en Occident, ne peuvent être appliqués chez eux. Quand on leur rétorque que la loi de gravitation universelle est la même à Moscou qu'à Paris ou à Londres, ils vous assènent les vers du poète Tuttchev (première moitié du 18ème siècle) :

Умом Россию не понять;
Аршином общим не измерить
У ней особенная стать.
В Россию можно только верить.

Esprit Russie ne peut comprendre,
Ni mètre commun en mesure prendre
Elle a une nature à part.
Russie – on ne peut qu'y croire.

Or, le problème de la Russie est justement de devenir compréhensible et mesurable – sinon, malgré ses réserves de matières premières, il est à craindre qu'on ne soit obligé de lui appliquer la définition donnée, jadis, au Brésil :

« C'est un pays qui a un grand avenir devant lui et…il en sera toujours ainsi. »

29. LES JUIFS EN SIBERIE

En ayant parlé tout au long de ce récit il m'est difficile de ne pas le faire à la fin. Je n'ai pas fait une étude exhaustive du problème et je vais donc donner seulement quelques exemples.

A Novossibirsk nous envisagions un investissement dans l'usine de pâtes de la ville. Son directeur s'appelait Izak Abramovitch, avait un nez bourbon et prononçait le « r » à la parisienne, le tout ne laissant aucun doute quant à ses origines. C'était le seul, de tous les dirigeants des entreprises que j'avais contactés, à s'être inquiété de l'avenir de ses employés dans le cas d'entrée de notre fonds dans le capital de sa société.

Un conseiller du gouverneur, responsable des contacts avec les organismes internationaux tels que la Banque mondiale, était juif. Il avait « émigré » d'Ukraine, encore au temps du socialisme, en fuyant l'antisémitisme.

Le directeur du projet TACIS (Technical Assistance for the CIS Countries), financé par Bruxelles, était un Américain d'origine polonaise. Son adjoint était un Juif local. C'était un ancien émigré, revenu au pays. L'Américain m'avait dit que les autorités l'avaient en suspicion.

Le patron d'une très importante usine de l'ancien complexe militaro-industriel s'appelait Aronovski. Un ami moscovite, ancien ministre, me l'avait défini comme : « bien que Juif, très honorablement connu dans la ville ».

D'après ma future femme Ira, à l'université, un grand nombre de professeurs étaient juifs.

A Tomsk, le conseiller et l'éminence grise du maire s'appelait Rabinovitch. Le propriétaire de la société d'extorsion de dettes et de gardiennage, dont j'ai parlé plus haut, était juif. On m'avait mis en contact dans cette ville avec un professeur au nom juif dont le dada était de créer une usine de production de lecteurs de DVD, basée sur une technologie russe. Il apparaissait souvent à la télévision locale et était exhibé comme caution des capacités scientifiques de la ville vis-à- vis de l'extérieur.

A Kemerovo, j'avais eu la surprise de faire la connaissance d'un professeur, qui enseignait, en russe, l'économie de la Sibérie à l'université de Tel-Aviv où il faisait des déplacements périodiques. Bien entendu, il avait un nom à consonance juive.

Beaucoup avaient émigré en Israël ou aux Etats-Unis (mon cousin Usi Smilanski, professeur à l'Institut Weitzmann à Rehovot, m'a présenté quelques collègues, originaires d'Akademgorodok).

Dans les conversations, Israël apparaissait comme une grande puissance développée. Ceux qui devaient se faire opérer et qui avaient le moyen de le faire à l'étranger choisissaient souvent ce pays, d'autant plus que presque tout le monde y avait un parent, un ami ou un ancien voisin qui pouvait s'occuper des problèmes d'organisation sur place. La distance entre Novossibirsk et Tel-Aviv est plus courte que celle avec Berlin et les Lignes Aériennes Sibériennes ont une liaison régulière avec l'aéroport Ben Gourion.

Ayant absorbé un million d'immigrés russes, Israël est devenu un important pays russophone et une osmose de fait s'est établie entre les deux pays. Ceci ajoute malheureusement de l'eau au moulin à la propagande des partis politiques dont le fonds de commerce est l'antisémitisme.

En déplacement à Moscou, j'étais tombé sur une manifestation du parti communiste. En tête marchait Zuganov, le président du Comité central de ce parti, un des prétendants à la présidence de la Russie. De temps en temps il se retournait et criait le mot d'ordre : « Долой с Жидами » (*à bas les youpins*), repris en chœur par la troupe. Les passants restaient passifs et ne montraient aucun signe d'indignation.

Tout près du Kremlin, je m'étais arrêté devant un étal de livres dans la rue. Les titres étaient violemment antisémites, en particulier le célèbre faux : *Le Protocole des Sages de Sion* . Il est probable que je n'avais pas pu réprimer une expression de surprise sur mon visage. La vendeuse s'était approchée de moi avec un regard haineux : « идите от сюда » (partez d'ici) . Le public entourant l'étal semblant sympathiser avec la bonne femme j'avais préféré obtempérer.

30. LA FIN DE MES EXPERIENCES RUSSES

L'avertissement du conseiller commercial à Londres s'était avéré exact. Mes rapports avec Foreign Colonial empiraient. Une fois de plus, j'avais pu percevoir l'abîme entre les mentalités anglo-saxonne et française. Les mots « the french bureaucracy », dont ils accusaient Bruxelles, pourtant pourvoyeuse de l'argent pour notre subsistance, devenaient, dans leur bouche, synonyme de lubricité qu'il fallait à tout prix extirper pour sauver le monde du péché et de la faillite. Ils n'avaient aucune confiance en moi et me détestaient, bien que (ou peut-être parce que) ils aient été conscients que c'est en grande partie grâce à moi qu'ils avaient obtenu le contrat auprès de la BERD. Par ailleurs, les relations entre celle-ci, la Foreign Colonial et SIMCO étaient exécrables. D'une manière ou d'une autre, je me trouvais toujours au centre de chacune de leurs disputes. L'atmosphère devenait irrespirable. D'un commun accord nous avions décidé avec Simco qu'il valait mieux que je m'éclipse. C'est ce que j'avais fait en mars 1997 et étais rentré à Charenton. Peu après, je fus rejoint par Ira. Quelques mois plus tard, cas unique dans les annales, la BERD annulait le contrat avec Foreign Colonial et le confiait à une autre société. L'équipe que j'avais constituée à Novossibirsk est restée en place. Le jour de mon anniversaire, elle m'envoie toujours un fax avec des vœux.

L'HARMATTAN, ITALIA
Via Degli Artisti 15 ; 10124 Torino

L'HARMATTAN HONGRIE
Könyvesbolt ; Kossuth L. u. 14-16
1053 Budapest

L'HARMATTAN BURKINA FASO
Rue 15.167 Route du Pô Patte d'oie
12 BP 226
Ouagadougou 12
(00226) 76 59 79 86

ESPACE L'HARMATTAN KINSHASA
Faculté des Sciences Sociales,
Politiques et Administratives
BP243, KIN XI ; Université de Kinshasa

L'HARMATTAN GUINEE
Almamya Rue KA 028
En face du restaurant le cèdre
OKB agency BP 3470 Conakry
(00224) 60 20 85 08
harmattanguinee@yahoo.fr

L'HARMATTAN COTE D'IVOIRE
M. Etien N'dah Ahmon
Résidence Karl / cité des arts
Abidjan-Cocody 03 BP 1588 Abidjan 03
(00225) 05 77 87 31

L'HARMATTAN MAURITANIE
Espace El Kettab du livre francophone
N° 472 avenue Palais des Congrès
BP 316 Nouakchott
(00222) 63 25 980

L'HARMATTAN CAMEROUN
BP 11486
(00237) 458 67 00
(00237) 976 61 66
harmattancam@yahoo.fr